Der römische Legionär

58 v. Chr. bis 69 n. Chr.

Ross Cowan — Illustrationen von Angus McBride

ROSS COWAN
ist Research Student an der Universität Glasgow, wo er vor kurzem einen PhD für seine Arbeit über die römische Armee mit dem Titel *Aspects of the Severan Field Army AD 193-238* erlangt hat. Die Hauptthemen der Arbeit sind die Organisation der Prätorianergarde und der Legion II Parthica, ihre Rekrutierung, Mannschaftsstärke und Ausrüstung. Ross schloss auch seinen ersten akademischen Grad in Glasgow ab. 1999 wurde er zum Fellow der *Society of the Antiquaries of Scotland* gewählt.

ANGUS McBRIDE
ist einer der weltweit angesehensten Illustratoren für historische Themen und hat in den vergangenen 30 Jahren an über 90 Osprey-Bänden mitgewirkt. Die Eltern des 1931 geborenen McBride kamen aus den Highlands, aber er wurde schon früh Waise und besuchte die *Canterbury Cathedral Choir School*. Ab 1947 arbeitete er in Werbeagenturen, und nach dem Wehrdienst emigrierte er nach Südafrika. Heute lebt und arbeitet er in Kapstadt.

IMPRESSUM

Siegler Verlag GmbH
Hauptstr. 354
53639 Königswinter

Deutsche Ausgabe:

Englische Originalausgabe:

Roman Legionary 58 BC - AD 69.
First published in Great Britain in 2003, by Osprey Publishing Ltd., Elms Court, Chapel Way, Botley, Osford, OX2 9LP.

Imperial Roman Legionary AD 161-284.
First published in Great Britain in 2003, by Osprey Publishing Ltd., Elms Court, Chapel Way, Botley, Osford, OX2 9LP.

Verantwortlich für den Inhalt:
Ross Cowan

Deutsche Übersetzung:
Karolus Konzept

Umschlagentwurf:
ART WORK, Olaf Schumacher, Königswinter

Layout/Satz:
Jörgen Rumberg

Druck:
Ellwanger Druck und Verlag GmbH

Printed an bound in Germany

ISBN: 978-3-87748-658-0

Der römische Legionär

Dank des Autors
Besonderer Dank gebührt der Familie Cowan, Donal Bateson, Duncan Campbell, Brian Cowan, Rebecca Cullen, Colin Cumming, Eckhard Deschler-Erb, Lawrence Keppie, Tom Lowres, Thomas McGrory, Jennifer Murray, Steven D.P. Richardson, Dimos Spatharas, Krista Ubbels, Susanne Wilbers-Rost und Holly Young. Außerdem danke ich dem Hunterian Museum an der Universität Glasgow, dem Landesmuseum Bonn, dem Landesmuseum Mainz, und dem Museum Varusschlacht im Osnabrücker Land - Museum und Park Kalkriese.

Der römische Legionär des kaiserlichen Rom

Dank des Autors
Besonderer Dank gebührt der Familie Cowan, Ged Barker, Donal Bateson, Rebecca Cullen, Megan Doyan, Tom Lowres, Thomas McGrory, Marjeta Sasel-Kos, Krista Ubbels und Susan Walker und Holly Young. Außerdem danke ich dem Hunterian Museum an der Universität Glasgow, dem British Museum und dem Regionalmuseum in Celje, Slowenien für fotografisches Material.

Besonderer Dank geht an Duncan Campbell und Simon James für wertvolle Hinweise zur Belagerung von Dura-Europos; Steven D.P. Richardson für seine Skizzen und die Hilfe bei der Bearbeitung des Fotomaterials für diesen und den vorangehenden Band über den *Roman Legionary* sowie an Kathleen McLaughlin für die Übersetzungen von Zonaras und Dexippus. Lawrence Keppie hat den Textentwurf durchgesehen und wertvolle Hinweise gegeben. Falls dennoch irgendwelche Fehler vorhanden sind, sind sie vom Autor zu verantworten.

INHALT

Der römische Legionär 58 n. Chr. bis 69 n. Chr.

INHALT

Der römische Legionär des kaiserlichen Rom 161 bis 284 n. Chr.

Der römische Legionär 58 v. Chr. bis 69 n. Chr.

Einführung

Im Jahr 58 vor Christus brach Julius Caesar zu seinem Gallischen Krieg auf, einer aggressiven, letztendlich nicht sanktionierten Unternehmung, die den Zusammenbruch der gefährdeten Verfassung der römischen Republik zur Folge hatte. Als Caesars Amtszeit als Prokonsul 49 v. Chr. endete, sollte er seine Legionen entlassen und nach Rom zurückkehren, um sich einem Verfahren zu stellen. Stattdessen entschied der sich zum Krieg. Er zog über den Rubikon nach Italien und marschierte auf Rom, ließ sich zum Diktator (ein Amt, in der Not geschaffen, das die Macht in seinen Händen bündelte) ernennen und schlug seine Gegner auf dem Balkan, in Ägypten, Kleinasien, Nordafrika und Spanien. Im Jahr 44 v. Chr. wurde er zum Diktator auf Lebenszeit ernannt und bereitete einen Feldzug gegen die Parther vor, fiel aber einem Attentat der von Brutus und Cassius angeführten „Befreier" zum Opfer. 43 v. Chr. stießen die caesarianischen Fraktionen, die auf der einen Seite von Marcus Antonius, einem Legaten Caesars, und auf der anderen Seite von Octavian, dem Adoptivsohn und Erben Caesars, angeführt wurden, im Gefecht aufeinander. Am Ende des Jahres jedoch schlossen sich Antonius, Octavian und ein dritter Feldherr, Lepidus, zusammen, um eine Dreimännerherrschaft, ein Triumvirat, zu bilden, ihre Macht dergestalt zu konzentrieren und ihre Gegner auszurotten. Jeder, der gegen die fast kaiserliche Macht der Triumvirn opponierte, wurde beseitigt: Alte Republikaner wie Cicero wurden hingerichtet, und Brutus und Cassius, die noch lebten und für die Wiederherstellung der alten Republik eintraten, wurden in der Schlacht bei Philippi 42 v. Chr. besiegt und getötet. Zwischen Antonius und Octavian herrschten jedoch nach wie vor starke Spannungen. Lepidus verlor immer mehr Macht, und bis 40 v. Chr. war die römische Welt praktisch zwischen Antonius und Octavian in eine östliche und eine westliche Hälfte aufgeteilt. Ein abschließender Kampf um die Alleinherrschaft war unvermeidlich, und so siegte 31 v. Chr. der bemerkenswerte Octavian in der Schlacht bei Actium über den charismatischen Antonius und dessen Geliebte Cleopatra. Octavian verfolgte den verzweifelten Antonius nach Ägypten und zwang ihn, Selbstmord zu begehen. Im Jahr 30 v. Chr. war der Bürgerkrieg beendet.

Denar, ausgegeben unter Octavian im Jahr 28 v. Chr. anlässlich der Eroberung Ägyptens im Jahr 30 v. Chr. (Hunter Coin Cabinet, Universität Glasgow)

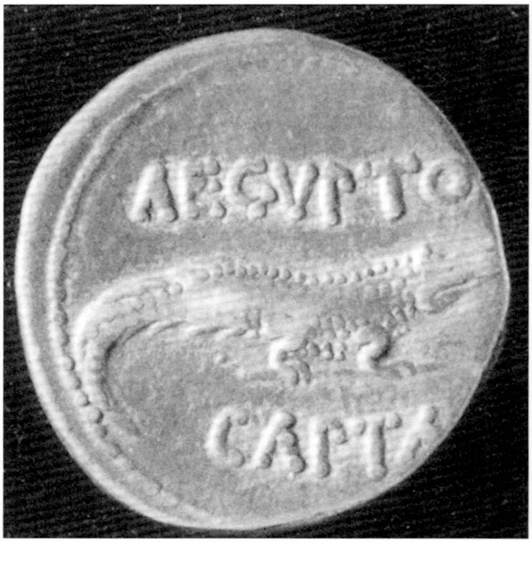

Octavian bildete die Armee in ein stehendes Heer aus 28 Legionen um und leitete die bedeutendste Phase der römischen Expansion ein. Anerkannt als erster römischer Kaiser regierte er unter dem Namen Augustus von 27 v. Chr. bis 14 n. Chr., eroberte mit seinen Legionen Nordspanien, ganz Europa südlich der Donau und Germanien westlich der Elbe. Die Illyrische Revolte 6-9 n. Chr. und die Vernichtung dreier Legionen in Germanien im Jahr 9 n.Chr. brachten die Expansionspolitik ins Stocken, aber 43 n.Chr. begann Kaiser Claudius mit der Eroberung Britanniens. Danach fanden fast ständig weitere wichtige Eroberungszüge (z.B. in Germanien, Dakien und Mesopotamien) statt. Die heftigsten Kriege des Imperiums waren jedoch häufig die, in denen Römer gegen Römer kämpften. Die kaiserlichen Legionen waren für Aufstände ebenso anfällig wie ihre spätrepublikanischen Vorgänger, wie eine Revolte 68-70 n. Chr. zeigte. Dieses Buch untersucht die Legionssoldaten, die an diesen Eroberungszügen und Bürgerkriegen teilnahmen und versucht zu verstehen, wie sie ihre Schlachten gewonnen (und verloren) haben.

Chronologie

v. Chr.

60 Erstes Triumvirat – die Koalition von Caesar, Pompeius und Crassus beherrscht die römische Politik
58-51 Caesars Gallischer Krieg; britische und germanische Feldzüge
53 Crassus in der Schlacht bei Carrhae (südöstliche Türkei) von Parthern besiegt und getötet; Cassius führt die Überreste der Armee in Sicherheit
49 Caesar überquert den Rubikon und marschiert in Italien ein; Bürgerkrieg mit Pompeius
48 Pompeius schlägt Caesar in Dyrrachium zurück; Caesar siegreich in der Schlacht bei Pharsalos (Griechenland)
47 Pompeius wird ermordet; Caesar in Alexandria; Caesar besiegt Pharanakes in Zela (Türkei)
46 Caesar besiegt die Pompeianer in der Schlacht bei Thapsus (Nordafrika)
45 Caesar besiegt die Pompeianer in der Schlacht bei Munda (Spanien)
44 Caesar wird (am 15. März) in Rom von den „Befreiern“ ermordet, die von Brutus und Cassius angeführt werden; Octavian trifft in Italien ein; Zerwürfnis mit Antonius
43 Antonius wird bei Forum Gallorum und Mutina (Italien) geschlagen; Antonius, Octavian und Lepidus wiedervereint (zweites Triumvirat); Sextus Pompeius, Sohn von Pompeius, erobert Sizilien
42 Sextus Pompeius fängt Transporte des Triumvirats in der Adria ab, Marslegion wird vernichtet; Antonius siegt über Brutus und Cassius in Philippi (Makedonien)
41 Antonius im Osten; Streitigkeiten mit Octavian; Antonius' Bruder, L. Antonius, wird von Octavian in Perusia (Italien) belagert
40 L. Antonius kapituliert; Antonius greift Brundisium (Italien) an; Antonius und Octavian wieder versöhnt; Parther marschieren in Syrien ein, während Labienus, Caesars ehemaliger Legat, Kleinasien angreift
39-38 Ventidus Bassus, Legat von Antonius, besiegt Labienus und die Parther
36 Sextus Pompeius' Flotte von Agrippa im Auftrag von Octavian in Naucholus (Sizilien) besiegt
36 Antonius' Feldzug gegen die Parther schlägt fehl
31 Octavian und Agrippa schlagen Antonius und Cleopatra bei Actium
30 Octavian marschiert in Ägypten ein; Tod von Antonius und Cleopatra; Reorganisation der Legionen
29-27 Crassus (Enkel des Triumvirn) dehnt das römische Territorium nördlich von Makedonien bis zur Donau aus
27 Octavian wird zu Augustus, quasi zum Kaiser
27-19 Eroberung Nordwest-Spaniens
25 Galatia annektiert, Legion XXII Deiotariana tritt der römischen Armee bei
25-24 Arabia Felix (Aden)-Feldzug schlägt fehl
24-22 Feldzug nach Äthiopien
20 Parther geben die Feldzeichen, die sie von Crassus und Antonius erobert hatten, zurück
17-16 Sugambrer marschieren in Gallien ein; Legion V Alaudale verliert Legionsadler
16-14 Drusus und Tiberius erobern die Alpen, Raetia und Noricum
13-9 Drusus führt Krieg in Germanien; die Römer erreichen die Elbe; Tod des Drusus (9 v. Chr.)
6 v. Chr. - 2 n. Chr. Tiberius im Exil

n. Chr.

4-5 Fortsetzung der Operationen in Germanien
6-9 Illyrischer Aufstand
9 Varus' Armee aus drei Legionen (XVII, XVIII, XIX) und neun Auxiliartruppen wird im Teutoburger Wald von den Cheruskern vernichtet; Tiberius sichert den Rhein
14 Tod des Augustus; Thronbesteigung des Tiberius; Aufruhr der untergermanischen und pannonischen Legionen
14-16 Germanische Feldzüge des Germanicus; Arminius wird in der Schlacht bei Idistaviso besiegt (16 n. Chr.), Zurückgewinnung von zwei der im Jahre 9 n. Chr. verlorenen Legionsadler
17 Kappadokien annektiert
18-23 Revolte des Tacfarinas in Afrika
21 Revolte von Florus und Sacrovir in Gallien
28 Friesischer Aufstand
39 Caligulas Operationen in Germanien und Gallien
41 Caligula fällt einem Attentat zum Opfer; Claudius wird Kaiser; Galba besiegt die Chatten; Gabinius besiegt Chauken und gewinnt den dritten Legionsadler zurück, der im Jahre 9 verloren wurde
41-42 Paulinus unterwirft Mauretanien; Mauretanien wird als Provinz organisiert (44 n.Chr.)
42 Revolte des Scribonianus in Dalmatien
43 Invasion in Britannien
46 Thrakien annektiert
47 Östlicher Pontus annektiert; Corbulo kämpft gegen die Cherusker; Friesen werden unterworfen
54 Claudius wird vergiftet; Nero wird Kaiser
58-63 Armenische Feldzüge des Corbulo
58-61 Paulinus rückt in Britannien weiter vor; Revolte von Boudicca (60-61 n. Chr.)
66-72 Jüdischer Aufstand; Vespasian und Titus führen Krieg in Judäa (67-69 n. Chr.)
68 Aufstand des Vindex in Gallien; Nero wird gestürzt; Galba wird Kaiser
69 Vierkaiserjahr: Galba von den Prätorianern in Rom ermordet; Otho tritt Nachfolge an, von den Prätorianern und den neuen Legionen, I und II Adiutrix, unterstützt; Otho von Vitellius, Befehlshaber in Untergermanien, in der ersten Schlacht von Cremona besiegt; Vespasian wird von der syrischen Armee zum Kaiser ausgerufen; seine Truppen (Flavier) besiegen die Vitellianer in der zweiten Schlacht von Bedriacum/ Cremona; Bataveraufstand unter Civilis. Rom fällt an die Flavier
70 Titus erobert Jerusalem; Civilis wird besiegt

Die Legionen des Augustus (siehe Keppie 1984, 132-44, 205-13)

Legion u. endgültiger Name	geschaffen von	Bedeutung des Namens	Emblem
I Germanica	Caesar im Jahr 48 oder Vibius Pansa im Jahr 43; ab 41 v. Chr. unter Octavian	für den Dienst in Germanien	unbekannt
II Augusta	Pansa im Jahr 43? ab 41 v. Chr. unter Octavian	von Augustus wiedereingesetzt	Steinbock, bevorzugtes Tierkreiszeichen des Augustus, als Zeichen der Wiedereinsetzung, und Pegasus
III Augusta	Pansa im Jahr 43 oder Octavian 41-40 v. Chr.	von Augustus wiedereingesetzt	Pegasus?
III Cyrenaica	Lepidus zwischen 40-36, oder Antonius vor 31 v. Chr.	zu Ehren der Schlacht von Cyrenaica (Libyen)	Unbekannt
III Gallica	Caesar 48; unter Antonius ab 40 v. Chr.	Dienst in Gallien, 48-42 v. Chr.	Stier – caesarianischer Ursprung
III Macedonica	Caesar 48, von Antonius zu Octavian übergelaufen im Jahr 43 v. Chr.	Dienst in Makedonien, 47-44 v. Chr.	Stier – caesarianischer Ursprung
III Scythica	Antonius vor 31 v. Chr.	vielleicht für Siege in Skythien (nördlicher Balkan, Bulgarien), 29-27 v. Chr.	Steinbock – Wiedereinsetzung durch Augustus
V Alaudae	Caesar 52 mit Galliern; unter Antonius 40-31 v. Chr.	„Lärchen" – nach der Helmzier	Elefant – Sieg über die Kriegselefanten bei Thapsus, 46 v. Chr.
V Macedonica	Pansa im Jahr 43 oder Octavian 41-40 v. Chr.	Dienst in Makedonien nach Actium	Stier, aber nicht caesarianisch
VI Ferrata	Caesar im Jahr 52; unter Antonius 43-31 v. Chr.	„eisengepanzert"	Romulus und Remus und die Wölfin
VI Victrix	Octavian, 41-40 v. Chr.	„siegreich"	Stier?
VII Claudia	59 v. Chr. oder früher; unter Caesar ab 58; unter Octavian ab 44 v. Chr.	„claudisch" – aufgrund der Loyalität gegenüber Claudius während der Revolte des Scribonianus, 42 n. Chr.	Stier – caesarianischer Ursprung
VIII Augusta	59 v. Chr. oder früher; unter Caesar ab 58; unter Octavian ab 44 v. Chr.	von Augustus wiedereingesetzt	Stier – caesarianischer Ursprung
IX Hispana	Unsicher, vielleicht Octavian, 41-40 v. Chr.	„spanisch" – wegen des Dienstes in Spanien	unbekannt
X Fretensis	Octavian, 41-40 v. Chr.	für den Seedienst im *Fretum Siculum*-Kanal zwischen Italien und Sizilien 36 v. Chr.	Stier, Delphin, Galeere und Keiler
X Gemina	59 oder früher; unter Caesar ab 58; unter Octavian ab 44 v. Chr.	„Zwilling" – Zusammenschluss von Caesars X Equestris („zu Pferde") mit einer anderen Einheit	Stier – caesarianischer Ursprung
XI Claudia	unsicher, vielleicht Octavian, 41-40 v. Chr.	„claudisch" – wegen der Loyalität gegen Claudius während der Revolte des Scribonianus, 42 n. Chr.	Neptun
XII Fulminata	Caesar 58; unter Antonius 43/2-31 v. Chr.	„mit Blitzen bewaffnet"	Blitz
XIII Gemina	unsicher, vielleicht Octavian, 41-40 v. Chr.	„Zwilling" – Zusammenschluss nach Actium	Löwe, Symbol des Jupiter
XIV Gemina	unsicher, vielleicht Octavian, 41-40 v. Chr.	„Zwilling" – Zusammenschluss nach Actium	Steinbock – als Zeichen der Wiedereinsetzung unter Augustus
XV Apollinaris	Octavian, 41-40 v. Chr. ?	„Apollo geweiht", zu Ehren des Gottes, dem der Sieg bei Actium zugeschrieben wurde	unbekannt
XVI Gallica, dann Flavia Firma	Octavian, 41-40 v. Chr. ?	für den Dienst in Gallien; „flavisch und standhaft" nach der Reform ca. 70 n. Chr.	Löwe, Symbol des Jupiter
XVII	Octavian, 41-40 v. Chr. ?	-	unbekannt
XVIII	Octavian, 41-40 v. Chr.?	-	unbekannt
XXI	Octavian, 41-40 v. Chr.?	-	unbekannt
XX Valeria Victrix	Octavian, 41-40 v. Chr. oder nach Actium ?	„heldenhaft, siegreich" für den Sieg über Boudicca	Keiler
XXI Rapax	Octavian, 41-40 v. Chr. oder nach Actium ?	„raubgierig"	Steinbock – als Zeichen für augusteischen Ursprung
XXII Deiotariana	gebildet aus Soldaten, die zur Zeit der Annexion von Galatia, 25 v. Chr., in die römische Armee überführt wurden	nach König Deiotarus von Galatia	unbekannt

Die Bildung der kaiserlichen Legionen

Nach seinem Sieg bei Actium im Jahr 31 v. Chr. und der Eroberung Ägyptens im Jahr 30 v. Chr. hatte Octavian die Gewalt über etwa 60 Legionen. Er begann umgehend mit einem großangelegten Siedlungsprogramm für ausgediente Veteranen und kürzte die Zahl der Legionen innerhalb von sieben Jahren auf 28. Dabei behielt er vor allem die Einheiten zurück, die Julius Caesar ausgehoben hatte wie auch – zum Zeichen der Einheit – die angesehensten Legionen des Antonius. Während zuvor Legionen für bestimmte Kriege aufgestellt und nach sechs Jahren entlassen worden waren, bildeten diese 28 Legionen permanente Einheiten, die aus Berufssoldaten mit einer langen Dienstzeit bestanden (Sueton, *Augustus,* 49). Als Augustus war Octavian der erste Heerführer, der feste Dienstzeiten, Soldsätze und Entlassungsgelder für die erfolgreiche Vollendung des Dienstes anordnete. Das Chaos der späten Republik sollte sich nicht wiederholen. Die Legionen waren nicht länger eine Bürgermiliz; niemand außer Augustus hatte das Recht, neue Legionen auszuheben. Sie waren von ihm abhängig, erhielten von ihm ihren Sold und waren nur ihm allein zur Loyalität verpflichtet.

Organisation, Größe und Kommando der Legion

In einer Legion gibt es sechzig Zenturien, dreißig Manipel [und] *zehn Kohorten.*

(Cincius Alimentus, zitiert in Aulus Gellius, *Attische Nächte* 16.4.6.)

Die Legion

Eine Legion bestand aus 60 Zenturien. Jede Zenturie umfasste 80 Soldaten und stand unter dem Befehl eines Zenturionen. Die wichtigsten Unteroffiziere der Zenturie waren – in der Reihenfolge des Dienstalters – der *signifer* (Bannerträger), der *optio* (Stellvertreter des Zenturionen), der *cornicen* oder *bucinator* (Trompeter) und der *tesserarius* (Paroleträger). Sechs Zenturien bildeten eine Kohorte. Pro Legion gab es zehn Kohorten, jede 480 Mann stark, sodass die Legion in ihrer maximalen Sollstärke 4.800 Infanteriesoldaten umfasste – jedoch waren die Einheiten häufig unter dem Soll. Die Reiterei der Legion, die 60 n. Chr. 120 Berittene umfasste, stand auf den Soldlisten der Zenturien, bildete jedoch im Krieg eine eigene Einheit (Pseudo-Hyginus, *De munitionibus castrorum* 1, 7, 8, 30; Josephus, *Jüdischer Krieg* 3.120)

In der Periode von 13 v. Chr. bis zur Mitte des 1. Jahrhunderts n. Chr. wurden die Veteranen (also diejenigen, die 16 Jahre gedient hatten) für weitere vier Jahre in das *vexillum veteranorum* (Veteranenabteilung) versetzt. Mit einer Stärke von ca. 500 Mann, eigenen Offizieren und einer eigenen Verwaltung konnte die Veteranenabteilung einer Legion angeschlossen werden oder unabhängige Aufgaben übernehmen (Tacitus, *Annalen* 1.44, 3.21).

Zu einer Legion gehörte eine große Zahl von Sklaven *(calones)* – circa 120 pro Kohorte, zumindest auf dem Feldzug. Sie waren für bestimmte Aufgaben ausgebildet und manche von ihnen waren bewaffnet, um gegebenenfalls das Lager zu verteidigen (Josephus, *Jüdischer Krieg*, 3.69; Roth 1994: 351).

Zenturien und Zenturionen

Die Zenturien waren aufgeteilt in *prior* (Front) und *posterior* (hinterer Teil), was ihre Herkunft aus den Manipeln anzeigte, und in die Klassen *pili, principes* und *hastati* eingeteilt.

Bis ins späte 2. Jahrhundert v. Chr. bestand die Legion aus 30 Manipeln, von denen jedes 160 oder 120 Mann umfasste und von zwei Zenturionen, einem älteren und einem jüngeren Zenturio befehligt wurde. Der ältere Zen-

OBEN: **Claudischer Sesterz zum Gedenken an die Kolonie, die in Patras 30 v. Chr. für Veteranen der Legionen X (Caesars Equestris = Augustus' Gemina) und XII (Fulminata) gegründet wurde. (Hunter Coin Cabinet, Universität Glasgow)**

MITTE: **Legionsdenar Marcus Antonius, 32-31 v. Chr., zu Ehren der Legion XII Antique (später XII Fulminata). (Hunter Coin Cabinet, Universität Glasgow)**

UNTEN: **Legionsdenar ausgegeben von Marcus Antonius, 32-31 v. Chr., der eine *aquila* zeigt, die von zwei Feldzeichen flankiert wird. Die Legion XVIII, die geehrt wird, ist vermutlich nicht die Vorgängerin der im Jahr 9 n. Chr. vernichteten Legion. (Hunter Coin Cabinet, Universität Glasgow)**

turio hatte das Gesamtkommando über das Manipel (Polybios, 6.24). Deshalb hatte möglicherweise der spätere centurio prior einen höheren Rang als der *centurio posterior. Pili*-Zenturionen waren offenbar die ranghöchsten in der Kohorte (aber sie befehligten sie nicht), gefolgt von den principes und danach den *hastati*, aber dieser Unterschied bezog sich vermutlich eher auf das Dienstalter als auf den tatsächlichen Rang. Die einzigen Zenturionen, die einen eindeutig übergeordneten Rang besaßen, waren die *primi ordines* (die aus den ersten Reihen), also die Zenturionen der ersten Kohorte. Der ranghöchste war der *primus pilus* (erster Wurfspieß), in dessen Zenturie sich der *aquilifer,* der ranghöchste Feldzeichenträger, befand. Dieser trug die Adlerstandarte, in der der *genius* (Schutzgeist) der Legion wohnte, der für die Identität und Moral der Einheit von entscheidender Bedeutung war. Trotz des Status des *primus pilus* gibt es keinen Beleg dafür, dass er den Oberbefehl über die erste Kohorte besaß.

In den meisten Fällen wurde man zum Zenturion befördert, indem man über einen Zeitraum von zehn oder mehr Jahren alle Dienstgrade innerhalb einer Zenturie durchlief. Allerdings gab es auch Zenturionen, die dem Ritterstand angehörten und ein direktes Kommando erhielten. Der Ritterstand bildete in der späten Republik und im kaiserlichen Rom die „Mittelklasse" oder die Klasse der Geschäftsleute, aber ursprünglich handelte es sich um einen Stand, dessen Mitglieder genügend Wohlstand besaßen, um sich selbst als Kavalleristen auszustatten. Ritter standen über der Klasse der einfachen Soldaten und konnten direkt, ohne zunächst Erfahrungen zu sammeln, zu Zenturionen (und höheren Rängen) befördert werden.

Stabsoffiziere

Am Ende der Regierungszeit des Augustus wurde eine Legion normalerweise von einem Legaten (*legatus*), einem senatorischen Beamten, befehligt. Eine Ausnahme bildete Ägypten, wo die beiden Legionen III Cyrenaica und XXII Deiotariana von Reiterpräfekten (*praefecti*) kommandiert wurden. Der Legatus hatte sechs Tribunen als Stabsoffiziere. Einer war ein junger Mann aus dem Senatorenstand (*tribunus laticlavius*), der aufgrund seines Standes theoretisch der Stellvertreter des Legatus war, in Wirklichkeit jedoch dabei war, um zuzuschauen und zu lernen. Die fünf anderen Tribunen waren erfahrene Reiteroffiziere (*tribuni angusticlavii*), die vor dieser Beförderung eine Auxiliarkohorte befehligt hatten. Dennoch besaß keiner dieser Tribunen ein festes Kommando über die Kohorten oder Zenturien; sie waren zur Unterstützung des Legaten da, der sie zeitweilig als ad hoc-Kommandanten im Feld einsetzen konnte. Der wichtigste Offizier unter dem Legatus war in Wirklichkeit der *praefectus castrorum* (Lagerpräfekt), ein ehemaliger *primus pilus,* der die Oberaufsicht über den reibungslosen Ablauf, die Logistik und die medizinischen Einrichtungen im Lager führte. Er war außerdem verantwortlich für die Ausbildung und Wartung der Artillerie (d.h. der Schleudern) und übernahm das Kommando über die Legion bei Abwesenheit des Legatus und des *tribunus laticlavius.*

Die Zenturie als die wichtigste taktische Einheit

Traditionellerweise wird die Kohorte als die wichtigste taktische Einheit der Legion betrachtet. Diesen Eindruck vermitteln auf jeden Fall Caesar und Tacitus, die von Formationen und Taktiken berichten, die sich auf die Kohorte beziehen. Es ist jedoch darauf hingewiesen worden, dass die Kohorte nicht als taktische Einheit fungieren konnte, da sie keinen eigenen Befehlshaber und offensichtlich kein eigenes Feldzeichen besaß, sodass nur die Zenturie als bedeutende taktische Einheit in Frage kommt (Isaac 1994). Der Zenturio war deshalb der entscheidende Berufsoffizier in der Legion; es gab zwischen ihm und dem Legatus, dessen Amtszeit auf nur ca. drei Jahre begrenzt sein konnte, keinen ständigen Kommandanten einer Untereinheit der Legion, die größer war als die Zenturie. Die Zenturien waren die wichtigsten taktischen Einheiten der Legion, die ihrerseits eine Massenverwaltungseinheit war. Wenn Caesar und Tacitus von Kohorten sprechen, die sich im Gefecht bewegen, sollten wir sie als Zenturienverbünde betrachten, die sich im Kampf gegenseitig unterstützen.

Rekrutierung

Fünfhunderttausend römische Bürger haben mir gegenüber den militärischen Eid geleistet.

(Augustus, *Res Gestae*, 3)

Alter

Traditionellerweise waren alle männlichen römischen Bürger zwischen 17 und 46 Jahren zum Militärdienst verpflichtet (Aulus Gellius, *Attische Nächte,* 10.28.1). Die meisten Rekruten der Legionen waren zwischen 17 und 23 Jahre alt, wobei als Höchstalter für die Einberufung 20 Jahre galten. Aber es ist bekannt, dass es auch Rekruten gab, die nicht älter als 13 oder 14 waren, und andererseits solche, die schon das 36. Lebensjahr erreicht hatten (Scheide 1996, S. 99ff).

Herkunft

Die Mehrheit der Legionssoldaten gab als Herkunft (*origo*) eine Stadt an, aber in Wirklichkeit kamen nur wenige aus urbanen Zentren. Die meisten Städte waren Knotenpunkte des Agrarhandels, die von großen ländlichen Gebieten umgeben waren. In einigen Teilen des Imperiums gab es praktisch überhaupt keine Städte, und in vielen Fällen waren *origines* einfach Nebenprodukte, die bei der Anwerbung zusammen mit dem Bürgerrecht vergeben wurden. Kleinbauern waren das Rückgrat der Bürgermiliz der Republik gewesen, und ländliche Gegenden blieben die bevorzugte Rekrutierungsquelle bis ins späte Kaiserreich. Rekruten mit bäuerlichem Hintergrund wurden bevorzugt – wegen ihrer Ausdauer und weil sie für die anrüchigen Zerstreuungen des Stadtlebens weniger empfänglich waren:

> Hieran konnte doch wohl niemals ein Zweifel bestehen, dass die Landbevölkerung für die Waffen geeigneter ist, die unter freiem Himmel und in Arbeit aufwächst, Sonnenhitze erträgt, keinen Schatten braucht, weder Luxusbäder kennt noch Vergnügen gekostet hat, von schlichtem Gemüte ist und, mit wenigem zufrieden, ihre Glieder zum Ertragen schwerer Strapazen gestählt hat, die es vom bäuerlichen Leben her gewohnt ist, Eisengeräte zu tragen, Gräben zu ziehen, Lasten zu schleppen. (Vegetius, *Epitoma,* 1.3)

Tatsächlich versichert Tacitus, dass die Meuterei der Rheinlegionen im Jahr 14 n. Chr. durch die Gegenwart römischer Rekruten verschärft worden sei: „Und so hetzte [...] die Masse des großstädtischen Pöbels, die man erst kürzlich in Rom ausgehoben hatte, an Zügellosigkeit gewöhnt, Strapazen zu ertragen nicht imstande, die übrigen, noch unverdorbenen Soldaten auf: Gekommen sei die Zeit, wo [...] alle eine Einschränkung ihres Elends fordern [...] könnten“. (Tacitus, *Annalen,* 1.31)

Größe

Die Idealgröße des Legionssoldaten betrug 6 römische Fuß (1,77 m), und Männer, die mindestens 5 römische Fuß und 10 Zoll (1,72 m) maßen, wurden in der ersten Kohorte bevorzugt (Vegetius, *Epitoma,* 1.5). Die Wirklichkeit sah jedoch anders aus. Neros Legion I Italica war aus zweierlei Gründen erwähnenswert: wegen ihrer Zusammensetzung aus italischen Rekruten und wegen der Tatsache, dass alle Männer mindestens 6 römische Fuß maßen (Sueton, *Nero,* 19). Dass dies der Erwähnung wert war, deutet darauf hin, dass in den anderen Legionen regelmäßig Männer von kleinerem Wuchs akzeptiert wurden. Die Überreste des Skeletts eines Soldaten, der 79 n. Chr.

in Pompeji starb, lassen vermuten, dass er 1,70 m groß war, wohingegen ein Soldat aus dem Kastell in Velsen (Holland) 1,90 m maß. Er war möglicherweise ein einheimischer Rekrut der Frisii (Friesen). Belege aus dem 4. Jahrhundert nach Christus zeigen, dass Männer mit einer Größe von 1,65 m in die Eliteeinheiten der Armee aufgenommen wurden, was die Vermutung nahe legt, dass dies in Wirklichkeit die Höchstgrenze der Körpergröße in der ländlichen Bevölkerung darstellte, aus der die Soldaten rekrutiert wurden (Codex Theodosianus, 7.13.3).

Wehrpflicht

Viele Legionäre, wenn nicht die Mehrheit, waren Wehrpflichtige und nicht unbedingt sehr gebildet. Der *dilectus,* also die Einberufung von Soldaten, war wegen der enormen Ausmaße der Bürgerkriege und der augusteischen Eroberungen notwendig (Brunt 1974). Freiwillige wurden bevorzugt, aber die Imperatoren hatten sich mit der Notwendigkeit einer Wehrpflicht abgefunden (Tacitus, *Annalen,* 4.4).

Ein Legionsrekrut sollte eigentlich römischer Bürger sein, aber die Bürgerkriege hatten die Legionen so weit verstreut, dass die gegnerischen Feldherren notgedrungen vor Ort rekrutieren mussten. Im Jahr 52 v. Chr. bildete zum Beispiel Julius Caesar die Legion V Alaudae aus Galliern, die er erst später zu freien Bürgern machte (Sueton, *Caesar,* 24). Die größte Quelle römischer Bürger gab es in Italien. Ab 40 v. Chr. war Antonius dieses bedeutende Rekrutierungsgebiet verwehrt, aber seine beträchtliche Legionsstärke, mindestens 23 zur Zeit von Actium, musste aufrechterhalten werden, und so rekrutierte er vor Ort in Syrien, Galatien und Ägypten. Die tatsächliche Voraussetzung für den Eintritt in die Legionen, ob als Wehrpflichtiger oder als Freiwilliger, war die freie Geburt, nicht das römische Bürgerrecht. Die Bürgerschaft konnte bei der Anwerbung oder zu irgendeinem Zeitpunkt im Laufe des Dienstes erteilt werden. Die galatische Legion XXII Deiotariana wurde nicht aus römischen Bürgern gebildet. Ihre Soldaten waren galatische Staatsbürger oder Söldner im Dienst des Königreichs Galatien, das bis zu seiner Eingliederung ins römische Reich im Jahr 25 v. Chr. unabhängig war. Die römischen Bürgerrechte wurden vermutlich bei der Überführung in die römische Armee gewährt.

23 n. Chr. beklagte Kaiser Tiberius, dass sich nicht genügend taugliche italische Rekruten meldeten, um in den Legionen zu dienen und kündigte seine Absicht an, durch die Provinzen zu reisen, um die große Zahl ausgedienter Veteranen zu entlassen und die Legionen mit Hilfe von Aushebungen aufzustocken (Tacitus, *Annalen,* 4.4). Dass so viele Soldaten für die Entlassung in Frage kamen, deutet darauf hin, dass sie über 20 Jahre zuvor in großangelegten Einberufungen rekrutiert worden waren. In ähnlicher Weise befasste sich 65 n. Chr. Kaiser Nero mit der dringenden Notwendigkeit, aufgrund von Entlassungen die illyrischen Legionen zu ergänzen, was die Vermutung nahe legt, dass die Veteranen 25 Jahre vorher in Massen zum Militärdienst eingezogen worden waren (die Dienstzeit war verlängert worden; *Annalen,* 13.40).

Dupondius des Gaius (Caligula) 37-41 n. Chr., aus Anlass der Rückeroberung der Feldzeichen, die man im Jahr 9 n. Chr. an die Germanen verloren hatte, durch seinen Vater Germanicus 14-16 n. Chr. (Hunter Coin Cabinet, Universität Glasgow)

Wenn alteingeführte Einheiten durch die Rekrutierung Freiwilliger aufrechterhalten worden wären, dann hätte es jährlich nur sehr wenige Entlassungen gegeben. In verhältnismäßig friedlichen Zeiten hatte eine Legion von 5.000 Mann vermutlich eine dekrementelle Sterberate von ca. 40 Prozent über eine 25-jährige Dienstzeit (was auf die endemischen Krankheiten in der römischen Welt hindeutet), und weitere 15 Prozent schieden wegen Invalidität aus dem Dienst aus. Somit hätte eine Legion jährlich 280 Rekruten benötigt, um die Sollstärke aufrechtzuerhalten (Scheidel 1996, 117-124). Rekrutierungen in diesem Umfang hätten den Kaisern wohl kaum Sorgen bereitet. Ihre Probleme rührten daher, dass alle 20 oder 25 Jahre auf einen Schlag ein Großteil der Legionsstärke ersetzt werden musste.

Tiberius' Klage offenbart außerdem, dass Italien nicht länger als die wichtigste Quelle für neue Kräfte für die römische Armee betrachtet wurde. Während Legionen, die im Westen stationiert waren, immer noch stark auf Italien, aber zunehmend auch auf örtliche Quellen zurückgriffen, rekrutierten die Legionen im Osten, insbesondere in Ägypten, von Anfang an in den Provinzen. Eine wichtige Inschrift aus augusteischer Zeit aus Ägypten nennt Namen und Herkunft von 36 Legionären aus der III Cyrenaica und der XXII Deiotariana (*ILS* 2483). Die Männer gaben als Herkunft Kleinasien (20 Soldaten), Ägypten (7), Syrien (2), die Gallia Narbonensis (2), castris (2), Cyrenaica (1), Zypern (1) und Italien (1) an. Nur drei der Legionäre stammten aus dem Westen, und nur einer kam aus Italien selbst (Vercellae); möglicherweise waren diese drei Männer als einzige schon bei der Rekrutierung römische Bürger. Die Mehrheit der Rekruten kam aus Kleinasien, wurde bei der Einberufung zu Bürgern gemacht und erhielt römische Namen. Die beiden Legionen hatten auch einheimische ägyptische Rekruten, aber am bemerkenswertesten sind die beiden Legionäre, deren Herkunftsort mit *castris* – aus dem Lager – angegeben wird. Diese Männer waren die Söhne von Soldaten, und ihre Anwesenheit deutet gewissermaßen darauf hin, dass trotz des offiziellen Heiratsverbots die Söhne von Legionssoldaten gerne zum Dienst zugelassen wurden (Dio, 60.24; Tacitus, *Annalen,* 14.27).

Ausbildung

Denn durch nichts anderes hat, so erkennen wir, das römische Volk sich den Erdkreis unterworfen als durch Waffenübung, durch Lagerdisziplin und durch militärische Erfahrung.

(Vegetius, *Epitoma*, 1.1)

Legionsrekruten wurden vier zermürbende Monate lang täglich gedrillt. Die Ausbildung begann mit dem Einüben der militärischen Schritte, „denn auf nichts ist beim Marsch oder in der Schlachtordnung mehr zu achten, als dass alle Soldaten den Gleichschritt einhalten“ (Vegetius, *Epitoma,* 1.9). Rekruten mussten im normalen Schritt 29 km in fünf Stunden zurücklegen und im schnelleren Schritt 35 km, beladen mit einem 20,5 kg schweren Bündel. Diese Last galt nur zur Eingewöhnung; allein das Gewicht ihrer Waffen und Rüstungen konnte viel höher sein. Die strenge Einhaltung der Reihen setzten die Zenturionen und Ausbildungsoffiziere beim Exerzieren mit ihren Stöcken durch, die die Zauderer zu spüren bekamen.

Sobald die Rekruten in Reih und Glied marschieren und die Kommandos befolgen konnten, die mit Hilfe von Trompeten und Feldzeichen weitergemeldet wurden, wurden endlos Manöver geübt. Sie übten verschiedene Formationen ein: das hohle Karree, den Keil, den Kreis und den *testudo* („die Schildkröte“ – eine bewegliche Formation, die von einem Dach und Wänden aus Schilden vollständig geschützt wurde). Sie wurden ausgebildet, Hindernisse zu überwinden, zu stürmen und ein Gefecht abzubrechen, die Linien zu wechseln und Einheiten im Gefecht zu unterstützen.

Man brachte dem Rekruten außerdem bei, aus der Reihe zu springen, was sich im Kampf als nützlich erweisen konnte (Plutarch, *Antonius,* 45).

Das Waffentraining wurde mit Schwertern, Wurfspießen und Schilden aus Holz und Weide durchgeführt, die doppelt so viel wogen wie die echten Waffen. Mit diesen Waffen trainierte man an 1,80 m hohen Holzpfosten. Die Ausbilder betonten, wie wichtig es sei, den Körper wirksam mit dem Schild zu schützen, und nicht die Schneide des Schwertes, sondern die Spitze zu benutzen, weil diese tiefere Wunden verursachte und effizienter war als ein Streich. Das Waffentraining fand zweimal täglich statt.

Nach Möglichkeit brachte man den Rekruten auch das Schwimmen bei, damit eine Armee auf dem Feldzug nicht von Flüssen aufgehalten wurde. Darüber hinaus erhielten sie eine oberflächliche Ausbildung im Bogenschießen, Reiten und an der Schleuder, sodass sie Kenntnisse über alle Waffen besaßen.

Der Drill wurde auch fortgesetzt, wenn der Rekrut ein regulärer Soldat wurde. Man erwartete von ihm, dass er jeden Monat drei Märsche absolvierte. Am Ende dieser Märsche bauten die Soldaten ein befestigtes Lager mit Gräben und Erdwällen. Dieses war mit seiner geordneten inneren Struktur für die römische Militärpraxis unabdingbar (Vegetius, *Epitoma,* 1.8-28, 2.5, 23-24).

Die Ausbildung, die römische Soldaten im Vorfeld ihres Einsatzes durchliefen, und der täglich praktizierte Waffendrill auf dem Marsch waren von entscheidender Bedeutung. Dies galt insbesondere deshalb, weil die Einheiten in Friedenszeiten häufig unter ihrer Sollstärke waren – manchmal hatten sie nur die Hälfte ihrer optimalen Größe. Viele Soldaten waren für diverse Aufgaben in der ganzen Provinz abgestellt. Sie versorgten Garnisonen oder traten als Polizisten *(stationarii)* auf, manche waren in Bauprojekten eingesetzt, trieben Steuern ein oder erledigten bürokratische Aufgaben für die Provinzverwaltung. Außerdem fielen regelmäßig Soldaten endemischen Krankheiten zum Opfer. Nur wenn eine Legion für den Kampf in einem größeren Krieg gebraucht wurde, brachte man die Mehrheit der Soldaten zusammen. Die Untereinheiten der Legionen übten dann die Manöver ein, die sie im Gefecht brauchen würden (z.B. Josephus, *Jüdischer Krieg,* 3.81ff).

Länge der Dienstzeit

Im 1. Jahrhundert vor Christus bis zur Schlacht bei Actium im Jahr 31 v. Chr. dauerte der Dienst in den Legionen normalerweise sechs Jahre, aber Augustus verlängerte diese Dienstzeit kontinuierlich.

Im Jahr 14 v. Chr. wurde ein riesiges Gebiet beschlagnahmt, um Legionärsveteranen anzusiedeln, was vehementen Groll hervorrief und Umsiedlung und Verarmung der betroffenen Zivilisten zur Folge hatte (Dio, 54.25.4-5). Die Zahl der Veteranen war offensichtlich erheblich, und der Zeitpunkt legt nahe, dass diese Männer sich nach der Schlacht bei Actium im Jahr 30 v. Chr. in die neuen kaiserlichen Legionen eingeschrieben und nun 16 Dienstjahre absolviert hatten. Augustus folgte einem Beispiel aus der Zeit der Republik, um Soldaten für einen längeren Zeitraum festzuhalten: 16 Jahre waren die Obergrenze für den Dienst in den Legionen im 3. und 2. Jahrhundert v. Chr. (Polybios, 6.19.2) gewesen. Die tatsächliche Lage wurde 13 v. Chr. formal festgeschrieben: Legionäre hatten 16 Jahre zu dienen und erhielten einen großen Barbetrag als Entlassungsprämie, um weiteren Unfrieden über Siedlungsfragen zu vermeiden (Dio, 54.25.5-6). Allerdings musste ein Mann, der 16 Jahre in der Legion gedient hatte, noch einmal vier Jahre in der Legionsabteilung der Veteranen, dem *vexillum veteranorum* absolvieren (*ILS* 2649; Tacitus, *Annalen,* 1.36).

Um 5-6 n. Chr. verlängerte Augustus die Dienstzeit auf 20 Jahre, aber die *praemia militiae* (die Entlassungsprämie) wurde auf 12.000 Sesterzen (3.000

Denar) erhöht (Dio, 55.23.1). Die umfangreichen Eroberungen in Mitteleuropa und die Notwendigkeit, diese ab 16 v. Chr. zu konsolidieren, hatten zur Folge, dass Soldaten weit über die Solldauer hinaus im Dienst gehalten wurden. Es gab offensichtlich Männer, die mehr als 20 Jahre Dienst zu leisten hatten, und dies war ein Hauptgrund für die Aufstände im Jahr 14 n. Chr.:

> Allenthalben habe man so viele Jahre lang [...] den Fehler gemacht, dass sie 30 oder 40 Dienstjahre als alte Männer und die meisten mit einem durch Verwundungen verstümmelten Körper ertragen müssten. Nicht einmal für die Entlassenen gebe es ein Ende des Dienstes, vielmehr müssten sie, in der Reserve stehend, unter einem anderen Namen die gleichen Strapazen erdulden. (Tacitus, *Annalen,* 1.17)

In der Mitte des 1. Jahrhunderts wurde der Dienst in den Legionen auf 25 Jahre festgesetzt und Veteranen, die noch im Dienst waren, nach und nach entlassen. Einige Legionäre mussten 26 Jahre lang dienen, weil die Entlassungen nur alle zwei Jahre stattfanden und auf „gerade" Jahre fielen.

Besoldung

Im Jahr 14 n. Chr. betrug der Grundlohn eines Legionärs 900 Sesterzen (225 Denar) und wurde übers Jahr verteilt in drei Raten gezahlt. Die Entlassungsprämie betrug 12.000 Sesterzen (3.000 Denar). Unteroffiziere und Spezialisten innerhalb der Legionen erhielten den anderthalbfachen oder den doppelten Sold (*sesquiplicarii* und *duplicarii*). Die Kosten für Ausrüstung, Kleidung, Verpflegung oder Bestattungskosten wurden vom Sold abgezogen und eine feste Summe ging an die „Sparkasse des Regiments", die von den *signiferi* verwaltet wurde (Vegetius, *Epitoma,* 2.20). Der Sold wurde bis zur Regierungszeit Kaiser Domitians (81-96 n. Chr.) nicht erhöht, und es kam vor, dass die Soldaten ihn nie in voller Höhe erhielten, nicht einmal den Rest nach Abzug der einbehaltenen Kosten (Alston 1994). Die Entlassungsprämien blieben in manchen Fällen aus, und die Soldaten wurden mit Landparzellen von schlechter Qualität – „Morastboden in Sümpfen oder ödes Berggelände unter der Bezeichnung Ackerland" – abgespeist (Tacitus, *Annalen,* 1.17).

Führung und Moral

Die römische Legion wird häufig als Militärmaschine bezeichnet, aber die Legion war nur so gut wie die Summe ihrer Männer und hing von deren Kampfgeist ab. Legionssoldaten gerieten genauso leicht in Panik und waren für Niederlagen ebenso anfällig wie jeder andere demoralisierte Soldat in der Geschichte. Als zum Beispiel die Armee des Aulus Caecina 15 n. Chr. auf dem Rückzug durch Germanien war, fand sie sich in einer ähnlichen Situation wieder wie das Heer des Varus im Teutoburger Wald. Die römischen Soldaten verzweifelten:

> [...] keine Zelte gab es für die Mannschaften, kein Verbandszeug für die Verwundeten: während sie mit Schmutz oder Blut besudelte Esswaren verteilten, jammerten sie über die Todesfinsternis: so vielen tausend Menschen sei nur noch *ein* Tag zu leben vergönnt!
>
> Durch Zufall hatte sich ein Pferd losgerissen; umherjagend und durch den Lärm scheu gemacht rannte es einige Leute um, die sich ihm entgegenstellten. Daraus entstand, da man glaubte, die Germanen seien eingebrochen, eine solche Panik, dass alle zu den Toren stürzten, von denen das hintere in erster Linie das Ziel war, da

es vom Feind abgewandt und daher für Flüchtende sicherer sei. (Tacitus, *Annalen,* 1.65-66)

Die Befehlshaber mussten schnell handeln, um den Ausbruch von Panik und Verzweiflung einzudämmen. Caecinas Nachsicht hielt seine Armee zusammen:

Caecina hatte erfahren, dass die Furcht grundlos sei; als er trotzdem weder durch sein Ansehen noch durch Bitten, ja nicht einmal mit eigener Hand der Sache Einhalt gebieten oder die Soldaten zurückhalten konnte, warf er sich auf der Schwelle des Tores zu Boden: erst durch den Appell an ihr Mitleid, da sie über den Leib des Legaten hätten treten müssen, verlegte er ihnen den Weg. Zugleich klärten Tribunen und Zenturionen, die Leute auf, dass die Angst unbegründet sei.

Dann rief er die Soldaten auf dem Hauptplatz zusammen, hieß sie seine Worte schweigend anhören und wies auf die augenblickliche Zwangslage hin: Allein auf den Waffen beruhe die Rettung, doch müsse man sie mit Vernunft anwenden und innerhalb des Walles bleiben, bis in der Hoffnung, ihn zu erstürmen, die Feinde näher heranrückten; dann müsse man auf allen Seiten ausfallen: durch diesen Ausfall gelange man an den Rhein. Wenn sie jedoch die Flucht ergriffen, blieben ihnen noch mehr Wälder, noch tiefere Sümpfe, dazu die Erbarmungslosigkeit der Feinde als Gegner übrig; aber den Siegern winke Ehre und Ruhm. Was ihnen zu Hause teuer sei, was ihnen Soldatenehre bedeute, das brachte er in Erinnerung; von den schlimmen Stunden schwieg er. Dann überließ er, mit seinen eigenen beginnend, die Pferde der Legaten und Tribunen ohne persönliche Rücksicht jeweils den tapfersten Kriegern, damit diese zuerst, dann die Fußtruppen gegen den Feind anstürmen könnten. (Tacitus, *Annalen,* 1.66-67)

Caecinas Plan hatte Erfolg. Als die nichtsahnenden Germanen darüber debattierten, wie sie das Lager angreifen sollten, stürmten die Römer die Wälle hinab, schlugen ihre Feinde in die Flucht und verfolgten sie bis zum Einbruch der Nacht (Tacitus, *Annalen,* 1.63-68).

Legionäre profitierten von einer charismatischen und gerechten Führung ihrer Offiziere. Caesar, Antonius, Germanicus, Caecina und Vespasian sind eindeutige Beispiele für Feldherren, die bereit waren, ihre Soldaten durch das eigene Vorbild und das Teilen der Härten zu führen. Die Zenturionen, die Caesar und Josephus häufig erwähnen, waren mutig und standhaft, fähig, ihre Autorität in Krisensituationen zu behaupten und den Ausbruch von Panik in den Reihen zu verhindern. Aber nicht alle Offiziere hatten das nötige Selbstvertrauen, den Mut oder das Charisma, ihre Männer erfolgreich anzuführen. Viele waren grausam und korrupt. Wenn eine anständige Führung fehlte, ließen die Leistungen in der Schlacht zu wünschen übrig, und die Legionäre neigten zu Meuterei und Aufruhr.

Velleius Paterculus, der während der Illyrischen Revolte von 6-9 n. Chr. als Legionslegat diente, unterstreicht, dass die Auflösung und Zerstörung von Quinctilius Varus' Armee im Teutoburger Wald (im Jahr 9 n. Chr.) durch die schlechte Führung und die Feigheit des Varus und seiner Stabsoffiziere verursacht wurde:

Die tapferste Armee von allen, führend unter den römischen Truppen, was Disziplin, Tatkraft und Kriegserfahrung angeht, wurde durch die Indolenz des Führers, die betrügerische List des Feindes und die Ungunst des Schicksals in einer Falle gefangen. Weder zum Kämpfen noch zum Ausbrechen bot sich ihnen, so sehnlich sie es auch wünschten, ungehindert Gelegenheit, ja, einige mussten sogar schwer dafür büßen, dass sie als Römer ihre Waffen und ihren Kampfgeist eingesetzt hatten. Eingeschlossen in Wälder und Sümpfe, in einem feindlichen Hinterhalt, wurden sie Mann für Mann abgeschlachtet, und zwar von demselben Feind, den sie ihrerseits stets wie Vieh abgeschlachtet hatten. [...] Der Führer hatte mehr Mut im Tod als im Kampf [...] und durchbohrte sich selbst mit dem Schwerte. Von den beiden Lagerpräfekten [...] bot [der eine], nachdem der größte Teil des Heeres schon umgekommen war, die Übergabe an: Er wollte lieber hingerichtet werden als im Kampf sterben. [Der Legat] Numonius Vala aber [...], sonst ein ruhiger und bewährter Mann, gab ein abschreckendes Beispiel: Er beraubte die Fußsoldaten ihres Schutzes durch die Reiterei, machte sich mit den Schwadronen auf die Flucht und suchte den Rhein zu erreichen. Jedoch das Schicksal rächte seine Schandtat: [...] er fand als Deserteur den Tod. Den halbverkohlten Leichnam des Varus rissen die Feinde in ihrer Rohheit in Stücke. Sie trennten ihm sein Haupt ab [...]. (Velleius Paterculus, 2.119)

Grabstein des Marcus Caelius von der Legion XVIII, der 9 n. Chr. in der verheerenden Varusschlacht getötet wurde. Gefunden in der Nähe des Legionslagers in Xanten am Niederrhein (ILS 2244). Er war Zenturio der 1. Kohorte und trägt eine *corona civica* aus Eichenlaub, eine Belohnung für die Rettung eines Mitbürgers in der Schlacht. (Landesmuseum Bonn)

Der Aufruhr der pannonischen Legionen in Emona 14 n. Chr. war zum Teil auf die Korruption und die Grausamkeit der Zenturionen und Stabsoffiziere zurückzuführen. Der Aufrührer Percennius beklagte sich, man müsse mit seinem Sold „Kleidung, Waffen und Zelte bezahlen, um sich von den Misshandlungen der Zenturionen und der Fron der körperlichen Arbeit loszukaufen". Seine Kameraden töteten den Zenturionen Lucilius, der unter dem Spottnamen „noch einen her" bekannt war, weil er regelmäßig Rebstöcke zerbrach, wenn er Legionäre schlug und dann nach Ersatz rief (Tacitus, *Annalen,* 1.17, 23). Die überzogene Disziplin des Lagerpräfekten Aufidienus Rufus wurde ihm mit gleicher Münze heimgezahlt. Eine Abordnung von Legionären, die zum Straßen- und Brückenbau abkommandiert worden waren, kam zurück und ergriff ihn:

[...] ihn rissen sie vom Wagen, beluden ihn mit ihrem Gepäck und ließen ihn an der Spitze des Zuges marschieren, wobei sie zum Spott fragten, ob er so gewaltige Lasten, so weite Märsche gern ertrage. Denn Rufus, der lange einfacher Soldat gewesen, dann Zenturio, schließlich Lagerpräfekt geworden war, wollte den früheren harten Dienst wieder einführen; altgeworden bei der Schanzarbeit und Strapazen, war er umso unnachgiebiger, weil er es selbst durchgemacht hatte. (Tacitus, *Annalen,* 1.20)

Die Korruption der Zenturionen unterhöhlte auch die Moral der Legionen Othos im Jahr 69 n. Chr.:

Dringend gefordert wurde, die Zahlungen für Urlaub, die gewöhnlich den Zenturionen geleistet wurden, zu erlassen. Denn die Mannschaften entrichteten diese wie eine Jahresabgabe. Ein Viertel von jedem Manipel trieb sich überall auf Urlaub umher oder lungerte in dem Lager selbst herum, wenn man nur den Zenturionen den Preis bezahlte, und bei keinem spielte die Höhe dieser Belastung oder die Art und Weise, wie er sich die Mittel dazu beschaffte, eine Rolle. Durch Straßenraub und Plünderung oder durch Sklavendienste erkauften sie sich die Befreiung vom militärischen Dienst. Dann wurde den Soldaten, je wohlhabender sie waren, umso mehr durch anstrengenden Dienst und harte Behandlung so lange zugesetzt, bis sie sich den Urlaub erkauften. Wenn dann ein Soldat infolge seiner Aufwendungen ausgebeutet und zudem durch sein Nichtstun energielos geworden war, kehrte er arm statt wohlhabend und träge statt dienstfreudig wieder zu seinem Manipel zurück. Und so ließen sie sich immer wieder, einer nach dem anderen, unter der gleichen verderblichen Wirkung von Armut und Disziplinlosigkeit in Meuterei und Zwietracht und zuletzt zu Bürgerkriegen hinreißen. Aber um nicht durch reichliche Spenden an die Mannschaften die Sympathie der Zenturionen zu verlieren, versprach Otho, aus der Staatskasse jährlich die Urlaubsgelder zu bezahlen, eine Maßnahme, die zweifellos nützlich war und später auch von guten Fürsten als dauernde militärische Einrichtung beibehalten wurde. (Tacitus, *Historien,* 1.46)

Kupfermünze *(As)* des Augustus mit dem Gegenstempel VAR = Varus, aus der Zeit zwischen 7 n. Chr. und 9 n. Chr. Fundort ist Kalkriese, das damit als Schauplatz der Varusschlacht nachgewiesen wird. (Varusschlacht Osnabrücker Land, Museum und Park Kalkriese)

Sogar wenn die Legionäre Korruption oder Grausamkeit (scheinbar) nicht ausgesetzt waren, weigerten sie sich, bestimmten Offizieren in die Schlacht zu folgen. Die Flucht einer Kohorte der Legion III Augusta aus einem Gefecht gegen Tacfarinas im Jahr 18 n. Chr. war offenbar nicht nur der Zahl der Feinde geschuldet, sondern auch dem Unwillen der Legionäre, ihrem ruhmsüchtigen Offizier zu folgen:

> [Tacfarinas schloss] nicht weit vom Pagydafluss [Tunesien] eine römische Kohorte ein. Befehlshaber des Kastells war Decrius, ein tüchtiger Haudegen und erfahrener Kriegsmann, der diese Belagerung für eine Schande hielt. Er feuerte seine Soldaten an und stellte sie, um eine Schlacht in offenem Gelände anzubieten, vor dem Lager zum Kampf auf. Als nun beim ersten Anlauf die Kohorte zurückgeschlagen wurde, warf er sich entschlossen im Geschosshagel den Fliehenden entgegen und schalt die Fahnenträger, dass vor ungeordneten Haufen oder Deserteuren römische Soldaten die Flucht ergriffen; zugleich bot er mitsamt den empfangenen Wunden und trotz Verlust eines Auges voll Feindseligkeit dem Gegner die Stirn; und er gab nicht auf, bis er, verlassen von den Seinen, fiel. (Tacitus, *Annalen,* 3.20)

Die Legionäre weigerten sich, Männern Folge zu leisten, die sie einem sinnlosen Tod preisgaben.

Glauben und Zugehörigkeit

Die Identifizierung mit der Einheit

Die Identifizierung mit der Einheit wurde auf der Ebene der Legion mit Hilfe von Zahlen und Namen gefördert. Es ist bemerkenswert, dass Augustus die Nummern der Legionen, die er nach Actium unter Waffen behielt, nicht änderte. Zuvor, als Legionen nur für ca. 6 Jahre im Dienst waren, wurden die Nummern bei der nächsten Einberufung wiederverwendet. Erst in der Mitte des ersten Jahrhunderts vor Christus, als die Dienstzeiten der Legionen verlängert wurden, erhielten sie Ehrentitel als Ergänzung zu ihrer Nummer. Eine der berühmtesten Legionen der Bürgerkriege von 49-42 v. Chr. war die Marslegion (*legio Martia*). Ihr Ehrenname nach dem römischen Kriegsgott Mars war so prägend, dass die Nummer der Legion nicht bekannt ist. Die Legion wurde im Jahr 42 v. Chr. auf See vernichtet.

Auch Legionäre wurden mit der Nummer oder dem Namen ihrer Legion bezeichnet (siehe Tacitus, *Historien,* 2.43). Das Zusammengehörigkeitsgefühl wurde durch die Verehrung bestimmter Embleme erhöht, die teilweise auf ihre Gründer (wie der Stier für Caesars III Gallica oder der Steinbock für Augustus' XIV Gemina), teilweise auf ihre ehrenvollen Schlachten (wie der Elefant der V Alaudae oder der Delphin und das Kriegsschiff der X Fretensis) hinwiesen. Das jährliche Geburtstagsfest, an dem die Gründung der Legion (*natalis aquilae,* der „Geburtstag des Adlers") gefeiert wurde, wie auch Paraden und Trainingsmanöver waren für die Pflege des Gemeinschaftsgefühls in der Masseneinheit und für die Aufrechterhaltung der Moral auf der Ebene der Legion von elementarer Bedeutung, weil dies außerhalb des Krieges mitunter die einzigen Gelegenheiten waren, bei denen die gesamte Einheit zusammenkam.

Das Zusammengehörigkeitsgefühl als Gruppe

Was den Legionär in der Schlacht wirklich erfolgreich machte, war das Gefühl, zu seiner Zenturie und insbesondere zu seinem contubernium zu gehören. Eine solche Identifizierung mit der Einheit und die Loyalität gegenüber dieser Gruppe von Kameraden waren für seine Leistung im Gefecht von entscheidender Bedeutung. Der Legionär kämpfte an erster Stelle für seine Kameraden, danach für seine Zenturie und seine Legion, dann für die Beute und den Ruhm und zuletzt für den oft weit entfernten Kaiser und die *Res Publica* (den römischen Staat).

Die enge Bindung zwischen den acht Männern des *contuberniums* war schon deshalb sehr stark, weil sie sich in den Kasernen einen einzigen beengten Raum, oder auf dem Feldzug ein Zelt teilen mussten. Ein weiterer wichtiger Aspekt für das Zusammengehörigkeitsgefühl eines *contuberniums* waren die gemeinsamen Mahlzeiten. Die römische Armee hatte für ihre Soldaten keine Kasinos, keine Speisesäle in den Festungen oder Feldküchen auf dem Marsch. Von den römischen Soldaten wurde erwartet, dass sie sich ihre Mahlzeiten selbst zubereiteten; darüber hinaus mussten sie auch selbst für ihre Verpflegung aufkommen, da die Kosten dafür von ihrem Lohn abgezogen wurden. Wir können uns vorstellen, dass die acht Soldaten des *contuberniums* nicht nur das Vergnügen genossen, gemeinsam zu essen, sondern auch, wie sie die täglichen Pflichten absprachen (oder sich darüber beschwerten): Auch dies war wichtig für die Förderung der Identität als Gruppe.

Zunächst waren es diese Bindungen – entstanden in der Festung oder im Feldlager, in der Ausbildung und bei den täglichen Pflichten, in der Freizeit, bei den Mahlzeiten und durch die enge Nähe in den Unterkünften -, die die Männer zusammenschweißten. Im Krieg und in der Schlacht festigten sich die Beziehungen. Die Legionäre in der Zenturie kämpften effektiv, weil sie einander als Freunde und Kameraden kannten – eine Zenturie war als Einheit nicht so groß, dass man die Gesichter der anderen nicht gekannt hätte oder dass sie unpersönlich gewesen wäre. Außerdem waren die Legionssoldaten stolz auf ihre gemeinsame Identität als Zenturie. Sie waren ihre eigene Eliteeinheit innerhalb der Legion und wurden durch die Kameradschaft angetrieben, ihre Mitstreiter in der Schlacht nicht im Stich zu lassen, sondern für die Männer, die sie umgaben, einzustehen und zu kämpfen.

Die Begriffe für Kameradschaft in der römischen Armee sind erwähnenswert. *Contubernalis* bedeutet Zelt- oder Essenskamerad innerhalb des *contuberniums* von acht Legionssoldaten und steht nicht nur für die elementarste Gruppe und die wichtigsten sozialen Bindungen innerhalb der Legion, sondern auch für die Abhängigkeit voneinander im Gefecht. *Commilito* (Mitsoldat) war vielleicht der verbindlichste Begriff, denn er wurde für das ganze Spektrum vom gewöhnlichen Soldaten (*miles*) bis zum Feldherrn und – am wichtigsten – auch bis zum Kaiser benutzt. *Commilito* brachte die Eintracht der Armee und den Respekt vor dem Mitsoldaten, egal welchem Rang er angehörte, zum Ausdruck. Eine besonders interessante Erwähnung dieses Begriffs findet sich freilich auf der Graburne eines augusteischen Soldaten. Die Kürze des Textes unterstreicht den Verrat der Kameradschaft und den ungerechten Tod des Soldaten durch einen *commilito*:

> L. Hepenius, L. f. occisus ab comilitone [*sic*]
> „Lucius Hepenius, Sohn des Lucius, getötet von einem Mitsoldaten.“

Die Urne wurde in einem Grab bei Asciano, südöstlich von Siena, entdeckt und enthielt eine Münze aus dem Jahr 15 v. Chr., was die Vermutung nahe legt, dass er unter der Regierung von Augustus starb. Es wird angenommen, dass Hepenius ein Prätorianer oder ein Soldat der Stadtkohorten war, der in Rom getötet wurde und dessen Asche man seiner Familie zur Bestattung zurückschickte (Keppie 2000, 317).

Der Begriff *manipularis* oder *commanipularis* (Soldat desselben Manipels) umfasst, dass Legionäre sich aufeinander und Zenturien sich auf andere Zenturien verließen, wenn es um den Erfolg und das Überleben in der Schlacht ging. Der beeindruckendste Begriff, der regelmäßig auf Grabinschriften zu lesen ist, ist *frater* (Bruder). Auf vielen solcher Grabmäler geht aus den verschiedenen Familiennamen der Verstorbenen und ihrer Erben hervor, dass sie nicht wirklich Brüder gewesen sein können, aber der Begriff drückt mit großer Eloquenz und Einfachheit die elementare Verbundenheit zwischen Kameraden aus. Wenn man die Legion als Gesellschaft beschreiben würde, wäre das contubernium die Familie des Legionärs.

Brüderlichkeit unter den Kameraden konnte bis zum Massenselbstmord gehen. Im Jahr 28 n. Chr. beschlossen 400 Soldaten einer Auxiliareinheit, die den Frisii auf einem Landgut in die Falle gegangen waren, sich lieber in die Schwerter der Kameraden zu stürzen, als sich vom Feind besiegen zu lassen (Tacitus, *Annalen,* 4.73). 54 v. Chr. wurden eine Legion Caesars und fünf andere Legionskohorten vernichtet, als sie versuchten, das Gebiet der Eburonen zu verlassen. Einigen Legionären gelang es, sich den Weg zurück zu ihrem verlassenen Winterlager zu erkämpfen und die Angriffe der Gallier bis zum Einbruch der Nacht abzuwehren, aber bevor sie sich einnehmen ließen, nahmen sie sich selbst das Leben (Caesar, *Der gallische Krieg,* 5.37). Appian vermittelt uns einen Eindruck davon, wie die Soldaten den Selbstmord betrachteten. Er berichtet, dass Soldaten der angesehenen Marslegion Selbstmord begingen, um einem ihrer Meinung nach sinnlosen Tod zu trotzen, als ihre Transportschiffe 42 v. Chr. von Sextus Pompeius' Flotte beschossen wurden und sanken:

> Die Soldaten und vor allem die Martianer waren erbittert, dass sie trotz ihrer überlegenen Stärke untätig zugrunde gehen sollten, und so begingen die einen vor dem Flammentod lieber Selbstmord, während die anderen zum Einsatz auf Leben und Tod auf die feindlichen Trieren sprangen. (Appian, *Die Bürgerkriege*, 4.116)

Diese Entscheidung zum Selbstmord scheint recht ehrenhaft gewesen zu sein, eine Möglichkeit, den Feind um den letzten Triumph zu bringen, und er konnte sogar als Mittel zur Aufrechterhaltung der Ehre der Armee betrachtet werden. Während der Belagerung Jerusalems schlossen die Juden eine große Zahl von römischen Soldaten ein, indem sie den Portikus, in dem diese kämpften, in Brand setzten und ihnen so die Rückzugslinie abschnitten.

Die meisten kamen in dem Feuer um oder wurden von den Juden niedergemetzelt, aber Longus entkam:

> Die Juden, die ihn [Longus] wegen seiner Tapferkeit bewunderten, im übrigen aber zu schwach waren, ihn zu vernichten, forderten ihn nämlich auf, zu ihnen herabzusteigen, man würde ihm dann nichts antun. Von der anderen Seite aber rief sein Bruder Cornelius ihm zu, er solle doch den ehrenvollen Ruf der Seinigen und das Römerheer nicht der Schande preisgeben. Hiervon ließ er sich bestimmen, riss sein Schwert für beide Heere sichtbar empor und gab sich selbst den Tod. (Josephus, *Jüdischer Krieg,* 6.185-88)

Aureus, ausgegeben von Vespasian im Jahr 70 n. Chr. Er zeigt *signiferi* verschiedener Einheiten, die sich in den Nachwehen des Bürgerkriegs 68-70 n. Chr. die Hand geben; Legende: „Die Armee ist sich einig". (Hunter Coin Cabinet, Universität Glasgow)

Derartige Vorfälle zeigen vor allem, wie die Bande, die eine Einheit zusammenschweißten, sogar in Momenten größter Anspannung und größten Schreckens bestehen blieben; ein Mann schloss lieber einen Selbstmordpakt mit seinen Kameraden, als dem Feind in die Hände zu fallen. Sogar ein Suizid, der durch Schande eingegeben war, wie in dem Beispiel eines vermeintlich feigen Soldaten, von dem Sueton (*Otho*, 10) erzählt, konnte als Erlösung und letzter Ausdruck der Kameradschaft gesehen werden. Sueton Laetus, der Vater des Biographen Sueton, diente während des Bürgerkriegs 69 n. Chr. als Tribun in der Legion XIII Gemina. Er erinnerte sich an einen Vorfall, als ein Bote Kaiser Otho von der Niederlage seiner Truppen bei Cremona berichtete:

> [Als] er von Seiten seiner Kameraden der Lüge und Feigheit beschuldigt wurde [...], stürzte er sich vor seinen [Othos] Füßen in sein Schwert. Als er das mit ansehen musste, habe er, wie mein Vater sagte, ausgerufen, nicht länger werde er so beherzte und hoch verdiente Männer in Gefahr bringen. (Sueton, *Otho*, 10)

Auch Otho nahm sich das Leben.

Im Krieg wurde der Brüderlichkeitsgedanke erweitert, und die Soldaten kämpften zur Unterstützung anderer Einheiten wie für ihre direkten Kameraden. Ein bemerkenswertes Beispiel trug sich im Jahr 28 n. Chr. zu, als in einer verheerenden Schlacht, die in erster Linie die Auxiliartruppen gegen die Frisii austrugen, die Legion V einen Gegenangriff initiierte und eine große Zahl der Hilfssoldaten befreite. Dennoch konnten 900 Auxiliarsoldaten nicht entkommen und kämpften weiter bis zum Ende (Tacitus, *Annalen*, 4.73; nicht zu verwechseln mit den 400, die Selbstmord begingen). Velleius Paterculus' Epitaph auf die Legionen XVII, XVIII und XIX, die 9 n. Chr. fielen, hebt ihren Zusammenhalt als Kampfeinheit hervor, er nennt sie „die tapferste Armee von allen" (2.119.2)

Sacramentum, Auszeichnungen und Strafen

Der militärische Eid

Hier sollten wir uns an den Eid erinnern, den alle römischen Soldaten schworen, das *sacramentum.* Der Eid hatte religiöse Bedeutsamkeit und die Soldaten verpflichteten sich damit dem Kaiser und dem Staat. Er wurde jedes Jahr am Neujahrstag wiederholt. Vegetius fasst die christianisierte Form aus dem 4. Jahrhunderts n. Chr. zusammen:

> Sie schwören aber bei Gott, bei Christus und beim Heiligen Geist und bei der Majestät des Kaisers, die nach Gott an zweiter Stelle von den Menschen zu lieben und zu verehren ist. [...] Es schwören nun die Soldaten, dass sie alles tüchtig erfüllen wollen, was der Kaiser befiehlt, niemals den Kriegsdienst verlassen und nie den Tod für den römischen Staat verweigern werden (Vegetius, *Epitoma*, 2.5).

Bis zur Einführung eines formalen und rechtsverbindlichen Eides im Jahr 216 v. Chr. hatten Legionäre zwei freiwillige Eide geschworen. Mit dem ersten gelobten sie dem Konsul Gehorsam; den zweiten schworen sie einander innerhalb des Manipels gegenseitig: niemals die Kameraden im Stich zu lassen, um sich selbst zu retten, niemals ihren Platz im Gefecht zu verlassen, außer, um eine Waffe zurückzuholen, einen Feind anzugreifen oder einen Kameraden zu retten (Livius, 22.38). Trotz späterer Formen des Eides, bei denen es um die Loyalität der Legionäre gegenüber dem Feldherrn und dem Staat ging, hielt man in den Zenturien der späten Republik und des frühen Kaiserreichs an der Idee des früheren Eides fest. Caesar betont, dass die Zenturionen Pullo und Vorenus, die in bitterer Rivalität um Rang und Ehre standen, „einander halfen und sich gegenseitig retteten". (Caesar, *Der gallische Krieg*, 5.44)

Belohungen und Auszeichnungen

Die höchste Auszeichnung, die ein Legionär, unabhängig von seinem Rang, erlangen konnte, war die *corona civica* – die Bürgerkrone aus Eichenlaub, die man erhielt, wenn man einem Mitbürger in der Schlacht das Leben gerettet hatte. Kein Akt der Tapferkeit im Gefecht wurde als wichtiger oder selbstloser erachtet als den Feind zurückzuschlagen, um einen Kameraden zu retten. Dies war der Inbegriff der Kameradschaft und es zeigt, für wen die Legionäre wirklich kämpften: füreinander. Hier lag der Kern des Erfolgs der Armee. Marcus Helvius Rufus wurde die *corona civica* für die Rettung eines Kameraden aus der Veteraneneinheit in der Schlacht gegen Tacfarinas im Jahr 20 n. Chr. von Kaiser Tiberius verliehen:

> Und so viel wurde durch die Strenge erreicht, dass eine Abteilung Veteranen, nicht mehr als 500 an der Zahl, [die] Scharen des Tacfarinas, als sie ein Kastell namens Thala angriffen, in die Flucht schlug. In diesem Gefecht erwarb sich Rufus Helvius, ein einfacher Soldat, die Auszeichnung, einen römischen Bürger gerettet zu haben, und wurde von Apronius mit Ehrenkette und Lanze beschenkt. Der Kaiser fügte die Bürgerkrone hinzu, wobei er mehr beklagte als beanstandete, dass ihm nicht auch diese Belohnung Apronius mit dem Recht des Prokonsuls verliehen habe. (Tacitus, *Annalen*, 3.21)

Rufus ist der letzte gewöhnliche Soldat, von dem wir wissen, dass er einen solchen Speer erhielt, da die Auszeichnung bald auf Offiziere beschränkt wurde. Eine Inschrift aus seiner Heimatstadt Varia in Italien zeigt, dass Rufus später zum *primus pilus* befördert wurde und seinem Namen den Zusatz *Civica* hinzugefügt hatte (*ILS* 2637). Solche Gesten des Stolzes waren nicht ungewöhnlich. Legionäre, die für Octavian bei Actium gekämpft hatten, legten sich den Beinamen *Actiacus* („Actium-Kämpfer") zu:

> Marcus Billienus Actiacus, Sohn des Marcus, aus dem Tribus Romula, diente in der Legion XI, kämpfte in der Seeschlacht [Actium], wurde in der Kolonie [Este, Italien, 30 v. Chr.] angesiedelt und zum Stadtrat gewählt. (ILS 2243)

Grabstein von Marcus Billienus, der nach der Seeschlacht bei Actium den Beinamen Actiacus annahm (*ILS* 2243). (Museo Civico, Vicenza, neu entworfen von Steven D.P. Richardson aus Keppie 1984, Abb. 38)

Polybios erklärt, dass die Römer durch die Verleihung von Ehrenzeichen Heldenmut förderten und mit Hilfe von Tierfellen (für die *velites*, die Plänkler) oder Helmbuschen und Federn (für die regulären Legionäre) sicherstellten, dass die Soldaten für die Befehlshaber auf dem Schlachtfeld gut zu erkennen waren (Polybios, 6.22-23, 39). Tapferkeitsauszeichnungen, die allen Rängen zugänglich waren, umfassten *torques* (Halsreifen) und *phalerae* (Medaillen), die auf dem Panzer getragen wurden, sowie *armillae* (Armreifen) aus Edelmetall ebenso wie Geldzuwendungen und Beförderungen. Die Verleihung von Kränzen, Speeren und Fahnen war zunehmend Zenturionen und höheren Offizieren vorbehalten (Maxfield 1981). Titus verlieh derartige Belohnungen bei einer Feier im Anschluss an die Eroberung und Zerstörung Jerusalems im Jahr 70 n. Chr.:

> Sogleich ließ er einige Beauftragte die Namen derer vorlesen, die irgendetwas Hervorragendes im Krieg geleistet hatten. Als sie nun herantraten, zeichnete er sie öffentlich aus, indem er sie beim Namen nannte, und freute sich, als ob es seine eigenen Erfolge gewesen wären. Er setzte ihnen goldene Kränze auf, verlieh ihnen goldene Halsketten, kleine goldene Speere, aus Silber gefertigte Feldzeichen und ließ jeden einen Rang aufrücken. Abgesehen davon verteilte er ihnen aus der Siegesbeute Silber, Gold und Kleider, aber auch einen reichlichen Anteil aus dem übrigen Plünderungsgut. (Josephus, *Jüdischer Krieg*, 7.13-16)

Bei Paraden und im Gefecht trugen römische Soldaten ihre Auszeichnungen mit Stolz. Auszeichnungen finden auch besondere Erwähnung in Tacitus' Beschreibung des Einzugs der siegreichen Armee des Vitellus in Rom im Juli 69:

> Vorn wurden die Adler von vier Legionen getragen, flankiert von ebenso vielen Fahnen anderer Legionen [...]. Vor den Adlern gingen die Lagerpräfekten, Tribunen und Zenturionen erster Klasse in weißem Gewande, von den übrigen jeder bei seiner Zenturie im schimmernden Schmuck der Waffen und Auszeichnungen. Auch die Soldaten hatten ihren glänzenden Brustschmuck und ihre Halsketten angelegt. Es war ein prachtvolles Bild und ein Heer, eines jeden Fürsten würdig, nur nicht des Vitellius. (Tacitus, *Historien*, 2.89)

Solche Auszeichnungen waren beliebte Beutestücke. Einer der Fortsetzer Caesars beschreibt, wie einem tapferen Zenturionen im Kampf gegen die Pompeianer vor Munda (45 v. Chr.) die Auszeichnungen weggenommen wurden:

> Als man in Caesars Heer bemerkte, dass man [...] zurückwich, setzten zwei Zenturionen der fünften Legion über den Fluss [Salsum] und stellten die Formation wieder her. Als sie zu mehreren verbissen und außerordentlich tapfer kämpften, brach der eine der beiden Zenturionen unter der Menge der von oben herabgeworfenen Geschosse zusammen. Als sein Kamerad in den Kampf eingetreten war, sich aber von allen Seiten abgeschnitten sah, zog er sich zurück und verletzte sich den Fuß. Gerade als mehrere der Feinde über die Auszeichnungen dieses tapferen Mannes in Wetteifer gerieten, kamen Caesars Reiter herüber [...]. (Pseudo-Caesar, *Spanischer Krieg*, 23)

Bestrafungen

Disziplin wurde mit Strenge durchgesetzt. Feigheit in der Schlacht und andere Pflichtversäumnisse, wie das Einschlafen beim Wachdienst, wurden mit *fustuarium* (von den Kameraden, deren Leben man in Gefahr gebracht hatte, zu Tode geprügelt werden), Auspeitschen oder Degradierungen bestraft (siehe Polybios, 6.35-38). Wenn eine ganze Einheit sich der Feigheit im Gefecht schuldig machte, wurde die Strafe der Dezimierung verhängt, bei der ein Zehntel der Männer durch das Los ausgewählt und hingerichtet wurde. Dies war eine seltene und extreme Bestrafung, aber sie kam noch 18 n. Chr. vor (Tacitus, *Annalen*, 3.21). Andere Strafen waren eher symbolisch und dienten dazu, die Übeltäter zu beschämen, so zum Beispiel, wenn Soldaten auf die verhassten Gerstenrationen gesetzt oder aus dem militärischen Leben verbannt wurden, indem man sie zwang, außerhalb der Wälle ihr Lager aufzuschlagen (Plutarch, *Antonius*, 39; Frontinus, *Strategemata*, 4.1). Man nahm ihnen die Militärgürtel (d.h. ihre militärische Identität) weg und zwang sie, einen ganzen Tag lang vor dem Zelt des Feldherrn zu stehen, manchmal mit einer langen Messstange oder auch einem Rasenstück in der Hand (Sueton, *Augustus*, 24). Erst, wenn sie sich im Gefecht wieder bewährt hatten, wurden diese Strafen aufgehoben.

Prahlerei und Eigeninitiative

Trotz des Nachdrucks, der auf Disziplin und auf die Wahrung der Schlachtordnung gelegt wurde, tolerierte, ja begünstige die römische Armee gefährliches, prahlerisches Verhalten und erlaubte ihren Soldaten ein erstaunliches Maß an Eigeninitiative. Caesar gibt zu verstehen, dass, als Quintus Ciceros Legion 54 v. Chr. von den Nerviern bedrängt wurde, der Mut der Zenturionen Pullo und Vorenus alle anderen inspirierte:

> Bei dieser Legion befanden sich zwei außerordentlich tapfere Centurionen, [...] Titus Pullo und Lucius Vorenus. Diese zwei Männer hatten ewige Zänkereien miteinander, wer vor dem andern den Vorzug habe, und führten all die Jahre mit der größten Eifersucht einen Wettkampf um die Beförderung. Als nun das Gefecht an den Verschanzungen am hitzigsten war, rief Pullo: „Vorenus, was zauderst

du oder wo anders willst du deine Tapferkeit zeigen? Dieser Tag muss unsere Streitigkeiten entscheiden." Nach diesen Worten sprang er über die Verschanzungen und stürzte sich in den dichtesten Haufen der Feinde. Auch Vorenus blieb nicht länger auf dem Lagerwall, sondern folgte ihm, um nicht im Urteil aller an Ansehen zu verlieren. Als Pullo sich eine kleine Strecke entfernt hatte, warf er seinen Wurfspieß gegen die Feinde und durchbohrte einen, der aus dem Haufen auf ihn losging. Die übrigen deckten den Durchbohrten mit ihren Schilden und setzten sämtlich mit Geschossen und Wurfspießen dem Pullo zu. Der Weg ward ihm versperrt, sein Schild durchschossen und ein kleiner Wurfspieß blieb ihm im Wehrgehänge stecken. [...] Doch sein Rivale Vorenus sprang herbei und kam ihm in der Not zu Hilfe. [...] Vorenus kämpfte mit dem Schwert im Handgemenge, einen stieß er zuletzt, als er zu hitzig in die Feinde drang, bergab gestoßen und fiel hin. Allein, hier kam ihm wieder Pullo im Gedränge zu Hilfe, und beide begaben sich alsdann unversehrt, nachdem sie eine Gute Anzahl Feinde getötet hatten, mit Ruhm bedeckt in die Verschanzungen zurück. So lenkte das Geschick beide in ihrer Eifersucht und in ihrem Wettstreit, dass die Rivalen einander halfen und sich gegenseitig retteten und dass man nicht entscheiden konnte, wer es an Tapferkeit dem anderen zuvortat. (Caesar, *Der gallische Krieg*, 5.44)

Wahrscheinlich handelten Soldaten auch deshalb manchmal ohne Befehl oder gegen den Befehl, weil die Kommunikation auf dem Schlachtfeld nicht immer funktionierte. Dennoch ist deutlich, dass eigenständiges Handeln den Ausgang eines Gefechts maßgeblich beeinflussen konnte. Während der Belagerung von Gamla im Jahr 67 n. Chr. gelang es eines Nachts drei Soldaten der Legion XV Apollinaris, die ohne Befehl handelten, fünf entscheidende Stützsteine aus dem Sockel eines Eckturms wegzubrechen, was diesen zum Einsturz brachte und die Eroberung der Stadt durch die Römer sicherstellte (Josephus, *Jüdischer Krieg*, 4.63-66). In der zweiten Schlacht von Cremona nahmen sich zwei flavische Legionäre die Schilde zweier Gefallener von Vitellius' Legion XV Primigenia, und auf diese Weise getarnt, rückten sie auf die vitellianischen Linien vor und machten eine große *ballista* (Torsionsgeschütz) unwirksam, die den Vormarsch der Flavier behindert hatte. Die Soldaten wurden dabei getötet (Tacitus, *Historien*, 3.23). Derartige Taten stärkten die Moral und den Stolz der Einheit, und General Sueton Paulinus stellte fest, dass der Ausgang einer Schlacht tatsächlich von den Handlungen einiger weniger Legionäre abhängen konnte (Tacitus, *Annalen*, 14.36).

Kleidung und äußeres Erscheinungsbild

Soldaten waren nicht durch Uniformen als solche erkennbar – die Kleidung eines Soldaten in Tunika und Umhang unterschied sich wenig von der des Zivilisten –, sondern sie erhielten ihre militärische Identität durch den Militärgürtel (das *cingulum militare*) und die Militärsandalen (*caligae*). Das *cingulum* hatte entweder die Form eines einzelnen Hüftgürtels, der mit versilberten, teilweise geprägten Bronzeplättchen verziert war, oder die Form von zwei sich kreuzenden Riemen, die um die Hüfte gebunden wurden. Der Zeitpunkt der Einführung der gekreuzten Riemen ist nicht sicher; möglicherweise tauchten sie gegen Ende der Regierungszeit von Augustus auf, in die auch der Schurz aus beschlagenen Lederstreifen gehört (die Zierbeschläge für einen solchen Schurz wurden in Kalkriese, dem Schauplatz der Varusschlacht, gefunden). Vermutlich in der Regierungszeit des Tiberius wurde Niello, eine schwarze Legierung aus Schwefel und Silber, Graphit oder Kupfer, zu einer weitverbreiteten Technik zur Verzierung von Gürtelplättchen mit aufwendigen Intarsien (Deschler-Erb 2000). Diese

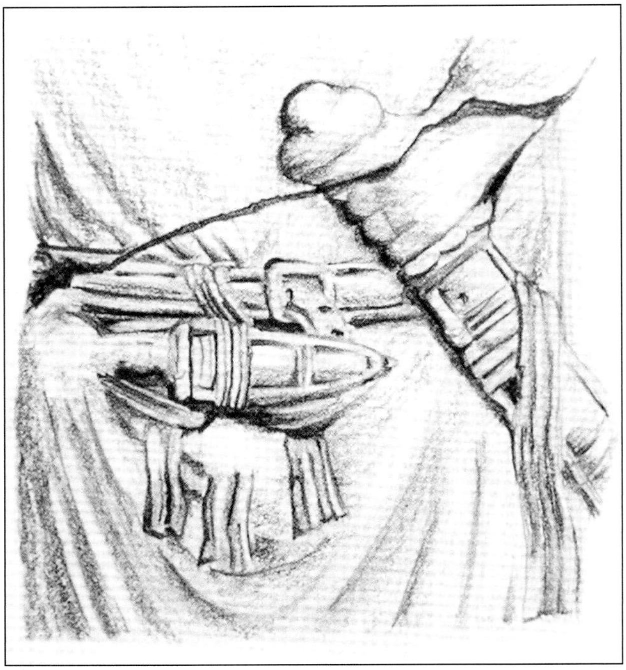

Gürtelbeschlag des Lorarius (Detail). Die Aufhängung des Dolches über dem Bauch ist ungewöhnlich. Die Anordnung der Gürtelenden ist eine Vorwegnahme des Schurzes. (Museo Civico, Padova. Gezeichnet von Steven D.P. Richardson nach Franzoni 1987, tav. XIV.1)

Gürtel kennzeichneten einen Mann als Soldaten; Juvenal charakterisierte Soldaten als „bewaffnete und gegürtete" Männer (*Saturae,* 16.48). Nahm man einem Soldaten das *cingulum*, so nahm man ihm seine militärische Identität. Der Gürtel wurde konfisziert, wenn ein Soldat unehrenhaft entlassen wurde (Herodian, 2.13.10). In Rom machten sich im Jahr 69 n. Chr. Zivilisten einen Spaß daraus, im Schutz der Menge die Wehrgehänge nichtsahnender Soldaten mit scharfen Messern durchzuschneiden. Die Soldaten tobten, als sie merkten, was geschehen war, und zahlreiche Zivilisten, darunter der Vater eines Legionärs, wurden getötet (Tacitus, *Historien*, 2.88).

Militärsandalen, *caligae*, waren ein weiterer wichtiger Identifikationsgegenstand. Der Zeitpunkt ihrer Einführung ist ungewiss, aber sie waren mit Sicherheit von der Zeit des Augustus bis zum frühen 2. Jahrhundert n. Chr. die Standardfußbekleidung des römischen Soldaten. Diese sehr strapazierfähigen Sandalen gaben mit ihren genagelten Sohlen die Gegenwart eines Soldaten ebenso zu erkennen wie seine klirrenden Gürtel (Josephus, *Jüdischer Krieg,* 6.85). Archäologische Funde aus dem ganzen Reich zeigen, dass die Form der *caligae* und das Nagelmuster der Sohlen einen hohen Grad an Standardisierung aufwiesen. Dies legt die Vermutung nahe, dass hierfür (wie auch vielleicht für andere Gegenstände der militärischen Ausrüstung) Musterbücher bestanden, die von den Kaisern herausgegeben wurden. Die Nagelmuster, die den Ballen, den Fußrücken und die Ferse stützten, werden als Vorläufer der Sohlenmuster moderner Trainingsschuhe betrachtet.

Die Farbe der Militärtuniken ist umstritten. Die Aussage, dass Zenturionen in Weiß zur Parade aufzogen, könnte sich auf weiße Leinentuniken oder vielleicht auf die Farbe der Helmbusche und der *pteryges* (Tuchstreifen zum Schutz von Oberarmen, Bauch und Oberschenkeln) beziehen (Tacitus, *Historien,* 2.89). Andererseits ist auch die Annahme, dass Zenturionen normalerweise rot gefärbte Wolltuniken und die niedrigeren Ränge grauweiße Tuniken trugen, plausibel (Fuentes 1987; dagegen Sumner 2002).

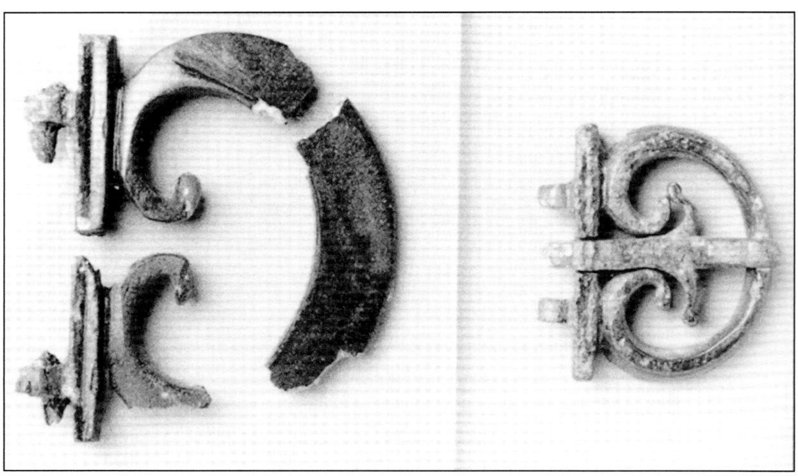

Bronzene Gürtelschnallen, Kalkriese 9 n. Chr. (Varusschlacht im Osnabrücker Land, Museum und Park Kalkriese)

Ausrüstung

Man stellt sich den Legionär in erster Linie als Schwertkämpfer vor, der auf den Feind zustürmt und sein Schwert eher zum Stoß als zum Streich benutzt (Polybios, 2.33, 3.114; Vegetius, *Epitoma,* 1.12). Allerdings konnten nur die Soldaten in den vorderen Reihen ihre Schwerter im Gefecht benutzen, und Schlachten wurden häufig als langwierige Wurfwaffen-Duelle geschildert.

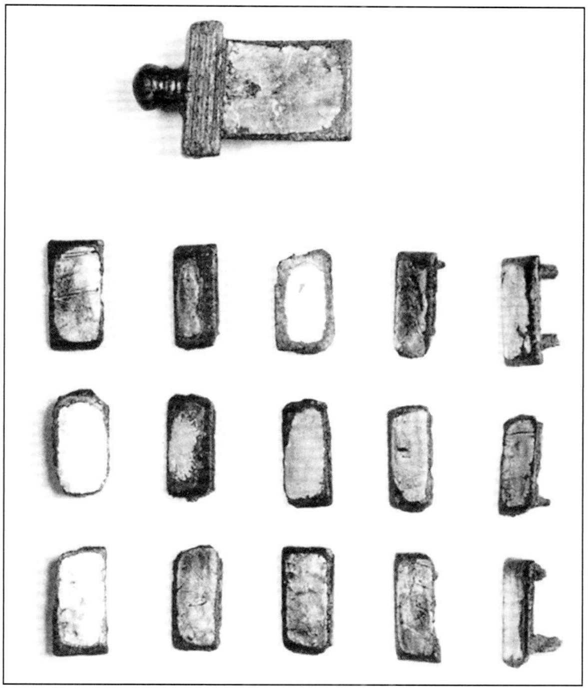

OBEN **Silberplattierte Schurzbeschläge und Anhänger; Kalkriese, 9 n. Chr. (Varusschlacht im Osnabrücker Land, Museum und Park Kalkriese)**

Pilum

Das *pilum* ist die entscheidende Waffe des römischen Legionärs. Im Gegensatz zum *gladius,* der im Laufe der Zeit eine Reihe verschiedener Typen ausbildete, bewahrte das *pilum* seine beiden Grundformen – Zungen- und Tüllenpilum – über sechs Jahrhunderte. Als schwerer Wurfspeer, ca. 2 m lang, hatte es einen langen Eisenschaft mit einer pyramidenförmigen oder runden Spitze. Das *pilum* war eine Waffe mit kurzer Reichweite und daraufhin ausgelegt, ein Schild, einen Panzer und den Mann dahinter zu durchdringen. Es war für den römischen Schwertkampf von entscheidender Bedeutung, weil die Verheerung, die eine Pilensalve auslöste, die perfekten Bedingungen für den Legionär schuf, der mit seinem Schwert schlagend und stoßend angriff. Kürzere, leichtere *pila,* manche mit nur 15 cm langem Schaft, wurden vermutlich von den Plänklern benutzt.

Eine Reihe von Zungenpila aus dem augusteischen Kastell bei Oberaden, die um die 2 kg gewogen haben müssen, sind mit einem Teil der Holzschäfte erhalten geblieben. Funde aus der späten Republik, zum Beispiel aus Valencia, hatten viel kräftigere Schäfte und waren erheblich schwerer. Manche *pila* waren mit einem runden Gewicht, vermutlich aus Blei, beschwert, aber es wurden keine entsprechenden archäologischen Nachweise gefunden. Solche schweren *pila* tragen Prätorianer auf einem Relief, das aus dem zerstörten Claudiusbogen in Rom, der zur Feier der Eroberung des südlichen Britanniens aufgestellt worden war, erhalten geblieben ist. Die schweren *pila* wogen mindestens 50 Prozent mehr und führten zu einem Verlust an Reichweite (höchstens 30 m, aber einer besseren Durchschlagkraft bei kürzeren Distanzen). Dies war offensichtlich akzeptabel, wenn die Schlagkraft erhöht wurde.

UNTEN **Pilumspitze aus Kalkriese, 9 n. Chr. (Varusschlacht im Osnabrücker Land, Museum und Park Kalkriese)**

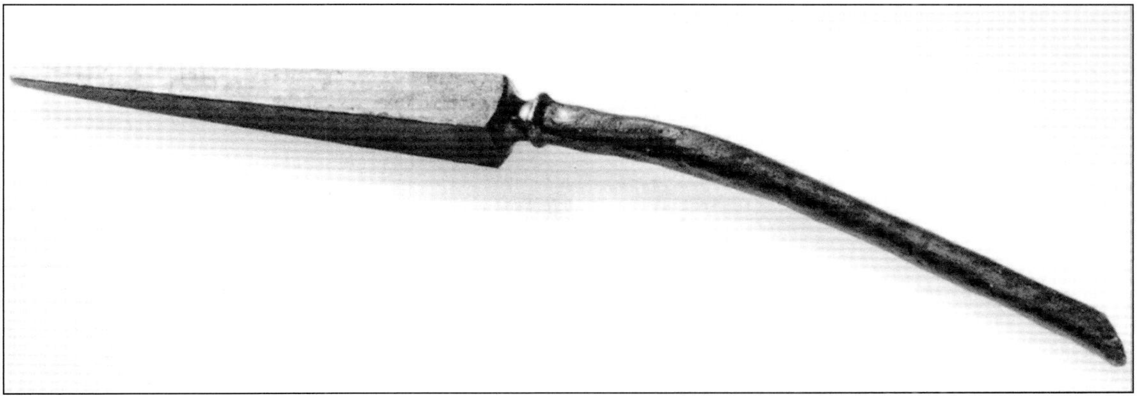

RECHTS: **Pilumzwingen, Kalkriese, 9 n. Chr. (Varusschlacht im Osnabrücker Land, Museum und Park Kalkriese)**

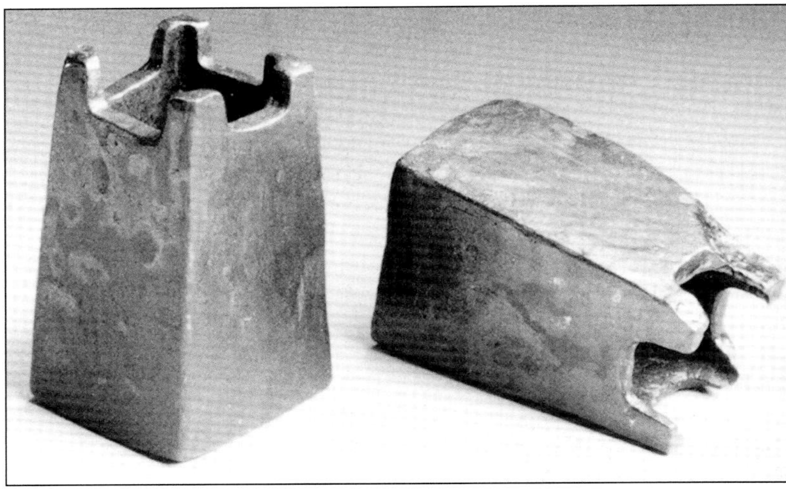

UNTEN: **Römische Geschosse aus Kalkriese, 9 n. Chr. Von links nach rechts: leichter Speer, zwei Speerspitzen; drei Geschossbolzen, Pilumzwinge und Lanzenschuh. (Varusschlacht im Osnabrücker Land, Museum und Park Kalkriese)**

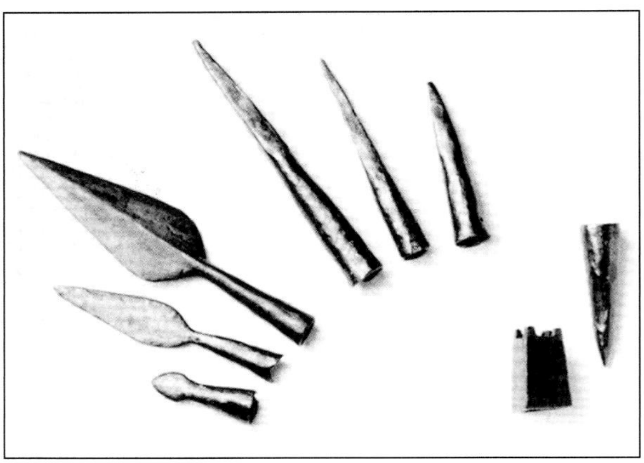

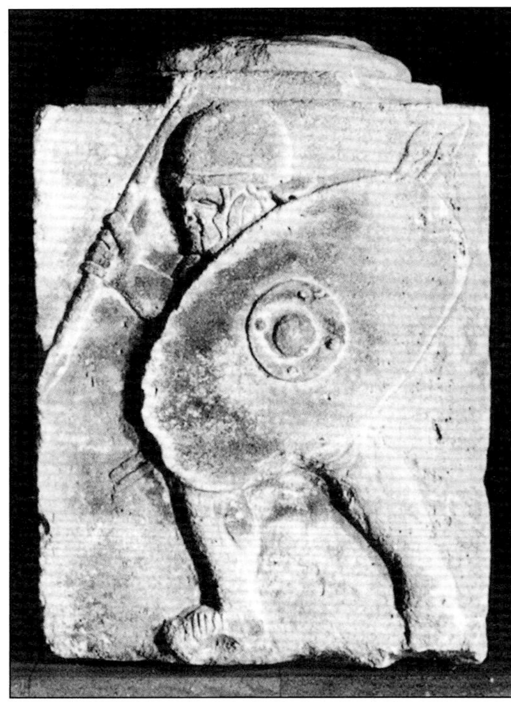

RECHTS: **Mainzer *principia*-Relief: leicht bewaffneter Legionär (Landesmuseum Mainz)**

Schild

Der traditionelle Schild des Legionärs war das gewölbte, ovale scutum. Ein Beispiel aus dem ersten vorchristlichen Jahrhundert aus Fayum in Ägypten maß 128 cm in der Länge und 63,5 cm in der Breite und war aus gehobelten Holzbrettchen gefertigt, die in drei Schichten übereinandergeleimt waren. Der Schild war in der Mitte etwas dicker (1,2 cm – an den Rändern 1 cm) und hatte einen hölzernen Schildbuckel über einer Spindel. Er war mit Filz und Kalbleder überzogen und wog 10 kg. In augusteischer Zeit veränderte sich die Form und es entstand schließlich ein rechteckiger gewölbter Schild. Das einzig erhaltene Exemplar dieses zylindrischen Typs stammt aus Dura-Europos in Syrien (255/7 n. Chr.). Es war genauso konstruiert wie der Fayum-Schild, 102 cm lang und 83 cm breit (66 cm, wenn man die Wölbung nicht mitrechnete), aber viel leichter, nur 5 mm dick und ca. 5,5 kg schwer. Peter Connolly geht davon aus, dass frühere Exemplare in der Mitte eine

LINKS: **Eiserner Schildbuckel, Verstärkungsleiste und Teil der Randbeschläge aus Kalkriese, 9 n. Chr. (Varusschlacht im Osnabrücker Land, Museum und Park Kalkriese)**

UNTEN: **Sesterz. Kaiser Caligula spricht zu einer Gruppe von Soldaten, entweder Legionären oder Prätorianern die mit *scuta* ausgerüstet sind. (Hunter Coin Cabinet, Universität Glasgow)**

Verdickung aufwiesen und um die 7,5 kg wogen (Connolly 1981, 233).

Das Gewicht des *scutums* impliziert, dass es an dem horizontalen Griff mit gestrecktem Arm gehalten wurde. Es wurde in erster Linie offensiv eingesetzt; die Legionäre stürmten auf die Gegner zu und benutzten den erhabenen Schildbuckel, um sie aus dem Gleichgewicht zu bringen oder umzuwerfen (Tacitus, *Annalen,* 14.36; *Historien,* 2.42). Offenbar benutzten die batavischen und tungrischen Kohorten in der Schlacht am Mons Graupius ihre *umbones* (Schildbuckel), um auf die Kaledonier einzustoßen (Tacitus, *Agricola,* 36). Die flachen Schilde der Hilfstruppen waren nicht unbedingt leichter als die Legionärsschilde; der rechteckige, oben abgerundete Schild von Hod Hill wog ungefähr 9 kg.

Schwert

Gemeinhin wird angenommen, es habe sich beim *gladius,* mit dem der römische Legionär bewaffnet war, um ein kurzes Stoßschwert gehandelt, aber das ist ein Irrtum. Für die Römer bedeutete das Wort *gladius* einfach „Schwert", nicht speziell „kurzes Schwert". Tacitus verwendet das Wort *gladius* als Bezeichnung für die langen „Schlagschwerter", die die Kaledonier am Mons Graupius schwangen (*Agricola,* 36). Das berühmte spanische Schwert, der *gladius Hispaniensis,* der von Polybios und Livius häufig erwähnt wird, war eine mittellange Hieb- und Stichwaffe, deren Klinge zwischen 64 cm und 69 cm lang und 4-5,5 cm breit war (Connolly 1997, 49-56). Die Kanten der Klinge konnten parallel verlaufen oder leicht verjüngt sein, und ca. das letzte Fünftel lief in einer scharfen Spitze aus. Das längere Schwert muss mehr als 1,5 kg gewogen haben. Diese Waffe, die von den Römern vermutlich kurz nach der Schlacht von Cannae im Jahr 216 v. Chr. übernommen wurde, hatten ursprünglich die Keltiberer entwickelt. Die Schwertscheide hatte einen Rahmen aus Eisenblech oder Bronze mit Einsätzen aus Holz oder Leder, auch Bronzeblech ist überliefert. Einige römische Truppen benutzten das spanische Schwert bis ca. 20 v. Chr. (ein bemerkenswertes Exemplar stammt aus Berry-Bouy in Frankreich), aber in der Regierungszeit des Augustus wurde es schnell vom *gladius* des

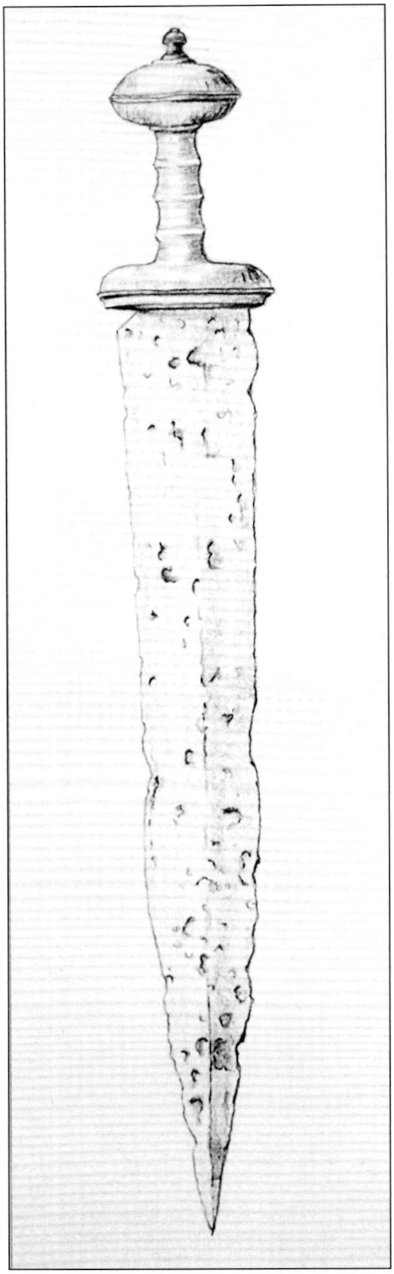

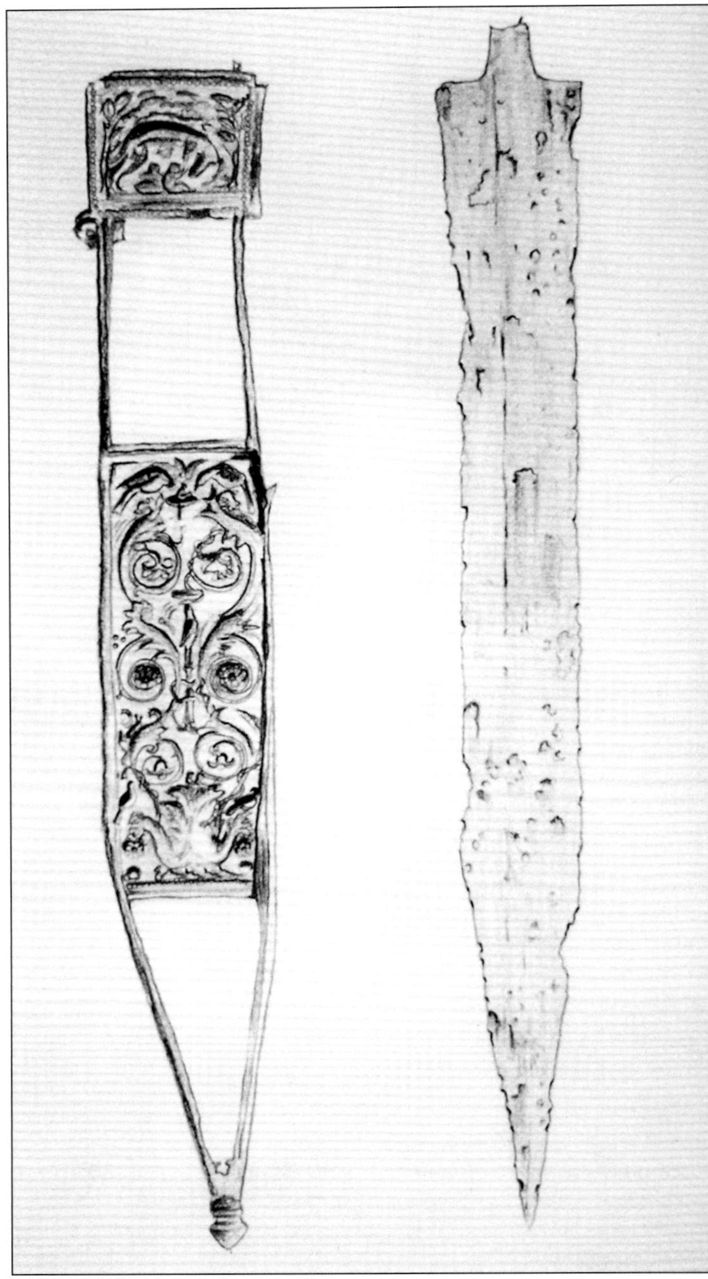

OBEN LINKS: ***gladius* Typ Mainz aus Rheingönheim mit silberplattiertem Heft (Speyer, Historisches Museum der Pfalz, gezeichnet von Steven P.D. Richardson nach Ulbert 1969, Abb. 3.1)**

OBEN RECHTS: ***gladius* Typ Mainz mit Romulus und Remus-Scheide, gefunden in der Themse bei Fulham (British Museum, gezeichnet von Steven P.D. Richardson nach Ulbert 1969, Taf. 32)**

Mainz/Fulham-Typs (der nach den wichtigsten Fundorten benannt ist) überholt. Dieses Schwert war eindeutig eine Weiterentwicklung aus dem *gladius Hispaniensis,* hatte aber eine kürzere und breitere, in der Mitte verjüngte Klinge (ca. 40-56 cm lang und bis zu 8 cm breit) mit einer auffällig langen Spitze. Die Metallscheiden dieser Schwerter waren verzinnt oder versilbert und mit verschiedenen Motiven, die häufig der augusteischen Propaganda entnommen waren, fein geprägt.

Der kurze *gladius* vom Typ Pompeji wurde am Ende der hier behandelten Periode eingeführt. Dieses Schwert unterschied sich von den Typen Mainz/Fulham und Hispanicum durch seine gerade Klinge und die kurze, dreieckige Spitze (ca. 42-55 cm lang, 5-6 cm breit), aber die Legionäre behielten die gleiche Hieb- und Stich-Kampftechnik bei. Dieses Schwert wog unge-

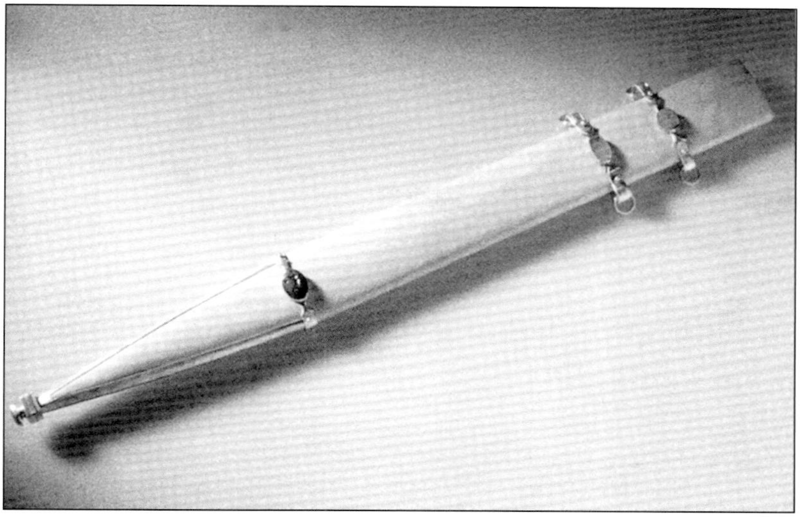

Restaurierte Klammern einer Schwertscheide aus Kalkriese, 9 n. Chr. (Varusschlacht im Osnabrücker Land, Museum und Park Kalkriese)

fähr 1 kg. Die feine Prägung der Scheide des Mainz-Fulham-*gladius* machte einer Fertigung aus Holz und Leder mit Metallbindung und Blechbeschlägen Platz, die mit gestanzten, gravierten oder geprägten Verzierungen versehen waren. Alle römischen Schwerter der hier behandelten Periode wurden am Gürtel oder am Schulterriemen mit einer Aufhängung an vier Ringen befestigt. Da es sich um die vorherrschende Waffe auf der Traianssäule handelt, hat sich der Pompeji-*gladius* in der Vorstellung vieler als die entscheidende Waffe des römischen Legionärs fest verankert. Was jedoch die Dauer seiner Nutzung angeht, war es vielleicht das kurzlebigste der römischen Schwerter: Es wurde im 1. Jahrhundert, vermutlich als standardisiertes Modell, eingeführt und geriet schon im zweiten Viertel des 2. Jahrhunderts außer Gebrauch.

Der gewöhnliche Soldat trug das Schwert auf der rechten Seite, während es die *aquiliferi,* Zenturionen und ranghöhere Offiziere zum Zeichen ihres Ranges links trugen.

Dolch

Eine weitere Übernahme von den Keltiberern war der Dolch (*pugio*). Wie ein Miniatur-gladius mit einer verjüngten Klinge von 20 cm bis zu 35 cm Länge wurde er (von normalen Soldaten) an der linken Hüfte getragen, und die eisengerahmte Scheide hing an einer ähnlichen Ringaufhängung. Seit der augusteischen Zeit wurden Dolchgriffe und -scheiden (die nun vollständig aus Metall bestanden) mit immer feineren Silber- und Niello-Intarsien verziert. Die Grundform dieses Dolches wurde noch im 3. Jahrhundert n. Chr. benutzt.

Gladius **mit einer kurzen Spitze aus Pompeji, 79 n. Chr. (Museo Nazionale di Napoli, gezeichnet von Steven P.D. Richardson nach Ulbert 1969, Taf. 17.1)**

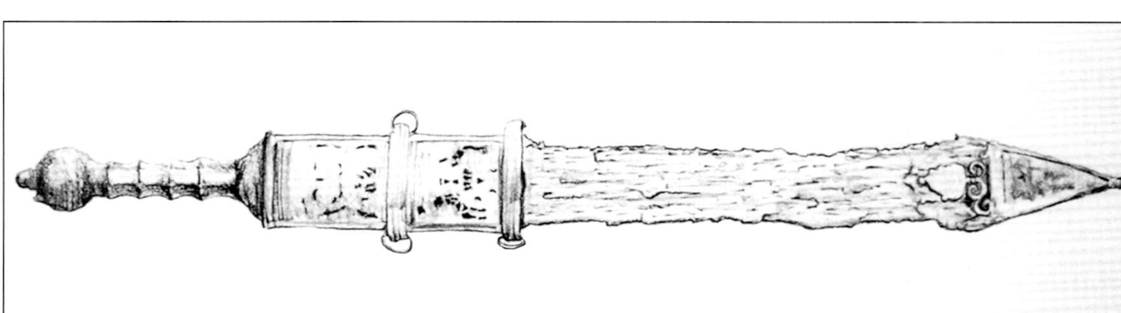

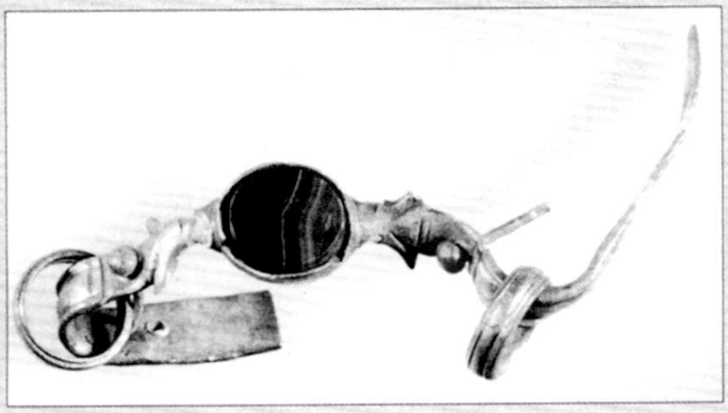

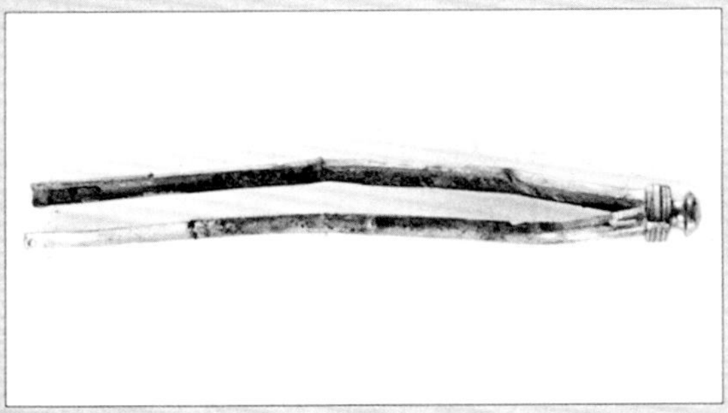

OBEN LINKS: **Klammer einer Schwertscheide, Kalkriese, 9 n. Chr. (Varusschlacht im Osnabrücker Land, Museum und Park Kalkriese)**

UNTEN LINKS: **Rahmen einer Schwertscheide aus Kalkriese, 9 n. Chr. (Varusschlacht im Osnabrücker Land, Museum und Park Kalkriese)**

OBEN RECHTS: **Klammer einer Schwertscheide mit vertiefter Gemme aus Kalkriese, 9 n. Chr. (Varusschlacht im Osnabrücker Land, Museum und Park Kalkriese)**

UNTEN RECHTS: **Silberne Klammer einer Schwertscheide aus Kalkriese mit Fassung für einen verlorengegangenen Stein, 9 n. Chr. (Varusschlacht im Osnabrücker Land, Museum und Park Kalkriese)**

Rüstung

Die Mehrheit der Legionäre kämpfte in der Kaiserzeit in schweren Panzern, obwohl es auch Soldaten ohne jegliche Rüstung gab. Caesar setzte solche Legionäre als *antesignani,* also als leichtes Fußvolk (*expediti*) ein, das mit leichten Wurfwaffen vor den Feldzeichen der Hauptschlachtlinie plänkelte oder die Kavallerie unterstützte (z.B. in Pharsalos, *De bello civili,* 3.75, 84). Ein Relief aus dem Gebäude des Legionshauptquartiers (*principia*) in Mainz zeigt zwei Legionäre in enger Schlachtordnung, mit *scuta* und *pila* ausgerüstet, aber offensichtlich ohne Panzer, was vermuten lässt, dass sogar die „schweren" Legionäre als *expediti* eingesetzt wurden.

Zwei weitere Reliefs aus Mainz zeigen die regulären Panzer der Legionäre. In einer Szene trägt ein *legionarius,* der hinter einem *signifer* marschiert, eine *lorica segmentata* (der Name ist eine Neuschöpfung), das heißt, einen Schienenpanzer aus ineinandergeschobenen Eisenplatten und -reifen. Die Stadtkohorten auf der Trajanssäule tragen nur diese Art der Rüstung, aber die lorica segmentata wurde nie so ausschließlich verwendet, wie die Reliefbänder vermuten lassen würden. Aus den Entdeckungen in Kalkriese, dem Austragungsort der Varusschlacht (in der Nähe von Osnabrück), zu denen auch ein vollständiger Brustpanzer mit Bronzeeinfassung zählt, wird ersichtlich, dass diese Art des Panzers unter Augustus entstanden ist. Andere Fragmente sind inzwischen aus den augusteischen Lagern in Haltern und Dangstetten bekannt. Der Schienenpanzer bot soliden Schutz, vor allem an den Schultern und am oberen Rücken, endete aber notwendigerweise auf den Hüften und ließ damit den Bauch und die Oberschenkel ungeschützt. Es ist wahrscheinlich, dass darunter eine Art gepolstertes Gewand getragen wurde, um den Aufschlag von Hieben zu dämpfen, die Haut vor dem

Veteran der Legion XII Antiqua,
32-31 v. Chr.
5
3
2a
2b
4
5a
4a
1
1
Angus McBride

A

Legionäre bei der Zwangsrekrutierung in Ostia,
Hafen von Rom, 6-9 n. Chr.
1
2
3

B

C

Kampftechniken der Legionäre
1
2
3
4
Angus McBride '02

Marschlager 1. Jahrhundert n. Chr.
Angus McBride 02
1

Schlacht im Teutoburger Wald, Herbst 9 n. Chr.
VET VEX
LEG XIIX
1
2
3
4
Angus McBride 02

Prior-Zenturie in der Schlacht, 1. Jahrhundert n. Chr.
1
2
3
4
5
1
Angus McBride '02

G

Legionär der II Augusta, Britannien, 43 n. Chr.
4
4
5
7
6
2
3
9
8
1
Angus McBride '92

H

Wundreiben zu schützen und den richtigen Sitz des Panzers zu gewährleisten, damit Brustplatte und andere Metallstreifen ordentlich übereinander lagen. Eine Rekonstruktion dieses Panzers legt nahe, dass er ungefähr 9 kg wog.

Ein anderes Relief aus Mainz zeigt einen Zenturionen (er trägt sein Schwert links), der auf den ersten Blick scheinbar eine Art Tunika anhat. Die Schlitze an Ärmeln und Oberschenkeln weisen jedoch darauf hin, dass es sich dabei um einen Kettenpanzer (*lorica hamata*) handelt – die Schlitze waren notwendig, um Bewegungen zu erleichtern. Auf vielen solcher Denkmäler waren die Details der Ringe ursprünglich aufgemalt. Der Kettenpanzer war vermutlich die meistgenutzte Rüstung der Römer. In der hier besprochenen Periode waren die Kettenhemden ärmellos oder kurzärmelig und konnten bis weit auf die Oberschenkel reichen. Die meisten Legionäre trugen Kettenpanzer mit aufgedoppelten Schulterstücken aus Leder, die mit Kettenringen besetzt waren; sie waren dem Schulterschutz der griechischen Leinenpanzer nachgebildet. Solche Panzer wogen, je nach ihrer Länge und der Zahl der verarbeiteten Ringe, 9-15 kg. Andere Kettenpanzer hatten vollständige Schultercapes und wogen bis zu 16 kg. Das Gewicht, das auf den Schultern lag, war offensichtlich beträchtlich, aber ein Teil davon konnte durch die Verwendung eines Gürtels auf die Hüften verlagert werden. Kettenpanzer bestanden normalerweise aus Eisen, aber auch Bronzeringe, die häufig für dekorative Schnitte verwendet wurden, sind bekannt. Bisweilen sind Panzer mit feinen Schuppen

OBEN LINKS: **Mainzer *principia*-Relief: Legionäre aus der ersten Reihe, die als *expediti* kämpfen (Landesmuseum Mainz)**

OBEN RECHTS: **Grabstein von Flavoleius Cordus, Legion XIV Gemina, ausgerüstet mit ovalem Schild und leichtem Wurfspeer mit einer Schleuderschlaufe. Vor 43 n. Chr. (Landesmuseum Mainz)**

OBEN LINKS: **Mainzer *principia*-Relief: Legionär und *signifer* auf dem Marsch. Spätes mittleres 1. Jahrhundert n. Chr. (Landesmuseum Mainz)**

OBEN RECHTS: **Mit Bronze eingefasste eiserne Brustplatte von einem *lorica segmentata*-Panzer, Kalkriese, 9 n. Chr. (Varusschlacht im Osnabrücker Land, Museum und Park Kalkriese)**

bedeckt. Der Schuppenpanzer (*lorica squamata*) war eine andere gebräuchliche Rüstung; die Herstellung war billiger und einfacher als beim Kettenpanzer, aber diesem – was Verteidigungswirkung und Beweglichkeit anging – unterlegen.

Solche Kettenpanzer wurden über einem gepolsterten Wams getragen, das subarmalis genannt wurde und möglicherweise aus mit Wolle gefüttertem Leinen bestand. Es diente dazu, den Aufprall von Hieben zu mildern und verhinderte, dass sich das Metall des Panzers in die Haut rieb (*De Rebus Bellicis*, 15). *Pteryges,* überlappende Leder- oder Tuchstreifen zum Schutz der Oberschenkel und Arme, wurden häufig an solchen Kleidungsstücken befestigt, konnten jedoch ernste Verletzungen der Gliedmaßen, für die römische Soldaten besonders anfällig waren, nicht verhindern (z. B. Caesar, *Der gallische Krieg,* 5.35). Zenturionen trugen normalerweise Beinschienen, dies galt jedoch bis zum Ende des 1. Jahrhunderts n. Chr. nicht für die niedrigeren Ränge, und möglicherweise auch dann nur im Kampf gegen bestimmte Gegner wie die Daker. Gegliederte Armpanzerungen (*manicae*) wurden auf jeden Fall von den Gladiatoren unserer Periode verwendet (Tacitus, *Annalen,* 3.43-46 zu den Cruppellariern, die im Jahr 21 n. Chr. für Sacrovir kämpften), waren aber im Militär bis zur Regierungszeit von Domitian (81-96 n. Chr.) nicht weit verbreitet.

Helm

Legionäre trugen eine Reihe verschiedener Helmtypen. Zu Beginn des hier behandelten Zeitraums waren Montefortino-Helme aus Bronze oder gelegentlich aus Eisen üblich – die traditionellen Legionärshelme seit dem 4. Jahrhundert vor Christus. Sie hatten eine einfache Kalotte mit einem sehr schmalen Nackenschild und Wangenklappen, die die Ohren und die Seiten des

Gesichts bedeckten. Spätere Versionen, darunter auch der Hagenau/Coolus-Typ, wurden bis ins späte 1. Jahrhundert nach Christus benutzt und hatten einen größeren Nackenschutz und Wangenklappen mit Kanten, die auch den Hals schützten, gleichzeitig aber durch Aussparungen die Ohren freiließen, um das Hörvermögen weniger zu beeinträchtigen.

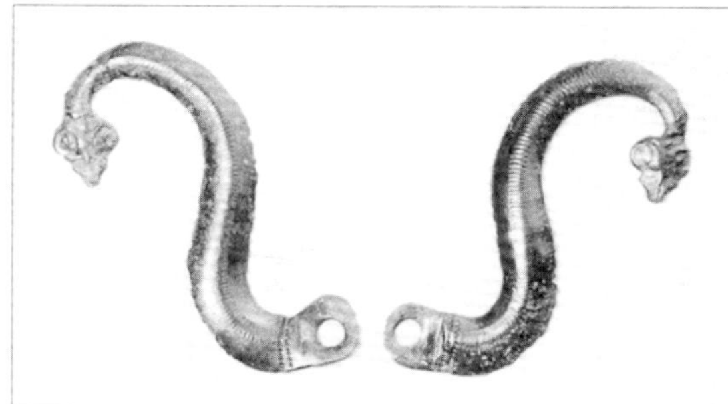

In der frühen augusteischen Zeit, vielleicht sogar schon während Caesars Gallischem Krieg, adaptierten römische Schmiede den eisernen gallischen Agen/Port-Helmtypus für den Gebrauch in der Legion. Diese Kaiserlich-Gallischen Helme waren von hoher Qualität und hatten getriebene stilisierte „Augenbrauen" an der Vorderseite sowie eine Querriefelung über dem Nackenschutz, um die Wucht heruntersausender Schwerstreiche zu dämpfen. Die Römer fügten einen soliden Nackenschirm (als richtiggehenden Nackenschutz) und einen Augenschirm hinzu, vergrößerten die Maße und die Wölbung der Wangenstücke und ergänzten die Kanten zum Schutz des Halses. Gegen Mitte des 1. Jahrhunderts n. Chr. wurde eine Variante dieses Helms in italischen Werkstätten hergestellt, die sowohl aus Eisen als auch aus Bronze sein konnte (eine Weiterentwicklung des italischen Montefortino-Typs), den wir als den Kaiserlich-Italischen Helmtyp kennen (Robinson 1975, 13-81).

Legionärshelme waren solide, die Kalotten maßen in der Dicke 1,5-2 mm und wogen ungefähr 2-2,3 kg. Helme und Wangenklappen waren mit Wollfilz gefüttert und die Passform mancher Helme ließ etwas Luft zwischen Kopf und Kalotte, um den Aufprall von Schlägen abzuleiten. Montefortino-Helme hatten breite Wangenstücke, die die Ohren bedeckten, aber in die neuen Kaiserlich-Gallischen Helme wurden schon bald Ohrlöcher eingearbeitet. Dennoch konnten die Wangenklappen teilweise über die Ohren reichen, wenn ein Soldat seinen Helm nicht speziell für sich hatte anfertigen oder ändern lassen. Während Wangenstücke die Seiten des Gesichts gut schützten, konnten sie andererseits die periphere Sicht verdecken, und die entblößte Mitte des Gesichts bildete ein verlockendes Ziel für den Gegner. Die batavischen und tungrischen Hilfstruppen, die am Mons Graupius kämpften, stachen ihren britischen Gegnern ins Gesicht (Tacitus, *Agricola,* 36), und Caesar berichtet, wie der Zenturio Crastinus in Pharsalus durch ein Schwert getötet wurde, das ihm in den Mund gestoßen wurde (Caesar, *Der Bürgerkrieg,* 3.99).

OBEN LINKS: **Mainzer *principia*-Relief: ein Legionär, vielleicht ein Zenturio im Kettenpanzer (Landesmuseum Mainz)**

GANZ OBEN RECHTS: **Verzierte Panzerschließen aus Eisen, verloren in der Varusschlacht im Jahr 9 n. Chr. (Varusschlacht im Osnabrücker Land, Museum und Park Kalkriese)**

OBEN RECHTS: **Panzerschließen mit einer Inschrift, Kalkriese, 9 n. Chr. (Varusschlacht im Osnabrücker Land, Museum und Park Kalkriese)**

OBEN LINKS: **Kaiserlich-Gallischer Helm, Typus A (Rijksmuseum Nijmegen, gezeichnet von Steven D.P. Richardson nach Robinson 1975, Tafel 102)**

OBEN RECHTS: **Kaiserlich-Italischer Helm, Typus C (Museo Stibbert, Florenz, gezeichnet von Steven D.P. Richardson nach Robinson 1975, Tafel 158)**

RECHTS: **Montefortino-Typus im Museo Antichità, Parma, 4.-3. Jh. v. Chr. Ein frühes Exemplar eines Helms, der unter den augusteischen Legionären weit verbreitet war. Gezeichnet von Steven D.P. Richardson nach Robinson 1975, Tafel. 4**

GANZ RECHTS: **Kaiserlich-Gallischer Helm aus Eisen, Typus A, in der Nähe des augusteischen Kastells in Nijmegen (Niederlande) gefunden, Ende des 1. Jh. v. Chr. (Rijksmuseum Nijmegen, gezeichnet von Steven D.P. Richardson nach Robinson 1975, Tafel. 101)**

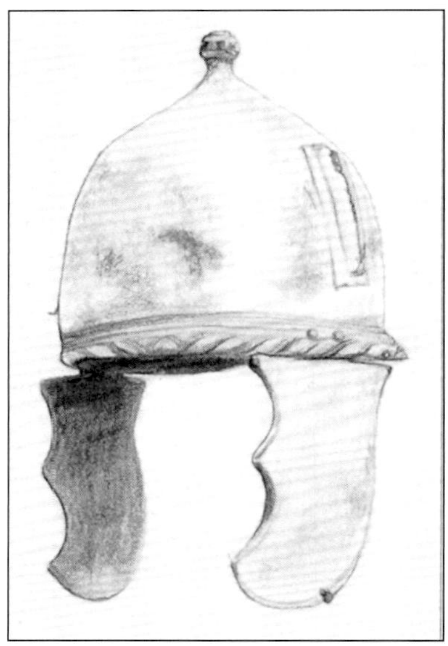

Die Last der Ausrüstung

Der mentale Druck einer Schlacht wurde durch das enorme Gewicht der Kampfausrüstung, die ein Legionssoldat unter Augustus zu tragen hatte, wohl kaum erleichtert (siehe Tabelle).

Wenn man eine *lorica segmentata* und ein gewölbtes, rechteckiges *scutum* trug, konnte man die Last auf ungefähr 23 kg senken. Auf dem Marsch erhöhte sich das Gewicht jedoch noch um ein Bündel mit Kochutensilien, Essgeschirr, Proviant und Ersatzkleidung, das die Legionäre in Ledertaschen und Netzen an T-förmigen Stangen über der Schulter trugen und das bis zu 13,6 kg wog. Josephus weist darauf hin, dass ein Legionär, falls nötig, überdies alle Schanzwerkzeuge bei sich trug. Dies beinhaltete eine Spitzhacke, eine Axt, eine Säge, eine Kette, Riemen, ein Grasmesser und einen Korb zum Umschichten von Erde (Josephus, *Jüdischer Krieg,* 3.93-96). Es verwundert einen nicht, dass Julius Caesar Wert darauf legte, dass eine gewisse Zahl seiner Legionäre auf dem Marsch ohne Lasten ging, damit sie in der Lage waren, auf mögliche Angriffe auf die marschierende Kolonne schnell zu reagieren (Caesar, *Der gallische Krieg,* 2.19; *Afrikanischer Krieg,* 75).

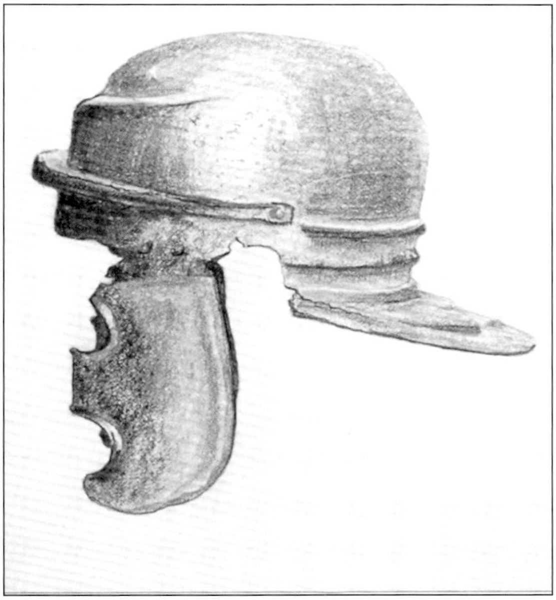

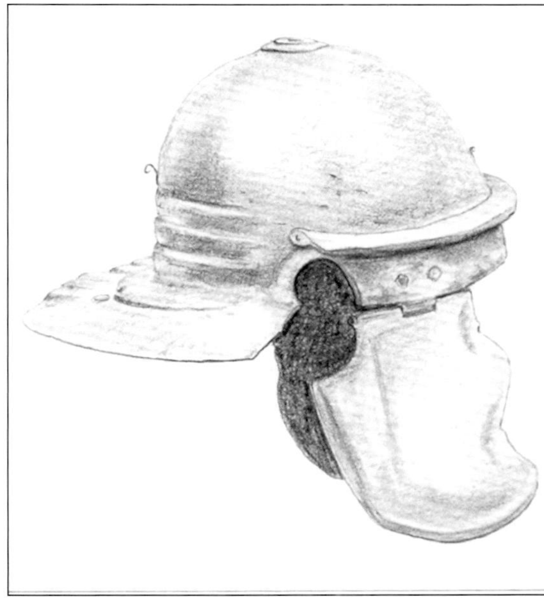

Wir können die Fähigkeit der Legionäre, über lange Strecken – egal ob mit oder ohne Gepäck – zu marschieren und gleich im Anschluss eine Schlacht zu schlagen, nur bewundern. Zum Beispiel waren sechs der vitellianischen Legionen, die in der zweiten Schlacht von Cremona kämpften, tagsüber von Hostilia 30 römische Meilen gelaufen, bevor sie die ganze Nacht kämpften. Tacitus bemerkt, dass die Schlacht zu ihren Gunsten verlaufen wäre, wenn sie etwas gegessen, sich aufgewärmt und ausgeruht hätten, bevor sie auf die flavische Armee stießen (*Historien,* 3.21-22). Am Ende holte die Erschöpfung die Vitellianer ein und sie brachen zusammen, als sie den traditionellen Gruß der aufgehenden Sonne der Legion III Gallica irrtümlich für die Begrüßung der flavischen Verstärkungen hielten (ebd., 3.24). Erschöpfung spielt in den Berichten über römische Gefechte, die sich, wie die zweite Schlacht von Cremona zeigt, beträchtlich in die Länge ziehen konnten, regelmäßig eine Rolle. Das Gewicht der Rüstung und die Energie, die aufgewendet werden musste, um *pilum,* Schwert und Schild zu führen, setzten der Dauer einer Schlacht zeitliche Grenzen und es ist offenbar, dass Schlachten regelmäßig von Kampfpausen unterbrochen wurden.

OBEN LINKS: **Kaiserlich-Gallischer Helm, Typus A. Die Querriefelung brach die Wucht eines Schwertschlags, indem sie ihn auf den breiten Nackenschutz ableitete. Die Aussparungen für die Ohren ermöglichten es dem Legionär, Kommandos zu hören; spätere Modelle hatten eine gebogene Schutzvorrichtung über den Ohrlöchern. (Rijksmuseum Nijmegen, gezeichnet von Steven D.P. Richardson nach Robinson 1975, Tafel 103)**

OBEN RECHTS: Kaiserlich-Italischer Helm aus Bronze, vermutlich in einer der Schlachten bei Cremona 69 n. Chr. verloren gegangen. (Museo Stibbert, Florenz, gezeichnet von Steven D.P. Richardson nach Robinson 1975, Tafel 155)

Das Alltagsleben auf dem Feldzug

Errichtung des Lagers

Auf dem Feldzug wurden Gefechte verweigert, bis ein befestigtes Lager errichtet war. Pioniere, ausgewählte Arbeiter aus jeder Zenturie und Militärsklaven, gingen der Kolonne voraus, machten den Weg frei und bereiteten die Errichtung des Lagers vor. Wo der Boden uneben war, wurde er planiert, und jede Einheit kannte ihren Platz, sodass die Errichtung geordnet und zügig vonstatten ging. In Friedenszeiten waren *immunes* (die, die vor den schmutzigen Arbeiten „geschützt" waren) und *principales* (junge Offiziere) von den mühsamen Bau- und Reinigungsarbeiten befreit, aber auf dem Feldzug hatte jeder eine Aufgabe, entweder als Bauhandwerker oder zum Schutz der Bauarbeiten vor dem Feind. Normalerweise war das Lager rechteckig, und die Wälle wurden aus Grassoden und

Die Tabelle zeigt das Gewicht der Kampfausrüstung, die ein augusteischer Legionär tragen musste.

	Gewicht (kg)
Montefortino-Helm	2
Kettenpanzer	12
Gekreuzte G rtel	1,2
ovales *scutum*	10
Schwert und Schwertscheide (Typ Mainz)	2,2
Dolch und Dolchscheide	1,1
Pilum	1,9
Insgesamt	30,4

Eiserner Helmbuschträger (links) und bronzener Tragegriff eines Kaiserlich-Gallischen Legionärshelms (rechts), Kalkriese, 9 n. Chr. (Varusschlacht im Osnabrücker Land, Museum und Park Kalkriese)

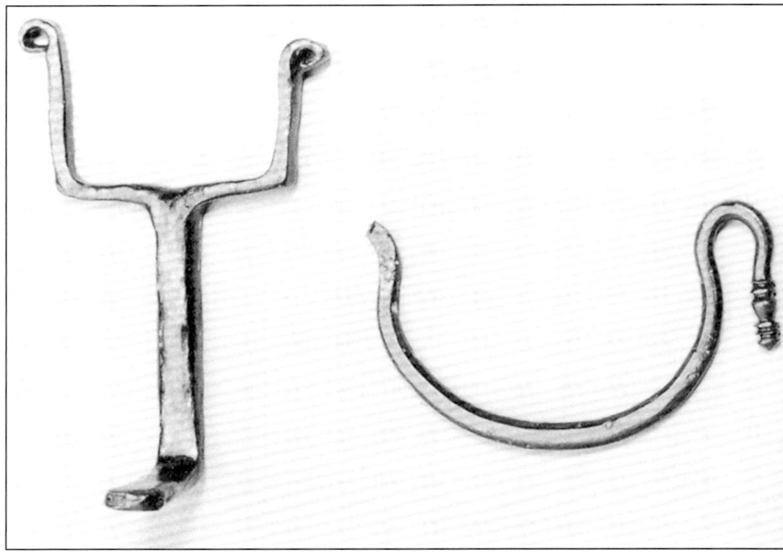

Geröll gebildet, die aus dem umlaufenden Graben ausgehoben wurden. Der Wall hatte an jeder Seite ein Tor, das groß genug war, um Zugtiere durchzulassen und im Notfall hindurchzustürmen; die Tore waren durch vorgelagerte Graben- und Wallabschnitte geschützt. *Tribuli,* massive hölzerne Krähenfüße, wurden entlang den Wällen und vor dem Graben aufgestellt. Darüber hinaus gab es auf den Wällen Türme und/oder Geschützstellungen. Der Innenbereich des Lagers war um zwei senkrecht zueinander verlaufenden Straßen angeordnet, an deren Kreuzung sich das Legionshauptquartier und der Exerzierplatz befanden. Besondere Aufmerksamkeit widmete man der Bereitstellung ausreichender Latrinengräben und dem Feldlazarett. Die Soldaten wurden in Lederzelten, die nach Einheit und Zenturie in Reihen aufgestellt waren, einquartiert.

Jeweils ein Fünftel der Armee war zum Wachdienst abgestellt. Der Rest war mit diversen anderen Aufgaben beschäftigt: Verpflegung beschaffen, Wasser holen (die Nähe zum Wasser war für die Strecke der Marschroute und für die Auswahl des Lagerstandorts von entscheidender Bedeutung), Versorgung der Lasttiere, Ausbesserung der Ausrüstung, Reinigungsaufgaben, Drill und Verwaltung. Schlaf und Mahlzeiten (Frühstück und Abendessen) fanden zu festgelegten Zeiten statt, und bei der regelmäßigen Morgenparade wurde täglich die Parole ausgegeben und die Pflichten verteilt.

Mahlzeiten und Unterhaltung

Die Hauptmahlzeit wurde abends eingenommen, zu der einzigen Zeit, zu der gewöhnliche Soldaten frei hatten. Auf einem Feldzug trugen sie Rationen für mindestens drei Tage mit sich. Die Grundverpflegung bestand aus Zwieback oder Weizen, der zum Brotbacken zu Mehl gemahlen wurde, sowie Speck, Käse, Öl/Schmalz und *acetum* (billiger saurer Wein, der vor dem Trinken mit Wasser verdünnt wurde). Soldaten, die den anderthalbfachen oder den doppelten Sold erhielten (*sesquiplicarii* und *duplicarii*), konnten sich jedoch guten Wein, Bier und andere Nahrungsmittel wie Fisch, Soßen, Gemüse oder Früchte leisten, um ihren Speiseplan zu ergänzen. Diese konnte man von „Lieferanten" (*lixae*) kaufen, die die Armee begleiteten. In Wirklichkeit handelte es sich um paramilitärische Plünderer, die zu Überfällen auf feindlichem Territorium befugt waren, um das Heer zu beliefern und dabei Gewinn machen durften. Fleisch gab es für die normalen Soldaten, wenn auf dem Marsch aus religiösen Gründen Tieropfer dargebracht wurden. Wenn die

Legionen durch Provinzgebiet kamen, konnte es vorkommen, dass ganze Feldarmeen von besonders wohlhabenden Männern, die auf die Gunst des Kaisers hofften, gratis verköstigt und unterhalten wurden, aber im Allgemeinen wurde diese Aufgabe bedauernswerten Dorfgemeinschaften auferlegt.

Im Lager hatten die Soldaten Zugang zu Badehäusern, wo sie baden, trainieren, essen, trinken und spielen konnten. Um die Befestigungen herum entstanden Niederlassungen, in denen es Geschäfte, Tavernen und Bordelle gab. Manche Legionslager verfügten über ein Amphitheater, in dem Sport- und Theatervorführungen stattfanden. Es kam häufiger vor, dass die Organisatoren dieser Veranstaltungen eine Armee auf ihren Feldzügen begleiteten. Auch die Jagd war für viele Soldaten ein beliebtes Freizeitvergnügen, sie war auf dem Feldzug erlaubt, aber hauptsächlich den berittenen Offizieren und der Kavallerie vorbehalten, die sie als Training rechtfertigten.

Frauen

Viele Frauen begleiteten die Truppen auf dem Marsch, darunter auch die Lebensgefährtinnen der Soldaten (Augustus hatte den Soldaten die Heirat verboten) und Prostituierte, die einzelnen Einheiten folgten. Soldaten zeugten Kinder auf dem Feldzug, aber es ist nicht bekannt, ob diese oder ihre Mütter im Lager Unterkunft fanden. Anbauten vorübergehender Lager könnten zu ihrem Schutz gebaut worden sein. Im 3. Jahrhundert nach Christus revoltierten Legionäre häufig, wenn ihre Familien einer Gefahr ausgesetzt wurden. Die Zahl der Frauen, Kinder, *lixae* und Diener, die eine Feldarmee begleiteten, überstieg normalerweise die Zahl der Soldaten.

Abbruch des Lagers

Am frühen Morgen wurde das Lager genauso schnell und systematisch wieder abgebrochen wie es aufgebaut worden war. Das erste Trompetensignal gab das Zeichen zum Abbruch der Zelte; das zweite meldete, dass die Packtiere vorbereitet und die Verteidigungsanlagen zerstört werden mussten; das dritte Signal schließlich rief zur Aufstellung in Marschkolonnen auf. Dreimal wurden die Truppen vom Herold des Befehlshabers gefragt, ob sie für den Krieg bereit seien. Jedes Mal antworteten sie: „Wir sind bereit!", und anschließend brach die Armee auf (Polybios, 6.27; Josephus, *Jüdischer Krieg,* 3.70-109).

Die Schlacht

Formationen und Tiefe der Linien

Die Formation der römischen Armee, die Tacfarinas im Jahr 17 n. Chr. besiegte, ist typisch: Die Legion III Augusta stand in der Mitte und wurde flankiert von „leichten" Auxiliarkohorten (Abteilungen mit Wurfgeschossen, obwohl die meisten Kohorten schwere Infanterie darstellten), die Kavallerie war an den Flügeln aufgestellt (Tacitus, *Annalen,* 2.52). Diese Grundformation wurde in den meisten Schlachten (z.B. auch am Mons Graupius) verwendet und ist im Wesentlichen auch die, die die Marschkolonne des Germanicus 16 n. Chr. in Idistaviso eingenommen haben dürfte (Tacitus, *Annalen,* 2.16-17), obwohl diese große Armee möglicherweise in zwei oder mehr Treffen aufmarschierte.

Mehrere Treffen und Reserven waren in römischen Schlachten üblich. Caesars regelmäßiger Einsatz der *triplex acies*-Aufstellung in drei Treffen, eine 4-3-3-Formation der Kohorten, ist hierfür das berühmteste Beispiel (Caesar, *Der Bürgerkrieg,* 1.83). Die erste Reihe der Kohorten eröffnete den Kampf gegen die Feinde, die zweite verstärkte oder ersetzte sie (wenn möglich), die dritte Reihe konnte eingesetzt werden, um ein Lager zu errichten, flankierende Manöver auszuführen, die Flügel zu verstärken oder sich sogar aufteilen, um eine vierte Schlachtlinie zu bilden.

Wir wissen von römischen Armeen, die sich in eine, zwei, drei und gelegentlich in vier Treffen aufteilten. Es bestand sogar die Möglichkeit sechs Reihen zu bilden, wenn die sechs Zenturien einer Kohorte sich hintereinander positionierten. Nur wenn eine Kohorte isoliert wurde oder als eine *vexillatio* (Abkommandierung) allein operierte, formierten sich die Zenturien zu mehreren Reihen, sodass die Kohorte zu einer Legion *en miniature* wurde.

Die Tiefe der Treffen konnte drei, vier, sechs, acht, zehn oder mehr Mann betragen, je nach den Umständen, nach der effektiven Stärke der Armee und ihrer Einheiten wie auch nach der Erfahrung der Soldaten. In sehr enger Schlachtordnung kämpften die Römer vermutlich in Linien, die möglicherweise aus *contubernia* bestanden, aber wir besitzen dazu keine ausdrücklichen Angaben. Wenn in offener Schlachtordnung gekämpft wurde, bildeten die Legionäre eine Art Schachbrett-Formation. Dies war offenbar die übliche Kampfordnung der Zenturien, weil sie nicht auf die Wirksamkeit der Formation angewiesen waren, um durch die gegnerischen Linien zu brechen. Polybios gibt an, dass jeder Legionär einen Raum von 1,8 m mal 1,8 m einnahm (1.28-30). Bei Vegetius verringert sich die Breite auf 90 cm, erhöht sich jedoch die Tiefe auf 2 m (*Epitoma,* 3.14-15). Eine gestaffelte Formation war notwendig, damit das *pilum* nach hinten geführt werden konnte, ohne den Hintermann zu verletzen. Gestaffelte Reihen sind von Darstellungen wie beispielsweise auf dem Relief aus der *principia* in Mainz bekannt. Legionäre konnten, je nach Feind und Gelände, auch noch lockerere Formationen einnehmen. Die Veteranenlegionen des Pompeius kämpften in einer besonders fließenden, offenen Schlachtordnung, nachdem sie viele Jahre in Spanien gedient hatten (Caesar, *Der Bürgerkrieg,* 1.44).

Römische Soldaten bevorzugten den Kampf in offenem, am besten trockenem und ebenem Gelände oder auf dem Gipfel eines Abhangs, weil sich dort der Feind zu ihnen hinauf bewegen musste und weil es einem Angriff Wucht verlieh (Caesar, Der gallische Krieg, 1.25, Tacitus, *Annalen,* 1.67-68). Sie mochten es nicht, wenn die topographischen Verhältnisse ihre Formationen zu sehr einengten, sondern hatten lieber Platz zum Manövrieren (Caesar, *Spanischer Krieg,* 30). Falls es nötig oder sie dazu gezwungen waren, kämpften sie an engeren Fronten und wurden auch mit Blockierungen der Schlachtlinie, wie Bäumen oder Häusern, fertig. Entweder nahmen sie ihre Formation wieder ein, sobald das Hindernis hinter ihnen lag, oder sie fanden sich damit ab, dass die Schlachtordnung aufgelöst wurde (Tacitus, *Annalen,* 2.14; *Historien,* 2.41; Dio, 56.13.3-7).

Unterbrochene Schlachtlinien

Römische Schlachtlinien waren nicht durchgängig. Lücken in den Linien waren wichtig für den Zusammenhalt und die Manövrierbarkeit der Einheiten, aus denen sie sich zusammensetzten. Dies zeigt die Manipularlegion. Zum Beispiel zog sich in der Schlacht an der Trebbia das leichte Fußvolk der Römer durch die Lücken in den Linien der schweren Infanterie zurück, und es gibt keinen Hinweis darauf, dass sich die Reihen hinter ihnen wieder geschlossen hätten, als die eigentliche Schlacht begann (Polybios, 3.73). Bei Caesar finden wir einen Hinweis auf das Vorhandensein von Zwischenräumen zwischen den Kohorten, da er erklärt, dass sich zwei Kohorten mit einem sehr geringen Abstand voneinander aufgestellt hätten. Aus seinem Bericht geht hervor, dass schmale Lücken nicht die Norm waren, sondern er betont, dass der Abstand kleiner war als gewöhnlich, weil die Legionäre durch die Kampftaktik der Briten verunsichert waren (Caesar, *Der gallische Krieg,* 5.15). Die Ausfälle einzelner Kohorten aus der „rundum kämpfenden" *orbis*-Formation lassen vermuten, dass es um des Zusammenhaltes willen sogar in einer solchen Verteidigungsformation Lücken gab; die Soldaten waren sich darüber im Klaren, dass schon bald alles verloren wäre, wenn sie zu einer desorganisierten Masse würden (Caesar, *Der gallische Krieg,* 5.34-35). Auch die schnelle Bewegung von Offizieren durch die Schlachtlinien weist auf das Vorhandensein von Freiräumen hin (z.B. Caesar, ebd., 2.25).

Die Berichte von Polybios und Livius legen die Vermutung nahe, dass die Lücken zwischen den Manipeln der Breite eines Manipels entsprachen, um einen schnellen Wechsel der Reihen zu erleichtern (Livius, 8.8; Polybios, 3.113, 15.9). Abstände in der Größe der Frontseite einer Kohorte erscheinen zu breit, könnten aber die schnelle Verstärkung oder Auswechslung der ersten Schlachtlinie durch die dritte Linie erklären, wie es in Pharsalus geschah (Caesar, *Der Bürgerkrieg,* 3.94). Die Zenturien hätten jedoch – eine hinter der anderen als Kolonne – durch schmalere Lücken vorrücken können. Wir sollten uns außerdem in Erinnerung rufen, dass auch innerhalb der Kohorten Abstände, nämlich die zwischen den Zenturien, eingehalten wurden.

Befürchtungen über potentielle Schwierigkeiten aufgrund der Intervalle in der Linie, durch die der Feind hätte „einströmen" können, lassen sich widerlegen, wenn man bedenkt, dass auch eine feindliche Armee darauf achtete, zusammenzubleiben und nicht durcheinander zu geraten und deshalb ebenfalls Abstände zwischen ihren Abteilungen brauchte. Zudem deckten leichte Truppen die Lücken in den Linien und versuchten, den Feind im Kreuzfeuer zu treffen (Livius, 30.32; Herodian, 4.15.1)

Zenturionen, Feldzeichenträger und *optiones* in der Schlacht

Zenturionen und Feldzeichenträger

Der Zenturio kämpfte an der Front, auf der rechten Seite seiner Zenturie (Polybios, 6.24). Er war vermutlich am äußeren rechten Rand der ersten Reihe aufgestellt, konnte aber auch ein Stück von der Linie entfernt stehen und war auf diese Weise besonders exponiert. Es war nicht ungewöhnlich, dass alle Zenturionen einer Kohorte in einem einzigen Gefecht getötet wurden, so auch in der Schlacht an der Sambre oder in der zweiten Schlacht von Cremona (Caesar, *Der gallische Krieg,* 2.25; Tacitus, *Historien,* 3.22).

Für gewöhnlich war die Position der Feldzeichenträger vor der Schlachtlinie. Als zum Beispiel Gaius Suetonius Paulinus im Jahr 60 n. Chr. die Insel Mona (Anglesey) angriff, gerieten die römischen Soldaten beim Anblick der Druiden und der „wilden" Frauen, die sich zur Schlacht aufgestellt hatten, zunächst ins Stocken, wurden aber zum Handeln bewegt, als der Feldzeichenträger angriff und sie vorwärts führte (Tacitus, *Annalen,* 14.30). Ebenso folgten die Legionäre des Metellus den Feldzeichen in eine Schlacht gegen Jugurtha (Sallust, *Jugurtha,* 51.1). Caesar befahl seinen Legionären in der Schlacht von Ruspina, 47 v. Chr., in einer feststehenden Formation nicht mehr als vier Fuß vor die Feldzeichen vorzurücken, was zeigt, dass seine Feldzeichenträger in der Frontreihe standen (Caesar, *Afrikanischer Krieg,* 15). *Signiferi* führten die Soldaten auch auf dem Marsch an (Tacitus, *Annalen,* 3.45). Wenn also eine Kolonne kehrtmachen musste, um eine Schlachtlinie zu bilden, folgten die Soldaten den Feldzeichen.

Dennoch zeigt die Existenz von Legionären, die *antesignani* („die vor den Feldzeichen") genannt wurden, dass *signiferi* nicht immer das Feld anführten. *Antesignani* werden normalerweise als Plänkler charakterisiert, die vor der Hauptschlachtlinie mit leichten Wurfspeeren und ovalen Schilden kämpften, aber in manchen Situationen ist anzunehmen, dass Feldzeichenträger hinter dem bzw. den führenden Treffen der schweren Infanterie positioniert waren. In diesen Fällen wurden die Soldaten in den Frontreihen zu *antesignani*: Vegetius berichtet von einer Standard-Schlachtlinie, in der eine Reihe Soldaten vor den Feldzeichenträgern aufgestellt war und andere Soldaten letztere umschlossen (*Epitoma,* 2.15). *Signiferi* wurden mitunter von der Front abgezogen, besonders in langandauernden Schlachten oder wenn der Verlust der Feldzeichen befürchtet wurde.

Dass die Feldzeichenträger die Zenturien in der Schlacht anführten, setzte sie beträchtlicher Gefahr aus, weil sie für den Feind zu einem zentralen Angriffsziel wurden. Die Verlustraten waren hier ebenso hoch wie unter den Zenturionen (Caesar, *Der gallische Krieg,* 2.25; Tacitus, *Historien,* 3.22). Der

Verlust der Feldzeichen war für die Römer eine besondere Schmach, und ihrer Rückeroberung wurde große Bedeutung beigemessen. Augustus betrachtete 20 v. Chr. die Wiedererlangung der Feldzeichen, die Crassus und Antonius an die Parther verloren hatten, als einen besonderen diplomatischen Triumph (*Res Gestae,* 29). Für Germanicus war es 14-15 n. Chr. ein vorrangiges Ziel, die Feldzeichen zurückzuerobern, die man Varus' Armee abgenommen hatte. Er nahm zwei Adler wieder in Besitz; der dritte wurde 41 n. Chr. zurückerobert (Tacitus, *Annalen,* 1.60, 2.25, 41; Dio, 60.8.7). So verkamen Schlachten häufig zu diversen chaotischen Handgemengen um den Besitz der Feldzeichen, wie es die erste Schlacht von Cremona dramatisch demonstrierte:

> Für Vitellius kämpfte die einundzwanzigste, mit dem Beinamen „Rapax" [raubgierig], ausgezeichnet durch alten Kriegsruhm, auf Othos Seite kämpfte die erste Legion „Adiutrix" [Helfer], die bisher noch in keine Schlacht geführt worden war, aber kampfmutig und begierig nach den ersten Lorbeeren war. Die erste Legion rannte das Vordertreffen der einundzwanzigsten über den Haufen und erbeutete deren Adler. Erbittert über diesen schmerzlichen Verlust warf die Legion ihrerseits wieder die erste Legion zurück, wobei der Legat Orfidius Benignus fiel, und entriss den Feinden sehr viele Feldzeichen und vexilla [Fahnen]. (Tacitus, *Historien,* 2.43)

Siege konnten nicht nur an der Zahl der Opfer gemessen werden, die man dem Feind zugefügt hatte, sondern auch an der Zahl der eroberten Feldzeichen. Sulpicius Galba schrieb nach dem Sieg über Antonius bei Forum Gallorum 43 n. Chr. an Cicero: „Zwei Adler und sechzig Feldzeichen wurden dem Antonius abgenommen. Es war eine glückliche Waffentat" (Cicero, *Ad Familiares,* 10.30).

Im Feldzeichen einer Zenturie war die Moral eines Legionärs gebunden, denn es war das Totem, das den *genius* oder Geist seiner Untereinheit beherbergte und gab ihm einen Fokus für seine Ausrichtung in der Schlacht. Feldzeichen, insbesondere die *aquilae* (Adler), waren Gegenstand der Verehrung (Tertullian, *Apologeticus,* 16.8) und wurden im Lager in ihrem eigenen Schrein, in den *aedes principiorum,* aufbewahrt – einem heiligen Ort, an dem Flüchtlingen Zuflucht gewährt wurde (Tacitus, *Annalen,* 1.39). Infolgedessen waren die Feldzeichenträger, vor allem die Adlerträger, einflussreiche Soldaten, und es ist kein Zufall, dass es die ranghohen *signiferi* waren, denen Germanicus die Nachricht von seinem Vorrücken auf Xanten im Jahr 14 n. Chr. zuspielte, womit er zur Ermordung der Rädelsführer der Legionsmeuterei aufforderte (Tacitus, *Annalen,* 1.48).

Denar des Augustus. Ein Propagandastück, das die Wiedererlangung der römischen Feldzeichen im Jahr 20 v. Chr. zeigt, die 53 und 36 v. Chr. die Parther erobert hatten (Hunter Coin Cabinet, Universität Glasgow).

Optiones

In Caesars Schlacht gegen die Belger zogen sich verängstigte Legionäre aus den hintersten Reihen von den bedrängten Zenturien zurück, um Wurfgeschossen auszuweichen (Caesar, *Der gallische Krieg,* 2.25). Es blieben jedoch genügend Soldaten übrig, um die Linien zu halten. Die Verhinderung einer solchen, potentiell verheerenden, Auflösung der Zenturie von hinten war vermutlich die vorrangige Aufgabe des *optio.* Polybios' Beschreibung der Manipularlegion zeigt, dass die beiden *optiones* der Manipel normaler-

weise in der hintersten Reihe zu finden waren (6.24). Zweifellos hatten sie dieselbe Funktion wie die Hopliten in den hinteren Reihen der Phalanx. Xenophon empfahl, dass die besten Kämpfer an der Vorder- und Rückseite der Linien aufgestellt werden sollten, damit die weniger erfahrenen Hopliten von ersteren geführt und von letzteren vorangeschoben würden (Xenophon, *Memorabilien*, 3.1.8). In der späten Republik und der frühen Kaiserzeit stand der *optio* offenbar ein Stück hinter der Zenturie. Auf zahlreichen Grabplastiken wird er mit einer langen Stange mit kugelförmiger Spitze dargestellt. Wir wissen aus dem spätrömischen Militärhandbuch des Kaisers Maurikios, dass Offiziere hinter der Schlachtlinie positioniert wurden und das stumpfe Ende ihrer Speere benutzten, um Soldaten während der Schlacht in die Linie zurückzustupsen (Maurikios, *Strategikon*, 12.b.17; Speidel 1992, 24-26). Dies war mit Sicherheit auch die Funktion des *optio*-Stabs. *Tessarii* (Offiziere, die die Parole trugen) werden ebenfalls mit dieser Art von Stab dargestellt, und ihre Aufgabe im Gefecht dürfte dieselbe gewesen sein wie die der *optiones*.

OBEN LINKS: **Grabstein von Cnaeus Musius, *aquilifer* der Legion XIV Gemina, vor 43 n. Chr. (Landesmuseum Mainz)**

OBEN RECHTS: **Grabstein von Luccius Faustus, *signifer* der Legion XIV Gemina. Sein Helm ist bemerkenswert wegen der Gesichtsmaske, 70-92 n. Chr. (Landesmuseum Mainz)**

Vegetius betont, dass ein Rekrut als erstes lernte, in verschiedenen Geschwindigkeiten im Gleichschritt zu marschieren und die Reihen einzuhalten, und dass dies durch kontinuierliches Üben zur Gewohnheit wurde (*Epitoma,* 19). Obwohl Training und Erfahrung die Legionäre befähigten, in der Schlacht erfolgreich ohne Befehle zu agieren (siehe Caesar, *Der gallische Krieg,* 2.20), reagierte ein Soldat im Durcheinander und unter den extremen emotionalen Bedingungen eines Gefechts möglicherweise nicht so wie auf dem Exerzierplatz. Bei Zama rückten die römische und die karthagische Infanterie mit langsamen Schritten aufeinander zu; erst als sich beide Seiten in Schlagdistanz gegenüberstanden, griffen die Römer an (Polybios, 15.12). In der Schlacht bei Pharsalus unterbrach Caesars Armee ihren Vormarsch auf die Pompeianer, um zu verschnaufen und die Linien wiederherzustellen (Caesar, *Der Bürgerkrieg,* 3.93). Es gibt keinen Hinweis darauf, dass die Legionen ihre Trompeter benutzten, um Marschlieder erklingen zu lassen. Die Hauptaufgabe der Trompeter bestand darin, in der Schlacht Kommandos zu blasen und weiterzumelden (Vegetius, *Epitoma,* 2.7, 22). Möglicherweise gaben manche Signale den Befehl zu einem bestimmten Marschschritt (oder einer bestimmten Formation). Wir können uns vorstellen, dass der Zenturio oder der *signifer* das betreffende Tempo anhand der lateinischen Entsprechung von „Links! Rechts!" vorgaben und dass der *optio* die *milites* physisch daran hinderte, aus dem Schritt zu geraten oder aus der Formation auszubrechen. Abbildungen von der Armee auf dem Marsch und von Soldaten in der Schlacht lassen vermuten, dass das führende Bein das linke war.

Erfahrung als wichtiger Faktor in der Schlacht

Erfahrung war in der Schlacht von entscheidender Bedeutung. Caesar berichtet, dass, als er 57 v. Chr. an der Sambre angegriffen wurde, seine Soldaten aufgrund ihres Trainings und der Erfahrung aus vorangegangenen Schlachten sehr gut wussten, wie sie reagieren mussten und in der Lage waren, sich ihre Befehle selbst zu geben. Darüber hinaus verschwendeten die Legionäre, die gerade das Lager errichteten, keine Zeit damit, ihre eigene Kohorte oder Zenturie ausfindig zu machen, sondern stellten sich einfach hinter dem nächstbesten Feldzeichen auf (Caesar, *Der gallische Krieg,* 2.20-22; man vergleiche damit die desorganisierten Othonianer in der ersten Schlacht bei Cremona – Tacitus, *Historien,* 2.41). Auch Appians Bericht von der Marslegion und anderen Veteranenlegionen, die bei Forum Gallorum kämpften, ist aufschlussreich. Die Martianer befahlen den fünf Rekrutenkohorten, die sie begleiteten, sich nicht am Kampf zu beteiligen, da ihre Unerfahrenheit die alte Mannschaft in Unordnung bringen würde. Appian versichert, dass die Erfahrung jeden Legionsveteranen „zu seinem eigenen Feldherrn machte" (Appian, *Die Bürgerkriege,* 3.67-68). In der Schlacht vor Bonn im Jahr 69 v. Chr. zwischen den batavischen Kohorten und den Resten der Legion I Germanica obsiegten die Gefechtserfahrung und die Geschicklichkeit der Bataver, obwohl sie zahlenmäßig unterlegen waren (Tacitus, *Historien,* 4.20). Tacitus berichtet außerdem, dass jeder Soldat seinen Platz kannte, sodass Formationen ohne großen Zeitverlust aufgestellt werden konnten.

Der Schlachtruf

Wenn vor der Schlacht genügend Zeit dazu blieb, zogen die Legionen manchmal Lose, um die Positionen beim Aufmarsch zu bestimmen (Tacitus, Historien, 2.41). Der General ritt an den Linien auf und ab, sprach zu den einzelnen Einheiten und gab schließlich den Befehl zum Angriff. Die Trompeter (*cornicines* und *bucinatores*) bliesen nun das Signal, und die Soldaten setzten sich hinter den Feldzeichen in Bewegung.

Der Schlachtruf ertönte normalerweise kurz bevor die pila geworfen wurden und die Legionäre losstürmten (Caesar, *Der gallische Krieg,* 7.88; *Der*

Bürgerkrieg, 3.93). Der Kriegsruf diente dazu, die Männer, die ihn ausstießen, zu bestärken und den Feind einzuschüchtern (Josephus, *Jüdischer Krieg,* 3.259). Appian erklärt jedoch, dass die gegnerischen Veteranenlegionen bei Forum Gallorum keinen Schlachtruf ertönen ließen, weil sie wussten, dass er ihre erfahrenen Gegner nicht beeindrucken würde (Appian, *Die Bürgerkriege,* 3.68).

Angriff und Zusammentreffen

Die Legionäre griffen den Feind aus kurzer Distanz an. Sie mussten nahe genug herankommen, um einen effektiven Pilenhagel abzufeuern (Höchstentfernung 30 m, vorzugsweise jedoch nur halb so weit), durften aber nicht so weit laufen, dass sie erschöpft waren. Caesars Beschreibung der Eröffnung der Schlacht in Pharsalus ist aufschlussreich:

> Zwischen den beiden Fronten hatte man einen so großen Zwischenraum gelassen, dass sich beide Heere zum Angriffe entwickeln konnten. Aber Pompeius hatte seinen Soldaten vorher befohlen, Caesars Angriff nur aufzufangen, sich selbst nicht vom Platz zu rühren und dessen Heer sich entfalten zu lassen. [Er tat dies] damit der erste Ansturm und die Wucht der Feinde gebrochen und ihre Front zersprengt werde und dann die eigenen Leute, in Reih und Glied geordnet, die Zersprengten angriffen. Leichter würden, wie er hoffte, die Wurfspieße treffen, wenn die Leute an ihrem Platz geblieben seien, als wenn sie sich selbst den geschleuderten Geschossen aussetzten. Zugleich werde es dazu kommen, dass Caesars Soldaten infolge des verdoppelten Laufes außer Atem kämen und infolge der Anspannung sich erschöpften. [...]
>
> Als aber Caesars Truppen auf das gegebene Signal mit wurfbereiten Spießen vorstürmten und merkten, dass die Feinde ihnen nicht entgegenrückten, hemmten sie in alter Erfahrung und Kampfübung von selbst den Lauf und blieben ungefähr in der Mitte stehen, um nicht mit geschwächten Kräften an den Feind zu kommen, legten eine kurze Pause ein, nahmen dann den Lauf wieder auf, schleuderten ihre Speere und griffen schnell Caesars Befehl gemäß zu den Schwertern. (Caesar, Der Bürgerkrieg 3.92-93)

Beim Abwurf der Speersalve stürmte die erste Reihe los. Nur die Legionäre in der vorderen Reihe waren dem Feind nahe genug, um ihre Schwerter zu benutzen (Polybios, 18.30). Sie stürmten mit gezogenen Schwertern im Laufschritt voran und versuchten, sich die Opfer der *pila* zunutze zu machen und ihren Weg in die feindlichen Formationen frei zu schlagen, bevor diese zu einer geordneten Aufstellung zurückgefunden hatten. Jeder Legionär bemühte sich, einen Gegner zu treffen, indem er ihm seinen Schildbuckel in den Bauch oder in die Leiste rammte, und ihn umzuwerfen und mit dem Schwert zu erstechen. Tacitus beschreibt den Nahkampf zwischen den Othonianern und Vitellianern in der ersten Schlacht von Cremona:

> Auf dem Straßendamm stemmte man sich im Handgemenge Mann gegen Mann mit den Leibern und den Schildbuckeln, gab das Speerwerfen auf und durchschlug mit Schwert und Beil Helme und Panzer [...]. (Tacitus, *Historien,* 2.42)

Die Opfer fielen hintenüber, gerieten ihren Hintermännern in die Quere und beeinträchtigten dadurch den Zusammenhalt der Formation noch zusätzlich. Die Linie der Legionäre nutzte die Lücken aus, um sich ihren Weg tiefer in die Formation hineinzuschlagen, in der Hoffnung, die hinteren Reihen in Panik zu versetzen, sodass sie sich ablösten und damit die gesamte Aufstellung zum Einsturz brachten.

Die Legionäre hoben ihre Schilde und zogen das Kinn auf die Brust, um ihre Gesichter und Augen nicht nur vor Schwerthieben und Speerschlägen, sondern auch vor Wurfgeschossen zu schützen. Während einer Schlacht flogen permanent tausende Katapultsteine und -bolzen, Schleuderkugeln, Pfeile sowie Speere und Spieße durch die Luft. Die Aussicht auf den drohenden Tod oder Verletzungen wie auch der Lärm der Geschosse, die durch die Luft sausten und einschlugen, setzten die Krieger unter enormen Druck, insbesondere die Kämpfer in den hinteren Reihen, die unfähig waren zu kämpfen oder auch nur zu sehen, was weiter vorn im Gefecht geschah. Als die Legion XII im Jahr 57 v. Chr. von den Nerviern angegriffen und fast alle Zenturionen und *signiferi* getötet wurden, zogen sich laut Caesars Bericht einige Soldaten aus den hintersten Reihen aus dem Kampfgetümmel zurück, um den Wurfgeschossen auszuweichen (Caesar, *Der gallische Krieg,* 2.25).

Während die Frontreihen mit dem Feind zusammenstießen, schlossen die hinteren Reihen rasch und in geordneter Formation auf, schlugen dabei mit ihren Schwertern von hinten gegen ihre Schilde und feuerten die Schwertkämpfer an (Polybios, 15.12-13). Sie boten ihnen Rückendeckung mit Hilfe ihrer Wurfwaffen, warfen ihre *pila* in die feindlichen Linien, und Männer aus der zweiten und dritten Reihe nahmen den Platz eines Frontlegionärs ein, sobald dieser fiel. Die Präsenz der hinteren Reihen vermittelte den Kämpfern vorn einen starken moralischen Rückhalt, und sie fungierten zudem als physische und psychologische Abschreckung gegenüber dem Feind, der gegen die dünne Linie der Schwertkämpfer nach vorne drängte. Obwohl sich der tatsächliche Nahkampf auf die erste Reihe beschränkte, konnte die zweite ihre *pila* wie Stoßlanzen einsetzen, wenn die Soldaten nahe genug waren (Plutarch, *Antonius,* 45). Die Legionäre in den hinteren Reihen durften ihre Kameraden nicht nach vorn drücken (Polybios, 18.30), weil dies den Zusammenhalt der Formation gefährden konnte, und die Soldaten in der vorderen Reihe durch das Gewicht der Männer, die sie von hinten bedrängten, ins Wanken gebracht und niedergetrampelt werden konnten, wie es im Jahr 70 n. Chr. in Jerusalem geschah:

> Auf beiden Seiten gab es ein gewaltiges Blutvergießen, und die Kämpfenden zertraten den Gefallenen Leiber und Rüstungen. [...] Diejenigen, die einmal nach vorn gekommen waren, mussten sterben oder töten, ein Zurückweichen gab es nicht; denn auf beiden Seiten stießen die Hintermänner ihre eigenen Leute gewaltsam nach vorn und ließen noch nicht einmal den für das Gefecht nötigen Zwischenraum. (Josephus, *Jüdischer Krieg,* 6.76-78)

Nach dem ersten Vorrücken verteilte sich die Schlacht schon bald auf mehrere Einzelgefechte zwischen Untereinheiten, die einander gegenüberstanden. Diese einzelnen Einheiten vollzogen rasche Angriffe und kämpften für kurze Zeit im Nahkampf, bevor sie sich wieder zurückzogen, Atem schöpften und dann den Kampf aus einer größeren Entfernung mit Wurfgeschossen wiederaufnahmen oder erneut losstürmten, möglicherweise diesmal in einer anderen Formation. Eine solche fließende Schlachtordnung beschreibt Tacitus für die erste Schlacht von Cremona: „es kam zum Fernkampf und zum Nahkampf, zu Zusammenstößen in losen Scharen und in geschlossenen Sturmkolonnen" (*Historien,* 2.42).

Sulpicius Galba beschreibt in einem Brief an Cicero den Kampf zwischen den caesarianischen Faktionen bei Forum Gallorum im Jahr 43 v. Chr. in einem bestimmten Sektor und weist auf die Kurzfristigkeit erfolgreicher Vorstöße hin. Hoch zu Ross hatte Galba eine gute Position, um das Schlachtfeld zu überblicken, aber es machte ihn auch zu einem weithin sichtbaren Ziel:

Sobald die Reiterei des Antonius zum Vorschein kam, konnte man die Legion des Mars und die Prätorianer nicht mehr halten; wir sahen uns gezwungen, ihnen zu folgen, weil unter diesen Umständen ein Rückhalten derselben nicht möglich war. [...] Wir stellten uns, zwölf Kohorten stark, in Schlachtordnung. [...] Da rückte Antonius plötzlich mit seinen Truppen aus dem Flecken zur Schlacht heraus und griff sofort an. Anfangs war das Gefecht auf beiden Seiten so hitzig, wie es nur sein konnte; jedoch der rechte Flügel, auf dem ich mit acht Kohorten der Legion des Mars stand, hatte beim ersten Anlauf die fünfunddreißigste Legion des Antonius geworfen, sodass er mehr als fünfhundert Schritte über seine Aufstellungslinie hinauskam. Als daher die Reiterei [des Antonius] unseren Flügel umgehen wollte, zog ich mich zurück und suchte mit der Aufstellung meiner leichten Mannschaft die maurischen Reiter zu verhindern, dass sie den unsern in den Rücken fielen. Mittlerweile sehe ich mich mitten unter den feindlichen Truppen und den Antonius eine gute Strecke hinter mir. Alsbald jage ich mit meinem Pferde, meinen Schild auf dem Rücken, zu der Legion von Rekruten hin, die aus dem Lager kam. Die Antoninianer verfolgten mich; die Unsrigen sind bereits im Begriff, mit ihren Speeren auf mich zu schießen; wie durch ein Wunder ward ich gerettet, indem ich plötzlich von ihnen erkannt wurde. (Cicero, *Ad familiares,* 10.30)

Die Schlacht schlug zugunsten von Antonius um; die verbleibenden Kohorten der Marslegion, die Prätorianerkohorten und die Rekrutenlegionen wurden zurückgedrängt, aber es gelang ihm nicht, das Lager der Feinde einzunehmen. Als er sich ins eigene Lager zurückzog, wurde er von zwei Veteranenlegionen unter Aulus Hirtius überrascht, die ihn besiegten und zwei Adler eroberten. In seinem Bericht über die zweite Schlacht von Philippi (42 v. Chr.) zwischen den Streitkräften von Brutus, dem Mörder Caesars, und den wiedervereinten Armeen von Octavian und Antonius beschreibt Appian die physischen Mechanismen einer solchen Niederlage:

Da erhob sich ein durchdringendes Geschrei [von der Armee Antonius' und Octavians], hüben wie drüben wurden die Feldzeichen aufgenommen, und es kam zu einem ungestümen und schrecklichen Angriff. Pfeile, Steine oder Speere wurden [...] nur wenig eingesetzt; denn sie verwendeten nicht die herkömmliche Manöverkunst und Schlachtentechnik, schlugen vielmehr, sobald sie handgemein geworden waren, mit bloßen Schwertern aufeinander ein und versuchten gegenseitig die feindliche Ordnung zu durchbrechen. [...] Grässlich waren das Blutbad und die Schmerzensschreie, indes die Körper der Gefallenen aus dem Kampfbereich zurückgetragen wurden und andere aus den hinteren Gliedern an deren Stelle traten. Die Feldherrn sprengten dahin und dorthin und hielten überall Umschau, sie spornten durch ihre Einsätze die Leute an, ermunterten die schwer Ringenden, sich weiterhin zu mühen, und brachten Ablösung für die Erschöpften, sodass immer frischer Mut an der Front herrschte. Schließlich gelang es den Mannen Octavians [...], die Linie ihrer Gegner zum Weichen zu bringen, so wie wenn eine besonders schwere Kriegsmaschine sie umwendete. Schritt für Schritt wurden die Feinde zurückgedrängt, zunächst noch langsam und ohne dass sie den Mut sinken ließen. Als sich aber nunmehr auch ihr Zusammenhalt auflöste und es schneller rückwärts ging, da schlossen sich die zweiten und dritten rückwärtigen Staffeln [d.h. eine triplex acies-Formation] dieser Bewegung an, und alles mengte sich durcheinander; sie drängten sich gegenseitig und wurden vom Feinde gedrängt, der ihnen dauernd zusetzte, bis es offensichtlich in eine Flucht ausartete. (Appian, *Die Bürgerkriege,* 4.128)

Die Schlacht, die in Bonn im Jahr 69 n. Chr. zwischen den allzu selbstbewussten Legionären der I Germanica und den aufrührerischen batavischen Kohorten ausgetragen wurde, illustriert den Sieg über einen stärkeren Feind mit Hilfe überlegener Taktik und Kampfmoral und hebt die schrecklichen Nachwirkungen einer Schlacht hervor:

> [Die Bataver näherten sich dem Lager vor Bonn und sagten], sie würden keineswegs Krieg gegen die Römer führen, für die sie so oft gekämpft hätten. Durch langen, fruchtlosen Kriegsdienst erschöpft, hätten sie Sehnsucht nach der Heimat und nach Ruhe. Wenn sich niemand ihnen entgegenstelle, werde auf ihrem Marsch auch niemand zu Schaden kommen; wenn man ihnen aber mit den Waffen entgegentrete, würden sie mit dem Schwert ihren Weg finden. Den noch zögernden Legaten hatten die Soldaten dazu gebracht, das Kriegsglück zu versuchen. Dreitausend Legionssoldaten und in aller Eile zusammengeraffte belgische Kohorten und zugleich der feige, aber vor der Gefahr freche Haufen der Landbevölkerung und der Marketender brachen aus allen Toren hervor, um die zahlenmäßig schwächeren Bataver zu umzingeln. Jene, altgediente Kriegsleute, scharten sich in einzelnen Keilen [*cunei*] zusammen, nach allen Seiten dicht aufgeschlossen und vorn, im Rücken sowie in der Flanke gesichert. So brachen sie durch die dünne Kampflinie der Unsrigen durch. Da die Belgier wichen, wurde die Legion zurückgeworfen und, in Schrecken versetzt, suchte man den Wall und die Tore zu erreichen. Dort traten die größten Verluste ein. Die Gräben füllten sich mit Leichen; nicht nur niedergeschlagen und verwundet, sondern schon durch den Sturz in den Graben und durch ihre eigenen Waffen kam eine große Zahl um. (Tacitus, *Historien*, 4.20)

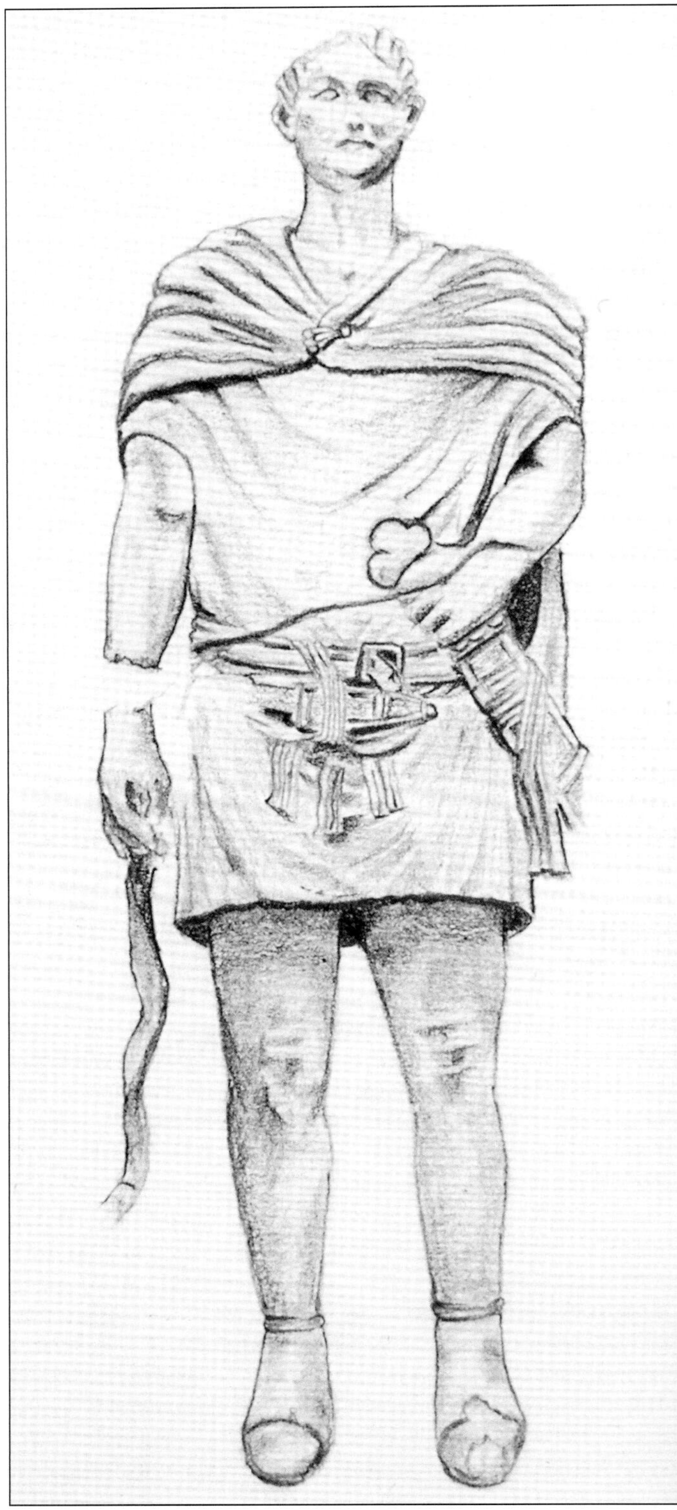

Grabstein von Minucius Lorarius (dem „Auspeitscher"), Zenturio der Marslegion, ca. 49-42 v. Chr. (Museo Civico, Padua, gezeichnet von Steven D.P. Richardson nach Franzoni 1987, tav. XIII).

Es geht nicht so sehr darum, dass sich die Bataver in einem soliden Block in die Legionäre hinein oder durch sie hindurch geschlagen haben, sondern eher um die psychologische Wirkung des *cuneus.* Die römischen Soldaten waren sicher darauf aus, ihre Gegner durch Geschwindigkeit und Gewicht ins Taumeln zu bringen, aber normalerweise geschah dies in einer Eins-zu-eins-Situation, in der man sich das Chaos, das eine Salve von Wurfgeschossen in den feindlichen Linien anrichtete, zunutze machte. Das Vorrücken der geballten *cuneus*-Formation auf einen einzelnen, schmalen Teil der Linie war nervenaufreibend, wenn nicht gar beängstigend für die begrenzte Zahl von Soldaten, die diesen Angriff parieren mussten, insbesondere, wenn sie unerfahren waren. Auch für diejenigen, die von anderen Abschnitten der Linie aus zusehen mussten, war es beunruhigend, weil sie sich vermutlich darüber sorgten, wie ihre Überlebenschancen wären, sobald ihr Abschnitt gefährdet würde.

Die Schlacht bei Bonn illustriert außerdem, dass die meisten Opfer in römischen Schlachten bei der Verfolgung von geschlagenen Truppen entstanden. Sie hatten dem Feind den Rücken zugekehrt, versuchten, sich ihrer sperrigen Ausrüstung zu entledigen und waren deshalb unfähig, sich zu verteidigen. Die Bataver hinterließen so viele tote Legionäre und Hilfssoldaten, dass die Leichen die Gräben rund um die Festung füllten. In ihrer Panik waren die Römer außerdem Opfer ihrer eigenen Waffen geworden – vielleicht unbeabsichtigt, als sie versuchten in dem chaotischen Gedränge durch das Festungstor zu gelangen, vielleicht aber auch, weil manche Soldaten versuchten, sich den Weg in die sichere Festung frei zu schlagen.

Kampfpausen

Ungeachtet dessen, was in Bonn geschah, waren Angriffe selten beim ersten Versuch erfolgreich. Armeen, oder Abschnitte gegnerischer Schlachtlinien fielen allmählich zurück und trennten sich im Laufe der Schlacht. Die erste Schlacht von Cremona wurde eindeutig von Kampfpausen unterbrochen, in denen die Linien auseinander fielen, bevor ein erneuter Angriff folgte (Tacitus, *Historien,* 2.41-44). Appian berichtet über die Schlacht bei Forum Gallorum: „Waren sie aber erschöpft, dann gaben sie – wie bei den gymnastischen Spielen – zum Atemholen einander Raum und schlossen dann wieder die Reihen (*Die Bürgerkriege,* 3.68). Polybios bestätigt, dass derartige Unterbrechungen normal waren, wenn er feststellt, dass der Kampf in Cannae ungewöhnlich war, weil die beiden Seiten im Gefecht blieben, nachdem die Schlacht einmal begonnen hatte (3.115). Nur während solcher Pausen können erschöpfte Krieger durch frische Soldaten ersetzt worden (Caesar, *Der gallische Krieg,* 7.85; *Bürgerkrieg,* 3.94) oder verwundete von den Linien weggebracht worden sein (Polybios, 15.14). Die Männer nutzten diese Gelegenheit, um etwas zu essen und vor allem zu trinken (Plutarch, Crassus, 23), da Dehydrierung für die Soldaten, die in schweren Panzern, häufig in den Sommermonaten, kämpften, eine besondere Gefahr darstellte.

Caesar gibt einen Hinweis darauf, wie nah die gegnerischen Linien während solcher Unterbrechungen beieinander liegen konnten. Der Abstand zwischen den Legionären und den Germanen, die unter Ariovist kämpften, war so gering, dass den Römern keine Zeit blieb, ihre pila zu werfen (maximale Reichweite 30 m), als die Germanen plötzlich erneut angriffen (*Der gallische Krieg,* 1.52). Die Pausen können die Länge mancher Schlachten erklären, die von drei oder vier Stunden (der Durchschnitt für kleinere spätrömische Armeen laut Vegetius, *Epitoma,* 3.9) bis zu ganztägigen Kampfhandlungen gehen konnten und manchmal am nächsten Tag wieder aufgenommen oder sogar in der Nacht fortgesetzt wurden (z. B. in der zweiten Schlacht von Cremona). Umgekehrt war eine kleinere Schlacht wie die zwischen den Legionären und den Batavern in Bonn im Jahr 69 n. Chr. vermutlich innerhalb von Minuten vorüber.

Nach der Schlacht

Römische Feldherrn waren sich der Lockwirkung von Kriegsbeute durchaus bewusst, und sie betonten in ihren Ansprachen vor der Schlacht, neben den üblichen Erinnerungen an vergangene Siege und an die Gerechtigkeit ihrer Sache, gern die Reichtümer, die es zu erobern gab. Cicero war der Meinung, dass die Legionäre des Marcus Antonius lediglich durch die Aussicht auf Bereicherung motiviert waren (*Philippische Reden,* 8.9). Corbulo und Suetonius Paulinus betonten den Ausblick auf Beute für den Fall, dass die Legionäre in der Schlacht erfolgreich wären (Tacitus, Annalen, 13.39, 14.36). Die Plünderung des feindlichen Lagers und die Durchsuchung der Toten gehörten zu den ersten Handlungen nach einem Sieg oder während einer Kampfpause (Tacitus berichtet von dem schändlichen Fall des Julius Mansuetus, der in der zweiten Schlacht von Cremona von seinem eigenen Sohn getötet und ausgeplündert wurde; *Historien,* 3.25).

Zudem errichteten die Römer aus den Waffen, die sie den Feinden abgenommen hatten, zuweilen Siegesdenkmäler (Tacitus, *Annalen,* 2.18, 22). In extremen Fällen nahm man auch die Leichname und Köpfe von getöteten Feinden, um derartige Trophäen zu dekorieren, wie zum Beispiel nach dem Sieg von Caesars Truppen über die Pompeianer vor Munda:

> Von den Waffen der Feinde nutzten sie die Leichen anstelle der Rasenstücke und anstelle des Walles häuften sie die Schilde und Speere auf; darauf steckten sie die Leichen der mit Schwert oder Dolch getöteten und stellten die Köpfe der Menschen in einer Reihe Richtung Stadt hin auf. (Pseudo-Caesar, *Spanischer Krieg,* 32)

Die römischen Verwundeten wurden während und nach der Schlacht von kompetenten *medici* (Wundärzten und Krankenträgern) behandelt, aber die Chancen, eine größere Wunde zu überleben, waren in dieser „vorantibiotischen" Zeit gering (siehe Salazar 2000). Diejenigen, die Verletzungen überlebten, aber für den weiteren Dienst untauglich waren, erhielten die *missio causaria* – eine Entlassung aus medizinischen Gründen. Dies bedeutete, dass ein Soldat dieselben Vergünstigungen erhielt wie ein Veteran, der die *honesta misso* (ehrenhafte Entlassung) erhalten hatte, d. h. einen im Vergleich zu Zivilisten höheren Rechtstatus, die Befreiung von Steuern und bürgerlichen Pflichten.

Die Zahlen der römischen und möglicherweise auch der feindlichen Opfer wurde festgehalten. Josephus' Angaben über römische und jüdische Todesopfer im jüdischen Krieg scheinen korrekt zu sein und stammen womöglich aus offiziellen römischen Quellen. Die römischen Toten mussten begraben werden (Appian, *Die Bürgerkriege,* 1.43). Es war eine Schande, römische Soldaten unbegraben zurückzulassen (Tacitus, *Annalen,* 4.73). Gefangene, die man in der Schlacht gemacht hatte, wurden hingerichtet oder verstümmelt, aber noch häufiger wurden sie als Sklaven verkauft (Tacitus, *Annalen,* 13.39). Die Wirtschaft der Antike gründete sich auf die Sklaverei, und zu diesem Zweck begleiteten paramilitärische Menschenhändler und Freibeuter, die als *lixae* bekannt sind, die Armee (Feig Vishnia 2002). Andere Gefangene behielt man zurück, um sie bei späteren Triumphzügen in Rom zu zeigen und dort wahrscheinlich hinzurichten.

Wir wollen unsere Erörterung mit den Betrachtungen Vegetius' und Josephus' über das römische Militärethos abschließen. Sie zeigen, warum die Römer normalerweise siegreich waren und wie sie sich, wenn sie verloren, bemühten, die Erinnerung an die Niederlage durch sorgfältige Planung, Training und pure Beharrlichkeit auszulöschen:

> Wer also Frieden sucht, der rüste zum Krieg! Wer den Sieg wünscht, der bilde die Soldaten sorgsam aus. Wer günstige Ergebnisse begehrt, der kämpfe mit Kunst, nicht nach dem Zufall. Niemand wagt, den

Aureus des Claudius, 41-45 n. Chr. mit einem Siegesdenkmal aus eroberten germanischen Waffen in Erinnerung an die Siege seines Vaters Drusus 16-9 v. Chr. (Hunter Coin Cabinet, Universität Glasgow)

herauszufordern, niemand den zu belästigen, von dem er weiß, dass er überlegen ist, wenn es zum Kampf kommt (Vegetius, *Epitoma,* 3, Vorwort).

Betrachtet man aber ihren gesamten Heeresaufbau, so wird man erkennen, dass sie dieses gewaltige Reich ihrer Tatkraft zu verdanken haben, nicht aber einem Geschenk des Schicksals (Josephus, *Jüdischer Krieg,* 3.72)

Websites

Für die Varusschlacht und Fundstücke aus Kalkriese besuche man die hervorragende Website zur Varusschlacht im Osnabrücker Land - Museum und Park Kalkriese:
www.kalkriese-varusschlacht.de

Die umfassendste Sammlung wichtiger Funde aus Großbritannien findet man im British Museum in London:
http://www.thebritishmuseum.ac.uk

Das Hunterian Museum an der Universität Glasgow verfügt über umfangreiches numismatisches Material zum hier behandelten Zeitraum wie auch über eine bedeutende Sammlung von römischer Militärausrüstung aus dem 2. Jahrhundert:
http://www.hunterian.gla.ac.uk

Armamentarium steht unter der Schirmherrschaft der Universität von Newcastle und ist eine Website, die sich römischen Waffen und Rüstungen widmet und den besten Museumsführer für einschlägige Museen in ganz Europa bietet:
http://www.ncl.ac.uk/archive/arma

Wer mehr über Reenactment, Darstellungen und Rekonstruktionen von Ausrüstungsgegenständen erfahren möchte, sollte die folgenden Websites besuchen:
The Ermine Street Guard: www.esg.ndirect.co.uk
Legio X Gemina: www.gemina.nl

Die nützlichste Online-Bibliographie über die Armeen Griechenlands und Roms ist Hugh Eltons *Warfare in the Ancient World*:
http://www.fiu.edu/~eltonh/army.html

Gary Brueggemans Website eignet sich hervorragend, wenn Sie mehr über römische Taktiken und Kampfstile erfahren wollen:
http://www.geocities.com/Athens/Oracle/6622/

Glossar

Acies Schlachtlinie/Formation (*duplex* - doppelt, *triplex* - dreifach)

Antesignani die, die vor den Feldzeichen kämpften

Aquila Adlerfeldzeichen der Legion

Aquilifer Träger des Legionsadlers

Balteus Militärgürtel (manchmal auch *cingulum* genannt); kennzeichnet einen Soldaten

Caligae Militärsandale; kennzeichnet einen Soldaten.

Caligati Soldaten; jene, die in Militärsandalen dienen, einschließlich der Zenturionen; von ihrem Stand her niedriger als Reiter und Senatoren.

Castra Kastell oder Lager

Centuria Zenturie, Untereinheit einer Legion, die 80 Soldaten umfasste, 60 pro Legion.

Centurio Kommandeur einer Zenturie

Cohors Kohorte, Einheit aus sechs Zenturien/drei Manipeln, zehn pro Legion

Commanipularis/manipularis Mitsoldat im selben Manipel; der Begriff drückt Kameradschaft aus.

Commilito Mitsoldat; der Begriff drückt Kameradschaft aus; wird auf jeden im Heer, vom gewöhnlichen Soldaten bis zum General und zum Kaiser, angewandt.

Contubernalis Zelt-/Essensgenosse; Begriff drückt Kameradschaft, Zuneigung aus.

Contubernium Untereinheit der Zenturie, umfasste acht Männer, die sich einen Raum/ein Zelt teilten, 10 je Zenturie.

Dilectus Aushebung, Konskription

Dolabra militärische Keilhacke

Duplicarius Soldat, der den doppelten Sold erhielt, z. B. *optio, signifer.*

Exercitus die Armee

Expediti leichtbewaffnete Soldaten

Frater Bruder; als Begriff für Kameradschaft, Zuneigung benutzt

Gladius Schwert

Hastatus Lanzenträger; Zenturionentitel

Immunes Legionäre, die von niedrigen Pflichten befreit waren.

Legatus senatorischer Kommandant der Legion

Legio Legion, wichtigster Verband der römische Armee; bestand aus 60 Zenturien, die in zehn Kohorten eingeteilt waren.

Lixae paramilitärische Sklavenhalter, die auf dem Feldzug die Versorgung der Armee unterstützten.

Lorica Panzer *hamata* - Kettenpanzer; *squamata* - Schuppenpanzer; *„segmentata"* - Schienenpanzer

Manipulus „Handvoll"; Manipel aus zwei Zenturien: *prior* und *posterior.*

Medici allgemeine Bezeichnung für medizinisches Personal einschließlich hochrangiger Ärzte und untergeordneter Krankenträger.

Miles Soldat

Natalis aquilae Geburtstag des Adlers/Feier der Gründung der Legion

Optio Stellvertreter des Zenturionen, einer je Zenturie

Orbis Formation zur Rundumverteidigung, manchmal kreisförmig oder halbkreisförmig

Ordo equester Ritterstand; bildete in der späten Republik und im kaiserlichen Rom die „Mittelklasse" oder die Klasse der Geschäftsleute; ursprünglich handelte es sich um einen Stand, dessen Mitglieder genügend Wohlstand besaßen, um sich selbst als Kavalleristen auszustatten. Ritter standen über der Klasse der einfachen Soldaten (*caligati*) und konnten deshalb direkt, ohne zunächst Erfahrungen zu sammeln, zu Zenturionen (und höheren Rängen) befördert werden.

Ordo senatorius/Senat Regierende Klasse und führendes Gremium Roms, zusammengesetzt aus jährlich gewählten Magistraten, vornehmlich Konsuln, Prätoren, Ädilen, Tribunen und Ex-Magistraten, die die römische Politik leiteten oder berieten.

Origo Herkunftsort

Pilum Wurfspeer des Legionärs

Pilus „bewaffnet mit einem Speer/Spieß"; Zenturionentitel

Posterior „hinterer Teil"; Zenturionentitel

Postsignani die, die hinter den Feldzeichen kämpften

Praefectus Stabsoffizier aus dem Ritterstand, Kommandeur von Legionen in Ägypten

Praefectus castrorum Lagerpräfekt, Oberbefehlshaber einer Legion an dritter Stelle

Praemia Entlassungsgeld/Pension

Primi ordines die in der Frontreihe/in der ersten Reihe; Zenturionen der ersten Kohorte

Primus pilus „erster Wurfspeer"; führender Zenturio der ersten Kohorte und ranghöchster Zenturio der Legion

Princeps „der Erste"; Zenturionentitel

Principales Nachwuchsoffiziere und Unteroffiziere, darunter *tesserarius, optio* und *signifer.*

Prior „Front"; Zenturionentitel

Pugio Dolch

Scutum gewölbter Legionärsschild

Sesquiplicarius Soldat, der den anderthalbfachen Sold erhielt, z.B. *tesserarius.*

Signifer Feldzeichenträger, einer je Zenturie

Signum Feldzeichen

Stipendium (bezahltes) Dienstjahr; Jahressold

Tesserarius Parolenträger, einer je Zenturie

Testudo „Schildkröte"; geschlossene Formation mit einem Dach und Wänden aus Schilden

Tribuli hölzerne Krähenfüße zur Verteidigung des Lagers

Tribunus Stabsoffiziere der Legion; sechs je Legion, fünf von ritterlichem Adel, einer senatorisch, die als Helfer der Legaten auftraten.

Vexillarius Träger des Feldzeichens einer Legionsabordnung (*vexillatio*) oder der Veteraneneinheit (*vexillum veteranorum*), die einer Legion angegliedert war.

Vexillatio Detachierung einer Legion oder Kohorte

Vexillum Feldzeichen einer Detachierung mit Fahne

Vexillum veteranorum Veteraneneinheit, die einer Legion angegliedert war, ungefähr 500 Mann stark mit eigenem Kommando und eigener Verwaltungsstruktur (13 v. Chr. bis ca. Mitte des 1. Jahrhunderts n. Chr.).

Vitis aus einer Weinrebe geschnitzter Stock des Zenturionen, Zeichen des Dienstranges

Literaturverzeichnis

Alston. R. A.. 1994: ‚Roman military pay from Caesar to Diocletian', *Journal of Roman Studies* 84, 113-123.

Bishop. M. C. u. Coulston, J. N. C., 1993: *Roman Military Equipment from the Punic Wars to the Fall of Rome* (London).

Brunt, P. A., 1974: ‚Conscription and Volunteering in the Roman Imperial Army', *Scripta Classica Israelica* I, 90-115, in Brunt
1990: *Roman Imperial Themes,* 188-214, mit Zusätzen auf 512-15.

Connolly, P., 1981: *Greece and Rome at War* (London).

Connolly, P., 1991: ‚The Roman Fighting Technique Deduced from Armour and Weaponry', in Maxfield u. Dobson (Hrsg.)
1991: *Roman Frontier Studies* 1989 (Exeter), 358-63.

Connolly, P., 1997: ‚*Pilum, gladius* and *pugio* in the Late Republic', JRMES 7, 41-57.

Deschler-Erb, E., 2000: ‚Niellierung auf Buntmetall: Ein Phänomen der frühen römischen Kaiserzeit', *Kölner Jahrbuch* 33, 383-96.

Feig Vishnia, R., 2002: ‚The Shadow Army – The Lixae and the Roman Legions', *Zeitschrift für Papyrologie* 139, 265-72.

Franzius, G., 1995: ‚Die Römischen Funde aus Kalkriese 1987-95', *JRMES* 6, 69-88.

Franzoni, C., 1987: *Habitus atque habitudo militis. Monumenti funerari di militari nella Cisalpina romana* (Rom).

Fuentes, N., 1987: ‚The Roman Military Tunic', in M. Dawson (Hrsg.), 1987: *Roman Military Equipment: The Accoutrements of War,* Proceedings of die Third Roman Military Equipment Research Seminar, [BAR 336], 41-75.

Gilliver, C.H., 1993: ‚Hedgehogs, Caltrops and Palisade Stakes', *JRMES* 4, 49-54.

Goldsworthy, A. K., 1996: *The Roman Arms at War, 100 BC-AD 200* (Oxford).

ILS – H. Dessau (Hrsg.), *Inscriptiones Latinae Selectae* (Berlin, 1892-1916).

Isaac, B., 1994: ‚Hierarchy and Command-Structure in the Roman Army', in Y. Le Bohec (Hrsg.), 1994: *La Hiérarchie (Rangordnung) de l'armée romaine* (Paris), 23-31.

Junkelmann, M., 1986: *Die Legionen des Augustus* (Mainz).
Keppie, L.J. F., 1984: *The Making of the Roman Army: From Republic to Empire* (London).
Keppie, L.J. F., 1997: ‚The changing face of the Roman legions', *Papers of the British School at Rome* 65, 89-102, in Keppie 2000: 50-63.
Keppie, L.J. F., 2000: *Legions and Veterans: Roman Army Papers 1971-2000,* Mavors 12 (Stuttgart).
Maxfield, V. A., 1981: *The Military Decorations of the Roman Army* (London).
Milner, N. P., 1996: *Vegetius: Epitome of Military Science,* 2nd ed. (Liverpool).
Robinson, H. R., 1975: *The Armour of Imperial Rome* (London).
Roth, J., 1994: ‚The Size and Organisation of the Roman Imperial Legion', *Historia 43, 346-362.*
Salazer, C. F., 2000: *The Treatment of War Wounds in Graeco-Roman Antiquity* (Leiden). Scheidel, W., 1996: ‚Measuring Age, Sex and Death in the Roman Empire', *Journal of Roman Archaeology,* supplement 21 (Ann Arbor).
Schlüter, W., 1999: *The Battle of the Teutoburg Forest* in: J.D. Wilson & R.J.A. Wilson (Hrsg.), 1999: ‚Roman Germany: Studies in Cultural Interaction' (Journal of Roman Archaeology Supplementary Series no.32), 125-59.
Speidel, M. P., 1992: *The Framework of an Imperial Legion* (Caerleon).
Sumner, G., 2002: *Roman Military Clothing* (I) (Oxford).
Ubert, G., 1969: ‚Gladii aus Pompeji. Vorarbeiten zu einem Corpus römischer Gladii', *Germania* 47, 97-128.

Kommentar zu den Farbtafeln

A: Veteran der Legion XII Antiqua, 32-31 v. Chr.

Der unvermeidliche Krieg zwischen Antonius und Octavian begann im Jahr 32 v. Chr. Antonius marschierte westwärts, um Griechenland und Makedonien zu verteidigen, fand aber seine Flotte im Ambrakischen Golf von Agrippa blockiert. Seinem 19 Legionen umfassenden Feldheer wurde von Octavian im Vorgebirge von Actium, an der Mündung des Golfs, der Weg versperrt. Am 2. September des Jahres 31 v. Chr. kämpften sich Antonius und Cleopatra den Weg durch die Blockade frei, aber in dieser Schlacht wurde der größte Teil ihrer Flotte vernichtet. Die Flotte war mit vier Legionen bemannt und 5.000 Legionäre fielen in der Schlacht. Die übrigen Schiffe ergaben sich und die Landarmee lief zu Octavian über (Plutarch, *Antonius,* 60-68). Antonius, der nach Ägypten geflohen war, erlag der Verzweiflung und nahm sich das Leben; er überließ damit Octavian die Kontrolle über das gesamte Reich.

Die Abbildung geht davon aus, dass die Legion XII Antiqua zur Flotte gehörte und zeigt einen Marineveteranen. Octavian behielt die Legion unter dem Namen XII Fulminata unter seinem Kommando.

Die Darstellung des Legionärs ist eine freie Nachbildung des Grabbildnisses von Publius Gessius, einem vermutlich caesarianischen Legionär (Keppie 1984, 226). Sein Kettenpanzer und der Montefortino-Helm vom Typ C (1) mit eingeleimter Filzauskleidung entsprechen der Ausrüstung von Legionären, die auf dem Altar des Domitius Ahenobarbus abgebildet sind, welcher vermutlich aus der Mitte des ersten vorchristlichen Jahrhunderts stammt. Das Vorbild für die bronzenen Gürtelbeschläge stammt von Delos, ca. 75 v. Chr., der *gladius Hispaniensis* entstammt Funden bei Berry-Bouly, ca. 20 v. Chr. Der Dolch ist Beispielen nachempfunden, die in Alesia (52 v. Chr.) und Oberaden ausgegraben wurden. Die Details des Schwertes veranschaulichen die alternativen, parallelen (2a) und verjüngten (2b) Formen der Klinge. Die Scheide ist einem augusteischen Fund aus Dangstetten entlehnt. Das Detail des Kettenhemds (3) veranschaulicht die Fertigungsmethode, bei der ein genieteter Ring vier geschweißte Ringe miteinander verbindet. Das dreischichtige *scutum* (4) entspricht dem Beispiel aus Fayum in Ägypten aus dem 1. Jahrhundert v. Chr. Die Detailzeichnung (4a) illustriert die Verleimung der gehobelten Holzbrettchen und die Außenschichten aus Filz und Leder. Die blaue Farbe des Schildes, der Tunika und des Helmbusches wurde von Vegetius *(Epitoma,* 4.37) für Marinesoldaten empfohlen. Das Schiffsemblem entspricht dem Denar, den Antonius zu Ehren der Legion schlagen ließ. Die Legion XI Fretensis, die für Octavian gegen die Flotte des Sextus Pompeius gekämpft hatte, besaß ein ähnliches Emblem.

Die *pila* (5) haben schwere Schäfte nach Funden in Valencia und Alesia (70er Jahre und 52 v. Chr.); die Befestigungsmethode (5a) entspricht der von Fundstücken aus der augusteischen Festung in Oberaden.

B: Legionäre bei der Zwangsrekrutierung in Ostia, Hafen von Rom, 6-9 n. Chr.

Die vor kurzem eroberten Gebiete in Pannonien und Dalmatien erhoben sich im Jahr 6 n. Chr. zu einer Revolte. Die Römer waren durch eine Invasion in Böhmen abgelenkt und kämpften nun gegen Hilfstruppen, die früher in ihren Diensten gestanden hatten. Es waren viele Opfer zu beklagen und es dauerte drei Jahre, den Aufstand niederzuschlagen. Der Engpass an verfüg-

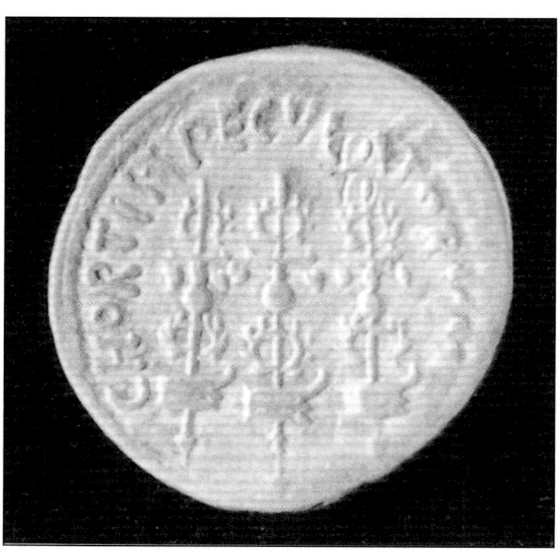

Axthammer aus Kalkriese, 9 n. Chr. (Varusschlacht im Osnabrücker Land, Museum und Park Kalkriese)
Axthammer aus Kalkriese, 9 n. Chr. (Varusschlacht im Osnabrücker Land, Museum und Park Kalkriese)
Axthammer aus Kalkriese, 9 n. Chr. (Varusschlacht im Osnabrücker Land, Museum und Park Kalkriese)

baren Soldaten wurde gravierender, als in Germanien 9 n. Chr. drei Legionen aufgerieben wurden. Augustus griff zu der Maßnahme, Rekruten in Rom und Umgebung auszuheben. Nur wenige Männer meldeten sich freiwillig, und so begann der Kaiser, Eigentum zu beschlagnahmen, das Bürgerrecht abzuerkennen und ging schließlich sogar zu Hinrichtungen über. Männer wurden durch das Los für den Dienst bestimmt, viele von ihnen erheblich älter als die regulären Rekruten (Dio, 56.23; Tacitus, *Annalen,* 1.31). Die Abbildung stellt einen dieser bedauernswerten Zivilisten dar, der von den Soldaten bewusstlos geschlagen wurde (Apuleius, *Metamorphosen,* 7.4, 9.39). Im Hintergrund werden Legionäre mit Dachziegeln und Tonkrügen beworfen.

Die Ausrüstung des Zenturionen (1) entspricht einem Gürtel und einem Dolch aus Velsen in Holland, und das Schwert mit silberplattiertem Griff ist einem *gladius* aus Rheingönheim nachempfunden. Sein Stock (*vitis*) und die Tatsache, dass er sein Schwert links trägt, weisen auf seinen Rang hin. Der gewöhnliche Legionär (2) trägt einen *fustis* (Knüppel) und ein gewölbtes, rechteckiges *scutum*; diese Form des Schilds kam ab ca. 10 v. Chr. in Gebrauch. Der *optio* (3) wird durch den Stab mit Knauf gekennzeichnet, und er trägt eine *paenula,* den schweren Umhang, der bis ins späte 2. Jahrhundert n. Chr. zur Standardausrüstung der Soldaten gehörte. Die geprägten, verzierten Gürtelbeschläge des Legionärs und des *optios* zeigen, dass eine teure Ausrüstung nicht nur den Offizieren vorbehalten war (Tacitus, *Historien*, 1.57).

C: *Contubernium* auf dem Marsch, nach 14 n. Chr.

Die Abbildung zeigt acht Legionäre in Marschordnung. Sie tragen *paenulae*, die typischen, strapazierfähigen Umhänge der Legionäre. Lederhüllen schützen ihre gewölbten, rechteckigen oder ovalen Schilde. Diese werden mit Hilfe eines Gurtsystems (1) getragen, das von Marcus Junkelmann ersonnen und mit Erfolg in seinen praktischen Experimenten eingesetzt wurde, aber der Gurt bleibt hypothetisch (Junkelmann 1986, 176-79). Die Helme der Legionäre, eine Mischung aus Montefortino, Hagenau/Coolus und Kaiserlich-Gallischen Modellen, hängen vor der Brust, wie es von Provinz- und Staatsdenkmälern bekannt ist.

Andere Ausrüstungsgegenstände, darunter ein Kleiderbeutel aus Leder und ein Netz (für persönliche Dinge und Verpflegung), Pfanne, Topf und Wasserflasche, sind an den T-förmigen Stangen aufgehängt. Zelte und schwere Ausrüstung wie die Werkzeuge zum Bau der Festungsanlagen – Axt, Keilhacke, Spaten, Grasmesser – werden von den Maultieren (im Hintergrund) getragen. Auf dem Feldzug kam es jedoch auch vor, dass die Soldaten alles selbst tragen mussten, mit Ausnahme der schwersten Gegenstände wie Mahlsteine zum Mehlmalen. General Marius war bekannt dafür, dass er die Gepäckeinheiten, die die Armee begleiteten, reduzierte und seine Legionäre zwang, ihre Ausrüstung selbst zu tragen – daher ihr Spitzname „Marius' Maultiere" (Frontinus, *Strategemata*, 4.1.7). Die Maultiertreiber sind Militärsklaven (*calones*).

D: Kampftechniken der Legionäre

Abbildung 1 zeigt einen typischen schwerbewaffneten Legionär aus der ersten Hälfte des 1. Jahrhunderts n. Chr., der zunächst sein schweres *pilum* wirft, bevor er mit dem Schwert angreift. Die Legionäre verließen sich auf die Schockwirkung und das Durcheinander, das eine Pilensalve verursachte, um ihren eigenen schnellen Schwertangriff zu maximieren, bei dem jeder Legionär versuchte, jeweils einen Gegner umzustoßen und zu erstechen, sobald der hintenüber fiel (siehe Abb. F).

Die Abbildungen 2 und 3 zeigen zwei verschiedene Legionärstypen, die als *expediti* ohne Panzer kämpfen. 2 illustriert einen leichtbewaffneten Legionär im Einsatz. Sein flacher ovaler Schild ist beweglicher als das normale *scutum*, und seine leichten Speere ermöglichen ihm, vor der Schlachtlinie (als *antesignanus*) zu kämpfen oder seinen Kameraden über deren Köpfe hinweg Rückendeckung zu bieten (nach dem Mainzer *principia*-Relief). In Schlachten, die durch Geschoss-Duelle gekennzeichnet waren, beherrschten derartige Legionäre den Kampf.

3 zeigt einen regulären Legionär, der ohne Panzer vorrückt. Caesar, Tacitus und Dio berichten von schwerer Infanterie, die auf ihre Panzer verzichtete, um in der Schlacht beweglicher und schneller zu sein.

4 zeigt einen augusteischen Legionär in einer Hockstellung, die von Connolly vertreten wird (1991). Connolly geht davon aus,

Axthammer aus Kalkriese, 9 n. Chr. (Varusschlacht im Osnabrücker Land, Museum und Park Kalkriese)

dass es eine Standard-Kampfposition war, Goldsworthy hingegen meint, sie sei unpraktisch gewesen, weil sie den Schutz durch den Schild unterbindet, den linken Arm einer starken Belastung aussetzt und Rücken und Schulter ungeschützt lässt (1996, 173). Wie dem auch sei, auf jeden Fall kann diese Haltung als Option für einen Legionär betrachtet werden, der sich vor einem Gegner schützen wollte, der ihn mit dem Schwert angriff.

E: Marschlager 1. Jahrhundert n. Chr.

Marschlager waren für die römische Militärpraxis elementar (Plutarch, *Pyrrhus*, 16), da sie den Armeen auf dem Marsch jede Nacht einen sicheren Lagerplatz boten und zugleich einen Posten darstellten, zu dem sie sich zurückziehen konnten, wenn eine Schlacht scheiterte. General Corbulo erklärte, dass Kriege in Wirklichkeit mit der Keilhacke (*dolubra*) gewonnen würden (Frontinus, *Strategemata*, 4.7.2), und die Lagerbautechniken wurden mühelos auf die Belagerungskriegführung übertragen, die die Römer ausgezeichnet beherrschten.

Die Abbildung zeigt hinter dem Wall die wasserdichten Zelte einer Zenturie aus Ziegenleder. Die Zelte lagen normalerweise ein Stück weiter zurück, außerhalb der Reichweite von Geschossen. Jedes *contubernium* aus acht Legionären teilte sich ein kleines, beengtes Zelt, aber der Zenturio hatte ein großes Zelt für sich allein, vor dem das Feldzeichen der Zenturie aufgestellt wurde (1 zeigt eine typische Reihe). Es ist nicht sicher, ob der *signifer* und der *optio* separate Zelte besaßen.

Die meisten Legionäre sind damit beschäftigt, den Graben auszuheben und Palisadenpfähle zu massiven Krähenfüßen (*tribuli*) zusammenzubinden (überzeugend dargestellt von Gilliver, 1993). Der Wall selbst ist mit Grassoden verkleidet worden. Die Tuniken der Arbeiter lassen einen Stoffknoten im Nacken erkennen; wenn der Knoten gelöst war, war der Halsausschnitt weit genug, um einen Arm hindurch zu stecken und die Tunika nur über einer Schulter zu tragen, wie es bei warmem Wetter häufig geschah. Legionäre in voller Rüstung bewachen die Bauarbeiten; mindestens ein Fünftel der Armee war stets zum Wachdienst eingeteilt, angesichts des Feindes sogar bis zu 50 Prozent. Die Tore des Lagers (in der Mitte jedes Walles) wurden besonders stark bewacht und waren normalerweise mit Schutzabschnitten aus Gräben und Wällen versehen, um eine Streitmacht, die versuchte, das Tor zu stürmen, aufzuspalten. Die Tore öffneten sich zu den beiden Hauptstraßen des Lagers, die zum Hauptquartier, dem Marktplatz und dem Exerzierplatz führten.

F: Schlacht im Teutoburger Wald, Herbst 9 n. Chr.

Marcus Caelius (1), ein führender Zenturio der Legion XVIII, führt hier eine kleine Gruppe von Veteranen und *calones* (Armeesklaven) an. In einer dreitägigen Schlacht gegen die Cherusker, die unter Arminius kämpften, wurden drei Legionen (XVII, XVIII und XIX) und neun Auxiliarregimenter vernichtet.

Militärische Keilhacke (*dolabra*), verloren in der Varusschlacht, 9 n. Chr. (Varusschlacht im Osnabrücker Land, Museum und Park Kalkriese)

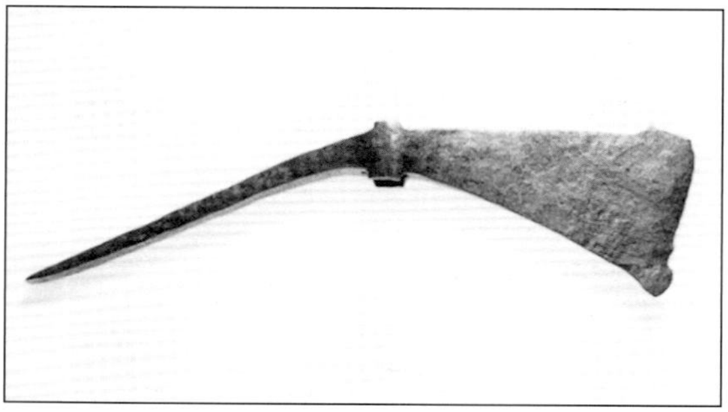

Quinctilius Varus (nicht abgebildet), der sich nach den Informationen von Arminius, dem vermeintlich verlässlichen Anführer der Cherusker und ehemaligen Auxiliaroffizier, richtete, führte im Herbst des Jahres 9 n. Chr. eine römische Armee an, um einen Aufstand in teilweise erobertem Gebiet einzudämmen. Varus erwartete, auf cheruskische Verbündete zu treffen, geriet aber im Teutoburger Wald in einen von Arminius vorbereiteten Hinterhalt. Eingezwängt zwischen bewaldeten Hügeln zur Linken, Sümpfen zur Rechten und Graswällen von vorn, gelang es den Römern zwar, dem ersten Angriff standzuhalten, aber da sie durch „befreundetes" Gebiet marschierten, war die Kolonne auseinandergezogen und ungeordnet und am Ende nicht in der Lage, sich zu befreien. Die fortwährenden Attacken der Cherusker (die zuschlugen und sich dann wieder zurückzogen, bevor sie erneut angriffen) erhöhten das Durcheinander und die Panik, und nur wenige Soldaten überlebten und konnten sich über den Rhein zurückziehen (Dio, 56.18.22; Velleius Paterculus, 2.117-120). Als Schauplatz der Schlacht wurde vor einiger Zeit Kalkriese in der Nähe von Osnabrück ausgemacht (Schlüter 1999).

Alle abgebildeten Ausrüstungsgegenstände sind Funden in Kalkriese nachgebildet, überwiegend Fragmente von Helmen, Panzern, Schilden, Schwertern, *pila*, Gürtelbeschlägen und Schanzwerkzeugen (Franziskus 1995).

Caelius Kettenpanzer und Ehrenzeichen – *armillae, torques, phalerae* und die Bürgerkrone -entsprechen einem Portrait auf seinem Grabstein aus Xanten am Niederrhein. Man trug Auszeichnungen in der Schlacht (Caesar, *Spanischer Krieg*, 23), aber es ist ungewiss, ob der empfindliche Eichenlaubkranz im Gefecht getragen wurde. Der querstehende Helmbusch und die versilberten Beinschienen zeigen seinen Rang (Vegetius, *Epitoma*, 2.13). Sein Helm ist ein Kaiserlich-Gallischer vom Typ D, der normalerweise auf das zweite Viertel des 1. Jahrhunderts n. Chr. datiert wird. Fragmente Kaiserlich-Gallischer Helme wurden in Kalkriese entdeckt, und andere Funde von dort, wie die *lorica segmentata*, die der Veteran links von Caelius (2) trägt, zeigen, dass viele Modelle der Ausrüstung eher in Gebrauch gekommen sind, als man zuvor angenommen hatte. Er trägt ebenfalls einen Kaiserlich-Gallischen Helm, aber eine frühere Form aus dem späten ersten vorchristlichen Jahrhundert. Der Veteran (4) veranschaulicht das traditionellere Bild des augusteischen Legionärs, der mit einem Kettenpanzer mit bronzenen Sicherheitshaken und einem Hagenau/Coolus-Helm sowie einem *scutum* mit abgerundeten Seitenrändern ausgestattet ist. Die silberne Gesichtsmaske, die der *vexillarius* (3), der Fahnenträger der Veteranenlegion XVIII, am Helm trägt, entspricht einem der spektakulärsten Funde aus Kalkriese. Die Maske hat vermutlich zum Helm eines Kavalleristen aus der Hilfstruppe gehört, aber mit Sicherheit trugen im 1. Jahrhundert nach Christus die Feldzeichenträger der Legionen derartige Maskenhelme. Die Keilhacke (*dolabra*), die der *calo* (4) schwingt, wurde sicherlich von Legionären in der Schlacht benutzt (Tacitus, *Annalen*, 3.46; *Historien*, 2.42), und Militärsklaven wurden als Lagerbauarbeiter mit diesem Werkzeug ausgestattet (Josephus, *Jüdischer Krieg*, 3.69-70, 78).

G: *Prior*-Zenturie in der Schlacht, 1. Jahrhundert n. Chr.

Hier sehen wir eine *prior*-Zenturie(Front), in vier Reihen aus 20 Mann aufgestellt; der Zenturio, der durch seinen querstehenden Helmbusch kenntlich wird, steht ganz rechts von der Frontreihe (1). Der *signifer* (Feldzeichenträger [2]) steht in der Mitte der Formation, um zu verhindern, dass er beim Aufeinandertreffen mit dem Feind getötet wird oder das Feldzeichen in die Hände des Feindes fällt (Vegetius, *Epitoma*, 2.15), aber die Feldzeichenträger kämpften regulär in der ersten Reihe. Es ist hier nicht dargestellt, aber eigentlich war eine *posterior*-Zenturie (hintere Reihe) aufgestellt, die sich darauf vorbereitete, leichte *pila* über die Köpfe der anführenden Zenturie hinweg zu werfen (Arrian, *Ectaxis contra Alanos*, 15-16), und leichtbewaffnete Truppen schlossen die Lücken zwischen den Zenturien, mit

Silberne Maske eines Gesichtshelms mit bronzenem Rahmen aus Kalkriese, 9 n. Chr. (Varusschlacht im Osnabrücker Land, Museum und Park Kalkriese)

Aureus des Claudius, 46-47 n. Chr. mit einer Abbildung des Triumphbogens, der zur Feier der Eroberung des südlichen Britanniens im Jahr 43 errichtet wurde (Hunter Coin Cabinet, Universität Glasgow)

dem Ziel, jeden Gegner, der versuchte, sich die Abstände in der Linie zunutze zu machen, mit einem Kreuzfeuer aus Wurfspeeren zu belegen.

Die Detailansicht zeigt die übliche Schachbrettformation der Legionäre. Nachdem man in Reichweite des Feindes vorgerückt ist, werfen die ersten Reihen ihre bleibeschwerten *pila* und greifen im Laufschritt mit gezogenen Schwertern an. Der Feldzeichenträger hat sich in die Mitte der dritten Reihe zurückgezogen und wird mit dem Rest der Zenturie folgen, sobald die *pila* abgeworfen sind. Die drei Figuren hinter der Zenturie sind der *optio* (der Stellvertreter des Zenturionen, [3]), der *cornicen* (der Trompeter [4]) und der *tesserarius* (der Parolenträger [5]). Der *optio* und der *tesserarius* sind so aufgestellt, dass sie ihre langen Stäbe benutzen können, um die Legionäre in die Linie zurückzuschieben und jeden Fluchtversuch der Soldaten in den hinteren Reihen zu verhindern. Der *cornicen* (ebenfalls, wegen seiner essentiellen Kommando-Funktion, nach dem ersten Angriff nach hinten zurückgezogen) übermittelt die Befehle, die der *signifer* vom Trompeter des Generals erhält – es konnte geschehen, dass die Soldaten die Trompetensignale nicht hörten und sich stattdessen am Feldzeichen ausrichteten.

H: Legionär der II Augusta, Britannien, 43 n. Chr.

Als Caligula im Jahr 41 n. Chr. ermordet wurde, wurde sein Onkel Claudius unerwartet Kaiser. Da er einen militärischen Erfolg brauchte, um seine Position zu festigen, brach er 43 n. Chr. zur Eroberung des südlichen Britanniens auf, eine Unternehmung, die ursprünglich sein Vorgänger geplant hatte. Die Invasionsarmee bestand aus vier Legionen (mit Sicherheit der II Augusta und der XIV Gemina und vielleicht der IX Hispana und der Legion XX) sowie Hilfstruppen. Die rasch vorrückenden Römer erzielten einen großen Sieg vor Camulodunum (Colchester), und der Kaiser zog im Triumph auf einem Elefanten in die Hauptstadt ein.

Die Legion II Augusta stand während der Invasion unter dem Befehl Vespasians. Er kämpfte in 30 Schlachten und nahm 20 Städte ein (Sueton, *Vespasian,* 4). Hier sehen wir einen Legionär, der für den Feldzug neu ausgerüstet wurde, aber viele waren ähnlich wie ihre spätrepublikanischen Vorgänger mit bronzenen Helmen, Kettenpanzern und *scuta* mit gerundeten Seiten ausgestattet.

Sein gewölbtes, rechteckiges *scutum* (1) war vermutlich recht weit verbreitet, aber nicht das Standardmodell. Gleichermaßen war auch sein Kürass vom Typ Corbridge A, eine *lorica segmentata*, die auf der Trajanssäule vorherrschend ist, vermutlich auf bestimmte Krieger beschränkt. Er trägt einen hochwertigen Kaiserlich-Gallischen Helm vom Typ F, und Abbildung 2 zeigt einen zeitgenössischen Kaiserlich-Italischen Helm, Typ C, aus Bronze, in einer schlechteren Ausführung, den viele Legionäre trugen.

Das bleibeschwerte *pilum* (3) ist einer Darstellung auf einer Relieftafel nachgebildet, die vom Triumphbogen des Claudius in Rom erhaltengeblieben ist, der zur Feier der Eroberung errichtet worden war (Koeppel 1983). Diese beschwerten *pila* wurden in der Regierungszeit von Tiberius eingeführt. Der wiedereingeführte *gladius* vom Typ Pompeji (4), ein echtes Kurzschwert mit kurzer Spitze und gerader Klinge, wurde neben den älteren Modellen des Mainz-Typs benutzt (5). Der berühmte Mainz-Typ-*gladius* (6) dessen Schwertscheide eine Abbildung von Romulus, Remus und der Wölfin [hier müsste eigentlich eine Ziffer stehen], zeigt und in der Themse bei Fulham gefunden wurde, fällt fast in die Zeit der Eroberung (Ulbert 1969). Der Dolch (7) wird in einem Winkel getragen und folgt damit der Mode seiner spanischen Vorgänger.

Die Nagelmuster der *caligae* (8) sind Beispielen aus Kalkriese und Hod Hill nachempfunden und veranschaulichen die Ähnlichkeit mit modernen Schuhsolen. Das durchbrochene Muster des Schafts, der aus einem einzigen Stück Leder geschnitten wurde, ist in der Detailzeichnung (9) abgebildet.

[In der Abbildung ist die Ziffer 4 zweimal vergeben worden. Einmal für den gladius Pompeji, einmal für die Schwertscheide mit Romulus, Remus und der Wölfin]

Der römische Legionär des kaiserlichen Rom

161 bis 284 n. Chr.

Ross Cowan — Illustrationen von Angus McBride

Der römische Legionär des kaiserlichen Rom 161 bis 284 n. Chr.

Einführung

Zwischen 161 und 284 waren die römischen Legionen in Kriege und Schlachten von epischen Ausmaßen involviert. Legionen wurden in der Schlacht vernichtet (z.B. die IX Hispana), wegen Meuterei entlassen (III Augusta), und neue wurden ausgehoben, um Eroberungs- und Verteidigungskriege zu führen (II, III Italica, I-III Parthica). Zum ersten Mal wurde eine Legion in Italien selbst stationiert. Die Legion II Parthica, die Septimius Severus 193/94 aufstellte, hatte ihren Standort in Albanum in der Nähe von Rom und wurde als die persönliche Legion des Kaisers eine der wichtigsten Einheiten des römischen Reiches. Die genannte Periode war vor allem eine Zeit der Krisen. Das Imperium sah sich konfrontiert mit bislang ungekannten Angriffen von Germanen, Goten und Persern und litt doppelt unter pausenlosen Bürgerkriegen. Das Legionssystem brach unter der Belastung fast zusammen, aber am Ende dieses Zeitraums hatten die Römer ihre größten Feinde besiegt und das Imperium wiedervereinigt. Dies wurde mit Armeen erreicht, die auf der Basis von *vexillationes* (Abkommandierungen) kämpften und von Kaisern angeführt wurden, die aus den Reihen der Armee hervorgegangen und entschlossen waren, die Fehler der Vergangenheit nicht zu wiederholen.

Dieses Buch führt die Themen fort, die in *Der römische Legionär, 58 v. Chr. bis 69 n. Chr.* behandelt werden. Mit dem Hauptaugenmerk auf der Legion II Parthica betrachtet es die Herausbildung von Elitetruppen wie den *lanciarii*; die wachsende Verwendung von *vexillationes* anstelle vollständiger Legionen; die Entwicklungen in der Ausrüstung; die archäologische Erforschung einer Schlacht am Fallbeispiel Dura-Europos und die Folgen der Gesetzgebung im Hinblick auf die Eheschließung von Soldaten sowie Themen wie militäreigene Prostituierte. Um die Wiederholung von Hinwei-

Entfernungstafel, die den Bau von 3.000 Fuß des Antoninuswalls durch eine Unterabteilung der Legion XX Valeria Victrix („heldenhaft und siegreich") beurkundet, ca. 142 n. Chr. Die Tafel in der Mitte zeigt eine Göttin, möglicherweise Victoria, die dem Adler des Legionsfeldzeichens einen Kranz in den Schnabel steckt. (Hunterian Museum, Universität Glasgow)

sen, die bereits in *Der römische Legionär, 58 v. Chr. bis 69 n. Chr.* angeführt wurden, zu vermeiden, wird auf relevante Abschnitte aus diesem Buch mit der Abkürzung RL und der entsprechenden Seitenzahl hingewiesen.

Chronologie

161 Mark Aurel und Lucius Verus werden Kaiser. Eine Legion (vielleicht die IX Hispana) wird von den Parthern in Armenien vernichtet.

162-66 Die Römer siegen im Krieg gegen die Parther; neues Territorium wird in Vorderasien annektiert. Soldaten, die aus dem Osten zurückkehren, bringen die Pest mit nach Europa, die im Laufe des späten 2. und des 3. Jahrhunderts erneut auftritt.

163-67 Aufgabe des Antoninuswalls in Zentralschottland.

165 Bildung der Legionen II und III Italica.

167-80 Markomannen- und Sarmatenkriege. Tod des Verus (169). Letztendlich erfolgreiche römische Feldzüge; Commodus verwirft Pläne, neues Gebiet jenseits der Donau zu annektieren, als Mark Aurel 180 stirbt.

180-84 Zeitweise Kämpfe jenseits der Donau und in Dakien.

185-86 Aufstand von Maternus und Deserteuren in Gallien.

192 Commodus wird ermordet; Pertinax wird vom Senat als Kaiser anerkannt (31. Dezember).

193 Pertinax wird von der Prätorianergarde ermordet; Didius Julianus besticht die Prätorianer und wird Kaiser. Pescennius Niger, Befehlshaber von Syrien, und Septimius Severus, Befehlshaber von Pannonien, werden von ihren jeweiligen Provinzheeren zu Kaisern ausgerufen; Severus erkennt Clodius Albinus, Befehlshaber von Britannien, als „Caesar" an (April). Severus marschiert nach Rom, Julianus wird ermordet und die Prätorianer werden entlassen; neue Prätorianergarde wird aus den Legionen gebildet (Juni).

193-94 Severus' Generäle siegen über Niger bei Perinthos, Kyzikos, Nikaia und Issos. Niger wird bei dem Versuch, ins Partherreich zu flüchten, ergriffen und hingerichtet.

194-95 Severus führt Krieg gegen die parthischen Vasallenstaaten, die Niger unterstützt hatten. Einrichtung der Provinz Osrhoene; Legionen I, II und III Parthia werden aufgestellt.

196-97 Clodius Albinus marschiert in die gallischen und germanischen Provinzen ein, wird am Ende, im Februar 197, in Lugdunum (Lyon) besiegt.

197-99 Severus marschiert in Parthia ein; Ktesiphon wird erobert und niedergebrannt. Neue Provinz Mesopotamien wird eingerichtet. Zwei Versuche, Hatra zu erobern, schlagen fehl.

203-4 Severus führt Krieg in Nordafrika, rückt zur Grenze der Sahara vor.

208-11 Severus dringt in den Norden Britanniens vor, entschlossen, die Insel nun vollständig zu erobern. Severus stirbt in York (211). Seine Söhne Caracalla und Geta übernehmen die Macht.

212 Caracalla tötet Geta (Februar); Constitutio Antoniniana gewährt allen frei geborenen Einwohnern des Imperiums das römische Bürgerrecht.

212-15 Severische Vorposten in Schottland werden verlassen.

213 Caracalla besiegt Cenni und Alamannen.

214 Caracalla führt Krieg gegen freie Daker.

215 Vorbereitungen für den Partherkrieg; Massaker in Alexandria.

216 Caracalla marschiert in Adiabene ein, plündert Arbela und entweiht dabei die Gräber der Könige des Partherreichs.

217 Caracalla wird auf der Straße zwischen Carrhae und Edessa ermordert. Der Prätorianerpräfekt Opellius Macrinus wird zum Kaiser ausgerufen. Römer und Parther schlagen unentschiedene Schlacht bei Nisibis.

218 Macrinus wird vor Antiochia von Elagabal besiegt und bei dem Versuch, nach Europa zu fliehen, getötet.

222 Prätorianer ermorden den geisteskranken Elagabal. Severus Alexander wird Kaiser.

224-26 Ardaschir von Persien besiegt seine parthischen Lehnsherren; neupersisches Sassanidenreich.

228-29 Ardaschir gelingt es nicht, Hatra einzunehmen, das nun von den Römern verstärkt worden ist. Er marschiert ins römische Mesopotamien ein. Einige römische Truppen töten den Provinzpräfekten und laufen zu Ardaschir über.

231-33 Severus Alexander zieht gegen Ardaschir in den Krieg. Mesopotamien wird zurückerobert und die Römer sind erfolgreich in Armenien und Medien, aber Ardaschir besiegt eine dritte römische Armee in der Nähe von Ktesiphon.

233-34 Alamannen und andere germanische Bündnisse überfallen römische Provinzen.

235 Severus Alexander versucht, mit den Alamannen zu verhandeln und wird von den empörten Truppen ermordet. Maximinus wird zum Kaiser ausgerufen und besiegt die Alamannen. Maximinus ist der erste römische Kaiser, der in der Schlacht mitkämpft.

236-37 Maximinus besiegt die Sarmaten und Karpen.

238 Rebellion wegen Steuererhebung in Africa. Gordian, der Prokonsul von Africa wird zum Kaiser, sein Sohn zum Mitkaiser ernannt, sie werden aber von der Legion III Augusta in der Schlacht vor Karthago besiegt. Der Senat in Rom wählt aus seinen Reihen Balbinus und Pupienus zu Kaisern. Maximinus fällt in Italien ein, aber es gelingt ihm nicht, Aquileia zu stürmen. Seine Truppen lehnen sich auf und er wird ermordet. Die Prätorianer in Rom werden Balbinus' und Pupienus' überdrüssig, töten sie und wählen Gordian III. (den Enkel des Prokonsuls) zum (Marionetten-)Kaiser.

238-41 Die Perser erobern das römische Mesopotamien und Hatra; Schapur I. wird Nachfolger von Ardaschir (241). Invasionen der Barbaren über die Donau.

242-44 Die Römer besiegen unter dem Prätorianerpräfekten Timesitheus die Perser bei Resaina und erobern Mesopotamien zurück (243). Timesitheus stirbt eines natürlichen Todes und Philippus wird Präfekt. Die römische Invasion Persiens wird vor Ktesiphon in einer Schlacht aufgehalten; Gordian III. wird tödlich verwundet, aber Philippus wird verdächtigt, ihn getötet zu haben. Philippus wird zum Kaiser ausgerufen. Er erkauft den Frieden von Schapur.

245 Philippus besiegt die Karpen; Krieg an der Donau (246-247).

247 Philippus begeht die Tausendjahrfeier Roms mit aufwändigen Spielen und Spektakeln.

248-49 Philippus sendet Decius nach Pannonien, um Aufstände niederzuschlagen. Die pannonischen Legionen rufen Decius zum Kaiser aus. Philippus wird in der Schlacht gegen Decius bei Verona getötet (249).

250-51 Decius wird von den Goten unter Kniva besiegt (250). Als er die gotischen Angreifer erneut verfolgt, werden er und sein Sohn sowie ein Großteil seiner Armee in der Schlacht bei Abrittus getötet (251). Trebonianus Gallus wird sein Nachfolger. Er erkauft den Frieden von den Goten, ist aber deshalb nicht mehr in der Lage, Schapur seinen Tribut zu zahlen, der darauf in römisches Gebiet einmarschiert.

252-53 Schapur vernichtet eine römische Feldarmee, die in Barbalissos aufmarschiert ist, und erobert Antiochia.

253 Aemilianus besiegt die Karpen und wird von seiner Armee zum Kaiser ernannt. Gallus sendet Valerian, um Truppen zusammenzuziehen, die sich ihm entgegenstellen sollen. Gallus wird von seinen eigenen Soldaten ermordet, als sie erkennen, dass sie Aemilianus zahlenmäßig unterlegen sind; dieser wird danach beim Herannahen von Valerians Heer von seinen Soldaten ermordet. Valerian wird zum Kaiser ausgerufen. Er macht seinen Sohn Gallienus zum Mitkaiser.

253-60 Gallienus und seine Söhne bekämpfen an Rhein und Donau erfolgreich die Germanen und Goten. Valerian stellt seine östlichen Provinzen wieder her, aber Schapur fällt 253 und 260 ein und erobert beide Male Antiochia. Schapur besiegt Valerians Armee vor Edessa im Jahr 260. Der Kaiser und Zehntausende römischer Soldaten geraten in persische Gefangenschaft. Überreste der römischen Streitkräfte werden von Macrianus und Ballista zusammengezogen und besiegen das Heer Schapurs. Die jüngeren Macriani werden zu Kaisern ausgerufen, aber von Gallienus' Armee in Thrakien und von Odaenathus von Palmyra in Syrien besiegt (261). Palmyra beherrscht danach die östlichen Provinzen und bildet einen quasi autonomen Bestandteil des römischen Reiches in Syrien, Arabien und Ägypten (267-72).

258-60 Gallienus besiegt die Alamannen; sein Sohn, Saloninus, wird in Colonia getötet, und Postumus bildet ein unabhängiges gallisches Kaiserreich in Gallien, Germanien, Britannien und Spanien (es bestand von 259 bis 274).

268 Gallienus besiegt die Goten, wird aber Opfer einer Verschwörung seiner Offiziere, darunter Claudius und Aurelian. Claudius wird Kaiser.

269 Claudius vernichtet die gotischen Invasoren bei Naissus; stirbt an der Pest (270).

270-75 Aurelian wird Kaiser. Er besiegt die Juthungen, Lasen und Goten (270-71) und fährt mit den Kämpfen fort, um das palmyrenische und das gallische Kaiserreich sowie die Karpen zu schlagen (272-74). Er wird aufgrund einer Verschwörung an seinem Hof ermordet, während er einen Angriff auf Persien plant.

276-82 Probus wird schließlich Kaiser. Er schlägt die Alamannen und Franken aus Gallien zurück und die Burgunden und Vandalen aus Raetia (277-80). Er bekämpft Räuberstämme und Nomaden in Asien und Ägypten (280-81). Auf Betreiben seines Prätorianerpräfekten Carus wird er ermordet.

282-84 Carus fällt in Persien ein und erobert Ktesiphon, wird aber angeblich durch einen Blitzschlag getötet, als er versucht, über die Stadt hinaus vorzudringen. Sein Sohn Carinus stirbt unter rätselhaften Umständen, als sich die Armee auf römisches Gebiet zurückzieht. Diocles, der Kommandeur der Leibwachen, wird zum Kaiser ausgerufen.

285 Diocles besiegt Numerian, einen Sohn des Carus, in der Schlacht am Margus. Er nimmt den Namen Diokletian an und die Stabilisierung des römischen Reiches beginnt.

Die Bildung neuer Legionen 161-284 n. Chr.

Als Mark Aurel und sein Mitkaiser Lucius Verus 161 die Macht übernahmen, gab es in der römischen Armee 29 Legionen, aber schon sehr bald erreichte die Kaiser die Nachricht, dass eine Legion, vielleicht die berühmte IX Hispana, in einer Schlacht gegen die Parther vernichtet worden war (Dio, 71.2.1). Die Legion wurde für den darauffolgenden Krieg gegen die Parther (162-66) nicht ersetzt; erst 165 stellte Mark Aurel neue Legionen, die II und III Italica, auf, um der bevorstehenden Bedrohung durch die Germanen an den Grenzen im Norden zu begegnen (Dio, 55.24.5).

Die neuen Legionen der hier behandelten Periode wurden durch die Wehrpflicht ausgehoben, obwohl sich auch eine Anzahl Freiwilliger von der Aussicht auf gute Bezahlung und Beförderungen angezogen fühlte. Dieses Verfahren war als *dilectus* oder Einberufung bekannt. Von *dilectus* in Norditalien wird im Zusammenhang mit der Bildung der Legionen II und III Italica berichtet. Die Zahl der Legionen blieb auf 30 beschränkt, bis Septimius Severus um 194 die drei parthischen Legionen aushob. Die

Legionen I und III Parthica wurden vermutlich aus der Masse syrischer Rekruten gebildet, die Pescennius Niger ausgehoben hatte und die nach seiner Niederlage 194 weder eine Einheit noch einen Verwendungszweck hatten (Kennedy 1987). Die berühmteste Legion, die II Parthica, wurde schon 193, teilweise durch Einberufungen in Italien, aufgestellt (siehe Herodian, 2.14.5-7). Inschriften, die auf Einberufungen in Norditalien hinweisen, die unter Alexander Severus und Maximinus (ca. 231-38) durchgeführt wurden, könnten sich auf die Aushebung der Legion IV Italica beziehen, aber es ist umstritten, ob diese Legion vor dem Ende des 3. Jahrhunderts gebildet wurde (Brunt 1974). Es mag Tradition gewesen sein, neue Legionen in Italien auszuheben, aber von dort kamen nach dem ersten nachchristlichen Jahrhundert nur sehr wenige Rekruten für bereits eingeführte Legionen (Mann, 1963 & 1999). Die Legion II Parthica bildete eine Ausnahme wegen der beträchtlichen Zahl an italischen Soldaten in ihren Reihen, aber dies lag daran, dass sie in Italien stationiert war. Legionen, die schon lange in den Provinzen stationiert waren, griffen stark auf die Bevölkerung vor Ort, manchmal über die Grenzen hinaus, zurück.

Herodians Beschreibung vom Besuch Caracallas in Alexandria im Jahr 215 illustriert, wie ein *dilectus* durchgeführt wurde:

> [Er] ließ durch ein Edikt die gesamte männliche Jugend auf einem freien Platz zusammenkommen, weil er, wie er angab, zu Ehren Alexanders [des Großen] eine Ehrenformation (Phalanx) aufstellen wolle [...]. Er ließ die jungen Männer allesamt in Reihen antreten, damit er hindurchgehen und jeden einzelnen inspizieren könne, wie geeignet er nach Alter, Körpergröße und Heerestauglichkeit sei. (Herodian, 4.9.4-5)

Herodian berichtet weiter, dass Caracallas Aushebung in Alexandria nichts weiter als eine List gewesen sei, um die jungen Männer der Stadt alle auf einem Platz zu versammeln und sie dort niederzumetzeln. Die

OBEN LINKS: **Grabstein von Vitalis, einem Germanen, der aus der Legion I Minerva in die Prätorianergarde versetzt wurde. Er starb ca. 217. Er ist bewaffnet mit einem beschwerten *pilum* mit gebundenem Schaft und einem Schwert mit Adlergriff, vielleicht ein Geschenk des Kaisers. (Museo Archeologico, Fiesole; Steven D.P. Richardson)**

OBEN RECHTS: **Grabstein von Aurelius Iustinus, einem Soldaten der Legion II Italica, der auf einem Feldzug gegen die Daker im 3. Jahrhundert n. Chr. getötet wurde. Sein beschwertes *pilum* und der ovale Schild (man beachte die Verstärkungsleiste in der Mitte) sind über den Rücken geschlungen. (Mit freundlicher Genehmigung des Regionalmuseums in Celje, Slowenien)**

OBEN: **Relieftafel auf dem stark erodierten Septimius-Severus-Bogen in Rom (ca. 203), auf der zu sehen ist, wie ein Rammbock benutzt wird, um die Mauern von Ktesiphon zu stürmen, während ein *testudo* auf die Stadt vorrückt (197). Oben ist dargestellt, wie Kaiser Septimius Severus zu seinen Soldaten spricht. (Sammlung des Autors)**

RECHTS: **Legions-Antoninian des Gallienus (ca. 259-60) mit einer Darstellung des Storch-Emblems der Legion III Italica. (Hunter Coin Cabinet, Universität Glasgow)**

Alexandriner hätten Caracalla offenbar zur Zielscheibe zahlreicher Witze gemacht und er habe auf Rache gesonnen. Was tatsächlich in Alexandria geschah, ist ungewiss, aber eine Inschrift, die von einem Zenturio der Legion II Parthica verfasst wurde, bringt seinen Dank dafür zum Ausdruck, dass er „die Alexandrinischen Gefahren" überlebt habe (Bruun 1995). Es gab mit Sicherheit schwere Straßenkämpfe in der Stadt, die vielleicht entstanden, als unwillige Wehrdienstpflichtige randalierten, aber die gegen Caracalla gerichteten Beleidigungen verschleiern vielleicht auch eine tatsächliche Rebellion in der Stadt während der Abwesenheit ihrer Legion, der II Traiana, im Jahr 213:

> Quintus Iulius Primus, *imaginifer*-Soldat der Legion II Traiana Germanica Fortis [mutig] Antoniniana, diente 22 Jahre, wurde in Africa in Theveste geboren, aus der Legion III Augusta Pia Vindex [treu und rächend] versetzt, lebte 45 Jahre. Aurelia Dioscurus hat dies für ihren geliebten Ehemann anfertigen lassen. (*ILS* 2319)

OBEN LINKS: **Legions-Antoninian des Gallienus (ca. 259-60) mit der Abbildung des Zentauren-Emblems der Legion II Parthica. (Hunter Coin Cabinet, Universität Glasgow)**

OBEN RECHTS: **Denar des Septimius Severus zur Erinnerung an die Rolle der Legion XIV Gemina bei Severus' erfolgreichem Marsch auf Rom im Jahr 193 n. Chr. Das Feldzeichen mit dem Legionsadler wird von zwei Zenturienfeldzeichen flankiert. (Hunter Coin Cabinet, Universität Glasgow)**

Primus war ein *imaginifer*, ein Feldzeichenträger, der den Soldaten das Bildnis des Kaisers präsentierte. Der Legion II Traiana wurde von Caracalla der Beiname *Germanica* als Kampfauszeichnung für den Dienst gegen die Cenni, einen germanischen Stamm, verliehen (213). Die II Traiana war die einzige Legion, die während des Krieges ausgezeichnet wurde und muss daher in der Schlacht Außergewöhnliches geleistet haben. Der zweite Beiname der Legion, *Antoniniana,* war von dem offiziellen Namen Caracallas, Antoninianus, abgeleitet und bedeutet im Wesentlichen „Eigentum des Antoninian". Iulius Primus war versetzt worden aus der numidischen Legion III Augusta, deren Beiname *Pia Vindex* (treu und rächend) ihr von Septimius Severus verliehen worden war, als sie im Jahr 193 seinen Griff nach der Macht unterstützt hatte. Primus' Versetzung kann entweder vor dem Krieg erfolgt sein, um die Einheit auf die nötige Kampfstärke zu bringen, oder während des Krieges, falls die III Augusta auch Soldaten für die Feldarmee bereitstellte, oder aber nach dem Krieg, um erlittene Verluste wieder auszugleichen. Es ist wahrscheinlich, dass alle neuen Legionen um derartige Kader aus ausgebildeten Legionären herum aufgebaut wurden, die man aus anderen Einheiten versetzte. Zenturionenveteranen wurden sicherlich zur Führung und zum Training dieser neuen Formationen abkommandiert.

Die Armee bevorzugte normalerweise Rekruten aus der Landbevölkerung, weil diese an schwere Arbeit und harte Bedingungen viel besser gewöhnt waren, als Stadtbewohner wie die Alexandriner (vgl. Vegetius, *Epitoma,* 1.3). Es war die provinzielle und mehrheitlich bäuerliche Herkunft der Legionäre, weswegen auf dem Grabstein eines prätorianischen Zenturionen gespöttelt wird, er habe „treu eine Zenturie in einer Prätorianerkohorte, nicht in einer unzivilisierten Legion, befehligt" (*ILS* 2671; Keppie 1997, 99). Aber am Ende waren es die Legionäre, die zuletzt lachten. Im Jahr 193 entließ Septimius Severus die gesamte Prätorianergarde unehrenhaft und bildete eine neue aus Soldaten, die aus den Legionen abgezogen wurden (Dio, 74.2.3-6; Heriodian, 2.14.5).

Die äußere Erscheinung und die Manieren dieser bäuerlichen Soldaten schockierten den Senator Dio. An die vergleichsweise kultivierten Prätorianer gewöhnt, berichtet er, dass die pannonischen Legionäre, die mit Septimius Severus 193 in Rom einzogen „wild zum Ansehen, gräulich zum Hören und roh von Sitten waren", aber er gab zu, dass sie die bei weitem besseren Soldaten seien (Dio, 74.2.3-6).

Belege auf Grabsteinen deuten darauf hin, dass die meisten Legionäre im Alter zwischen 17 und 23 Jahren in die Armee eintraten, aber auch ältere und jüngere Rekruten waren nicht unüblich.

Vegetius gibt an, dass die ideale Größe eines Legionärs 6 römische Fuß (1,77 m) betrug. Er fügt hinzu, dass die Legionäre der ersten Kohorte mindestens 5 römische Fuß und 10 Zoll (1,72 m) groß sein sollten (Vegetius, *Epitoma,* 1.5). Seine Zahlen werden ergänzt durch die Skelette zweier Soldaten, die in einem Doppelgrab in Canterbury (etwa aus dem Jahr 200) gefunden wurden. Einer von ihnen war circa 30 Jahre alt und maß 1,73 m, der andere war ungefähr 20 Jahre alt und ca. 1,81 m groß. Sein Skelett war besser erhalten und ließ erkennen, dass er sehr muskulös gewesen sein muss. Die Soldaten wurden offenbar ermordet (Bennett et al. 1982, 46, 191).

Dienstbedingungen in den Legionen

Länge der Dienstzeit

In der Mitte des ersten Jahrhunderts nach Christus wurde die Dienstzeit in den Legionen auf 25 Jahre festgelegt. Da aber in der Praxis Entlassungen nur alle zwei Jahre und nicht jährlich stattfanden, dienten ungefähr die Hälfte der Soldaten 26 Jahre, bevor sie die *honesta missio* (die ehrenhafte Entlassung) erhielten. Diese Praxis galt auch noch unter der Regierung von Mark Aurel (161-80), aber in der frühen Regierungszeit des Septimius Severus (193-211) wurden jährliche Entlassungen eingeführt, und nun dienten alle Soldaten 26 Jahre lang.

Soldaten der Legion II Parthica wurden im Jahr 244 immer noch nach 26 Jahren entlassen (*AE* 1981, 134), aber dieser Zeitpunkt markiert den Regierungsantritt von Kaiser Philippus und den Beginn einer 40jährigen Periode fortwährender Kriege gegen Feinde von außen wie auch Bürgerkriege, in der Soldaten weit länger als gewöhnlich im Dienst behalten wurden. Infolgedessen findet sich in der Regierungszeit von Kaiser Aurelian (270-75) ein Soldat namens Aurelius Iulianus, der in der Legion II Parthica 33 Jahre lang gedient hatte (*AE* 1975, 171). Er wurde vermutlich unter Gordian III. für den Persischen Krieg von 242-244 rekrutiert.

Besoldung

„Wenn ein Soldat eingekleidet, gepanzert und beschuht ist, einen vollen Bauch und etwas Geld im Beutel hat, braucht man ihn nicht zu fürchten." (Historia Augusta, *Severus Alexander,* 52.3)

Septimius Severus war seit Domitian (81-96) der erste Kaiser, der den Militärsold erhöhte. Unter Domitian betrug der jährliche Grundsold 300 Silber-*denarii,* die in vier Raten gezahlt wurden. Unteroffiziere (*principales*) wie *tesserarii* (Parolenträger) erhielten die anderthalbfache Bezahlung. Der ranghöhere *optio* wie auch der *signifer* waren *duplicarii,* das heißt, dass sie den doppelten Sold und doppelte Zuteilungen erhielten. Severus erhöhte im Jahr 197 zur Feier seines Sieges über Clodius Albinus bei Lugdunum den Sold für alle Soldaten. Die Steigerungsrate ist nicht bekannt, aber es wird angenommen, dass es sich um 50 Prozent handelte, sodass der Grundsold auf 450 *denarii* angestiegen wäre. Dies war eine große Summe, aber es ist schwer, sie mit heutigen Beträgen zu vergleichen. Auf jeden Fall lässt sich jedoch sagen, dass der Soldat im Gegensatz zur Mehrheit der Bewohner des Kaiserreichs, die am Existenzminimum lebten, normalerweise genug Geld hatte, um seine Familie zu unterhalten und Luxusgüter oder sogar Sklaven zu kaufen. Sein Sold wurde überdies aufgebessert durch *donativa,* Geschenke in Form von Gold- und Silbermünzen oder ungemünztem Gold und Silber sowie in Form von Verpflegung und Kleidung. Donativa wurden beispielsweise zum Regierungsantritt eines Kaisers oder anstelle von Kriegsbeute nach einer Schlacht ausgegeben. Caracalla verdoppelte den Sold auf 900 *denarii* und setzte damit die Reichsfinanzen einer starken

Relieftafeln auf dem 315 fertiggestellten Konstantinsbogen, die ursprünglich von einem nach 176 errichteten Siegesmonument Mark Aurels stammen und hier wiederverwendet wurden. Die zweite Tafel zeigt Mark Aurel (dessen Kopf durch den Konstantins ersetzt wurde), der zu Legionären und Prätorianern spricht. (Sammlung des Autors)

Belastung aus. Als dann Macrinus und Severus Alexander versuchten, das Einkommen auf das Niveau zurückzufahren, das unter Septimius Severus gegolten hatte, führte dies zu Unfrieden und Aufruhr. Als Maximinus 235 die Macht ergriff, verdoppelte er offenbar den Sold auf 1.800 *denarii.* Im 3. Jahrhundert nahm die Inflation jedoch dermaßen überhand, dass die Erhöhung möglicherweise nicht so groß war, wie sie auf den ersten Blick erscheint. Caracalla hatte eine neue Münze eingeführt, den *antoninianus,* der einen Nennwert von zwei *denarii* besaß, dessen Silbergehalt jedoch nur circa anderthalb denarii entsprach. Um die Mitte des 3. Jahrhunderts sank der Silbergehalt so dramatisch, dass einige antoniniani aus der Regierungszeit des Gallienus (260-68) bloß noch aus unedlem Metall ohne jeden Silberanteil bestanden. Da das Münzgeld quasi wertlos wurde, bauten die Soldaten zunehmend auf ungemünztes Edelmetall und Verpflegung als *donativa* (Speidel, M.A., 1992; Alston 1994).

Legionäre erhielten darüber hinaus am Ende ihrer Dienstzeit eine pauschale Summe, die als *praemia* bekannt ist und vermutlich einem Betrag von zehn bis zwölf Jahreseinkommen entsprach.

Grundlegende Organisation und Kommando

Während der gesamten hier besprochenen Periode bestand eine Legion aus zehn Kohorten. Die Kohorten II-X setzten sich aus je sechs Zenturien zusammen, die jeweils 80 Mann umfassten, sodass eine Kohorte 480 Mann stark war. Die Kohorte I bestand aus nur fünf Zenturien, aber diese hatten die doppelte Stärke, sodass sie insgesamt 800 Legionäre umfasste. Einzig die Legion II Parthica hatte sechs Zenturien in ihrer ersten Kohorte, aber es ist nicht sicher, ob diese ebenfalls die doppelte Stärke aufwiesen. Mit zusätzlich 120 Kavalleristen betrug die Höchststärke einer Legion 5.240 Soldaten.

Zenturien und Zenturionen

Jede Zenturie wurde von einem Zenturio befehligt. Die Zenturien in jeder Kohorte waren in drei Paare aus *prior* (Front) und *posterior* (hinterer Teil) aufgeteilt und in die Klassen *pili, principes* und *hastati* eingeteilt. Der *prior*-Zenturio stand im Rang über dem *posterior*-Zenturio. *Pili*-Zenturionen waren die ranghöchsten in der Kohorte, gefolgt von den *principes* und danach den *hastati.* Keine Kohorte besaß einen Befehlshaber, der das Gesamtkommando hatte, sie waren einfach taktische Zenturienverbünde. Faktisch erinnern die Titel der kaiserlichen Zenturionen an die dreifachen Schlachtlinien der republikanischen Legion:

1	*pilus prior* *pilus posterior*
2	*princeps prior* *princeps posterior*
3	*hastatus prior* *hastatus posterior*

Dies deutet darauf hin, dass die Titel der Zenturionen immer noch ihre taktische Bedeutung besaßen und sogar im frühen 4. Jahrhundert noch offenkundig waren (z.B. *ILS* 2332). Die sechs Zenturien der Kohorte konnten sich in der Schlacht sechs Reihen tief formieren, wobei die *posterior*-Zenturien die *prior*-Zenturien unterstützten. Dies war quasi eine dreifache Schlachtlinie, in der die zweite Linie aus *principes* die *pili* bei Bedarf ablöste oder verstärkte und die dritte Linie aus *hastati* als Reserve fungieren oder Manöver an den Flügeln ausführen konnte. Üblicher war es, dass die Kohorte sich in einer Linie aus zwei Zenturien aufstellte, wobei die *prior*-Zenturie von der posterior-Zenturie unterstützt wurde. Derartige Linien waren nicht durchgängig. Es gab Zwischenräume zwischen den Zenturien und beträchtliche Abstände zwischen den Kohorten – zugunsten des Zusammenhaltes in den einzelnen Einheiten wie auch um das Vorrücken der Verstärkung an die Frontlinie zu erleichtern (Speidel, M.P., 1992a RL, 7-9, 46-50).

Die einzigen Zenturionen, die einen eindeutig übergeordneten Rang in der Legion einnahmen, waren die der ersten Kohorte, die *primi ordines* („die aus der ersten Reihe") genannt wurden. Es gab nur fünf *primi ordines,* weil es, außer in dem einzigartigen Fall der Legion II Parthica, keinen *pilus posterior* gab (AE 1993, 1588). Der *primus pilus* (erster Wurfspeer/Spieß) war der ranghöchste der *primi ordines.* Seine Position war der selten erreichte Höhepunkt einer Zenturionenlaufbahn und man hatte sie nur für ein Jahr inne. In der Zenturie des *primus pilus* befand sich der *aquilifer,* der ranghöchste Feldzeichenträger, der die Adlerstandarte (*aquila*) trug, in der der *genius* (Schutzgeist) der Legion wohnte, welcher für die Identität und die Moral der Einheit wesentliche Bedeutung hatte. Trotz des Status des *primus pilus* gibt es keinen Beleg dafür, dass er den Oberbefehl über die erste Kohorte besaß, und gegen Ende des 3. Jahrhunderts war er faktisch von seinem Kommando entbunden.

Ab 213 ist von einer Steuer die Rede, die nach dem *primus pilus* benannt war und mit der Versorgung der Armee in Verbindung stand. Die Verwaltung der Eintreibung dieser Steuer wurde zu einer immer wichtigeren Aufgabe des Hauptzenturionen, aber er blieb bis in die frühen 250er Jahre ein kämpfender Soldat.

Im Jahr 253 war Sattonius Iucundus *primus pilus* der Legion III Augusta. Die Legion wurde 238-39 entlassen, weil sie Maximinus gegen die Gordiane unterstützt hatte, aber als dies geschah, diente Iucundus mit einer Abkommandierung der Legion in Europa, und während der nächsten 14 oder 15 Jahre kämpfte seine gestrandete Einheit gegen Germanen und Goten. Die Legion wurde im Jahr 253 mit Iucundus als erstem *primus pilus* neu gebildet. Bei seinem Ausscheiden weihte Iucundus dem „mächtigsten Kriegsgott“ eine Statue – ein Hinweis auf die zahllosen Kriegshandlungen, die er erlebt hatte. Außerdem bettete er seine *vitis* – den Rebstock des Zenturionen, der ein altes Rangabzeichen darstellte – im Adlerschrein zur ewigen Ruhe (*ILS* 2296). Nur wenige Jahre später kümmerten sich die Nachfolger Iucundus' in der III Augusta in erster Linie um die Sicherstellung der Versorgung der Legion, und 286 war der Rang eines *primus pilus* erblich geworden, sodass er auf Söhne überging, die nicht einmal Soldaten waren. Mit dem Ende des *primus pilus* als Kommandeur hörten auch die *primi ordines* auf zu bestehen, und die Kohorte I unterschied sich nicht länger von den Kohorten II-X (Cooper 1968, 290-39). So erlangte also Iucundus' Darbringung seiner *vitis* die Bedeutung eines Lebewohls für eine alte Militärkaste.

Der Zenturio wurde von einer Anzahl von Unteroffizieren unterstützt. Der *signifer* (Feldzeichenträger) trug das Feldzeichen, dem die Soldaten in die Schlacht folgten, gab visuelle Befehle weiter und fungierte als Sammelpunkt. Der *optio* war der Stellvertreter des Zenturionen, der in der Schlacht die Ordnung von hinten aufrechterhielt, indem er seinen Stab benutzte, um die Soldaten in die Linie zurückzuschieben. Er übernahm das Kommando, wenn der Zenturio getötet wurde. Der *cornicen* oder *bucinator* (Trompeter) gab Kommandos des Generals an die Zenturie weiter. Der tesserarius (Parolenträger) organisierte die Wachdienste und unterstützte in der Schlacht den optio.

Zenturionen kämpften an der Front und es waren stets hohe Verlustzahlen unter ihnen zu beklagen:

> An die Geister der Verstorbenen. Gratius Artilleus [und] Clodius Glamosus, Zenturionen der Legion VIII Augusta, getötet im Serdika-Krieg. Die schola [Gemeinschaft] der Zenturionen der oben genannten Legion [errichtete dies] für ihre verdienstvollen Kollegen. (nach Sasel 1961, 4)

Artilleus und Glamosus dienten in der Feldarmee des Gallienus, als diese im Jahr 216 in der Nähe von Serdika (Sofia, Bulgarien) auf die Streitkräfte des Usurpators Fulvius Macrianus stieß und diese besiegte. Der ungewöhnliche Ausgang der Schlacht hebt die essentielle Funktion des Feldzeichenträgers und seinen Einfluss auf die Soldaten hervor:

> Und so sandte der Kaiser [Gallienus] Aureolus und auch andere Generäle gegen Macrinus [den älteren Macrianus] und seinen Sohn Macrianus. Und als sie in der Schlacht aufeinander trafen, kreisten sie sie ein und töteten einige; andere verschonten sie, da sie zu ihrer Sippe gehörten, und sie hofften, dass die Verschonten zum Kaiser überlaufen würden. Sie gaben jedoch zunächst nicht nach; aber schließlich liefen alle zum Kaiser über, wegen eines Ungeschicks. Denn als sie sich im Gehen befanden, hielten die Männer, die die Kommandeure umgaben, ihre Feldzeichen aufrecht: einer von jenen jedoch, die die Feldzeichen trugen, verhedderte sich und fiel, während sie marschierten, und sein Feldzeichen ging nach unten. Und all die übrigen, die Feldzeichen trugen, sahen das abgesenkte Feldzeichen und wussten nicht, warum es gesenkt war; sie nahmen an, dass der Mann, der es hielt, es absichtlich gesenkt hatte, weil er die Seiten wechselte, zum Kaiser [Gallienus]. Und stehenden Fußes ließen sie ebenfalls alle die Feldzeichen sin-

Legions-Antoninian des Gallienus zur Erinnerung an die Rolle der Legion VIII Augusta in seiner Feldarmee. Die Münze zeigt das Stier-Emblem der Legion. (Hunter Coin Cabinet, Universität Glasgow)

LINKS: **Detail des großen Ludovisischen Schlachtsarkophags, ca. 260. Von oben nach unten: ein *cornicen* (Trompeter) – man beachte seine Bärenfellmütze und den mit einem Ring geschlossenen Gürtel; darunter der Feldzeichenträger, dessen Feldzeichen von zwei geöffneten Händen gekrönt ist, was möglicherweise auf eine Zenturie doppelter Größe hinweist. Sein Panzer ist das beste römische bildhauerische Beispiel für einen Kettenpanzer; ganz unten ein Infanteriesoldat, der im Begriff ist, mit seinem Schwert zuzustoßen. (Im Palazzo Altemps, Museo Nazionale Romano, Rom; Sammlung des Autors)**

RECHTS: **Legions-Antoninian des Gallienus (ca. 259-60) mit der Abbildung des Löwen-Emblems der Legion IV Flavia. (Hunter Coin Cabinet, Universität Glasgow)**

ken und schleuderten sie zu Boden und jubelten Gallienus zu, nur die Pannonier waren bei Macrinus geblieben. Dann, als auch sie die Seiten wechseln wollten, verlangte Macrinus, dass sie sich nicht ergeben sollten, sondern sie sich zuerst töten und auf diese Weise zum Kaiser gehen sollten. Und nachdem die Pannonier dies getan hatten, lieferten sie sich selbst aus. (Zonaras, 12.24, nach einer Übersetzung von Kathleen McLaughlin)

Der dritte wichtige Unteroffizier war der *optio*. Wenn der Zenturio getötet oder kampfunfähig wurde, verließ der *optio* seine Position hinter der Zenturie und übernahm das Kommando. Dann war der *tesserarius* für die Aufrechterhaltung der Ordnung in den hinteren Reihen allein verantwortlich und schob Soldaten, die aus der Reihe traten, mit seinem Stab zurück. Durch die Übernahme des Kommandos wurde der optio zu einem Hauptziel der feindlichen Angriffe und entsprechend hoch war die Zahl der Opfer unter den *optiones*. Die Inschrift auf dem Grabstein von Aelius Septimus, einem *optio* der Legion I Adiutrix, berichtet, dass er in der Schlacht getötet wurde; der Name des Feindes ist verlorengegangen (*CIL* III, 4310). Auf dem Grabstein zeigt ein Relief Septimus in der Schlacht mit gezogenem Schwert und erhobenem Schild auf der exponierten rechten Seite der Schlachtlinie, vor ihm liegen Barbaren am Boden. Er wurde also vermutlich getötet, nachdem er den Befehl über die Zenturie übernommen hatte (Mócsy 1974, Abb. 12b).

Kavallerie und *comitatus*

Die Legion hatte 120 Berittene (*equites*), die als Leibwachen des Feldherrn wie auch als Boten und Kundschafter eingesetzt wurden. Die Zahl der Kavalleristen je Legion ist möglicherweise im Laufe des 3. Jahrhunderts gestiegen. Allein unter der Regierung von Gallienus (260-68) wurden viele von ihnen abgestellt, um *promoti* genannte Eliteeinheiten in seinem comitatus zu bilden. Der *comitatus* war eine mobile Feldarmee, die unter dem direkten Befehl des Kaisers stand und dessen Kern die Prätorianer, Teile

OBEN LINKS: **Legions-Antoninian des Gallienus mit dem Stier-Emblem der Legion X Gemina. (Hunter Coin Cabinet, Universität Glasgow)**

OBEN RECHTS: **Legions-Antoninian des Gallienus mit dem Pegasus-Emblem der Legion II Adiutrix. (Hunter Coin Cabinet, Universität Glasgow)**

der Legion II Parthica und andere Gardeeinheiten bildeten. Gallienus fügte Einheiten hinzu, die er aus den Legionen abzog und die eine wichtige zentrale Reserve bildeten, welche nicht für die Frontverteidigung bestimmt war, sondern schnell eingesetzt werden konnte, um Invasoren und Usurpatoren zu bekämpfen.

Praefectus legionis

Vom Anfang der hier behandelten Periode bis ungefähr 260 wurden die meisten Legionen von einem senatorischen Beamten, dem Legaten (*legatus*), befehligt (*RL,* 8). Die Legion II Traiana, die in der Nähe von Alexandria stationiert war, wurde im Unterschied dazu von einem Präfekten (*praefectus*), einem ehemaligen *primus pilus,* kommandiert, der in den Ritterstand befördert worden war. Die drei parthischen Legionen standen ebenfalls unter dem Befehl von Reiterpräfekten, also Berufssoldaten wie Licinius Hierocletus, der die Legion II Parthica in der frühen Regierungszeit des Severus Alexander (vor 227) kommandierte. Vor seiner Beförderung in die II Parthica war er zweimal *primus pilus* gewesen, hatte eine der Stadtkohorten (die paramilitärische Polizei Roms) kommandiert und 216-18 eine Elite-Auxiliareinheit aus mauretanischer Infanterie und Kavallerie gegen die Parther angeführt (*ILS* 1356). Einer seiner Vorgänger, Aelius Triccianus, war einer der pannonischen Legionen (I & II Adiutrix, X & XIV Gemina) als gewöhnlicher Soldat beigetreten, dann in den Stab eines Provinzstatthalters befördert worden und hatte schließlich die Aufgabe erhalten, im Jahr 216/17 die II Parthica gegen die Parther zu befehligen (Dio, 78.13.3-4).

Zwischen 260 und 268 erließ Gallienus ein Edikt, das Senatoren von Militärkommandos ausschloss (Aurelius Victor, *De Caesaribus,* 33). Am Ende des 3. Jahrhunderts wurden alle Legionen von Berufspräfekten befehligt.

Tribunen

Bis zur Mitte des 3. Jahrhunderts hatte der Legat oder der Präfekt sechs Tribunen in seinem Stab, die im Rang über den Zentrurionen standen, aber normalerweise mit administrativen Aufgaben befasst waren und kein ständiges Kommando über die Kohorten hielten. Der Legat hatte einen tribunus laticlavius (also einen Tribun, der einen breiten Streifen trug, welcher auf seine senatorischen Insignien verwies); dieser war stets noch sehr jung, höchstens Anfang 20, und sollte nach diesem Amt in den Senat eintreten und eine Laufbahn in einer Mischung aus Staats- und Militärdienst beginnen. Aufgrund seines Standes stand er im Rang höher als die übrigen fünf Tribunen von ritterlichem Adel (*tribuni angusticlavii* – mit schmalen Streifen), obwohl diese reife Männer waren und Hilfseinheiten befehligt hatten. Legionen, die von *praefecti* kommandiert wurden, hatten vermutlich sechs *tribuni angusticlavii.*

Ausschließlich im Krieg hatten die Tribunen taktische Kommandogewalt über die Legionäre (Arrian, *Ectaxis Contra Alanos,* 5-6, 24), und dann übernahm auch ihr Verwaltungsstab wieder seine Positionen in der Schlacht:

Legions-Antoninian des Gallienus (ca. 259-60) zur Erinnerung an die Legion XIII Gemina. Diese Münzen wurden zur Feier von drei wichtigen Siegen an die *vexillationes* verteilt, die unter Gallienus in Norditalien gedient hatten. (Hunter Coin Cabinet, Universität Glasgow)

> Aurelius Veteranus, *beneficiarius* [Kanzleigehilfe] des *laticlavius* [Tribunen] der Legion XIII Gemina, getötet in der Schlachtreihe, der 26 Jahre, 7 Monate und 15 Tage lebte. Aurelius Secundianus, *imaginifer* [Feldzeichenträger] der oben genannten Legion, hat diesen Gedenkstein für seinen verdienstvollen Cousin errichten lassen. (*ILS* 2406)

Der Grabstein mit dieser Inschrift wurde in Tortona im Nordwesten Italiens entdeckt, und die Schlacht, in der Veteranus starb, steht möglicherweise in Verbindung mit einem der zahlreichen Einfälle der Barbaren oder einem der Bürgerkriege in der Mitte des 3. Jahrhunderts. Die Inschrift ist beachtenswert, weil sie wahrscheinlich eine der letzten Erwähnungen eines senatorischen Tribunen enthält und darüber hinaus zeigt, dass sogar das Verwaltungspersonal der Legion in der Schlacht seinen Platz einnahm.

Das Edikt des Gallienus schaffte den Rang des senatorischen Tribunen ab, aber auch die tribuni angusticlavii verschwinden um diese Zeit und werden durch praepositi ersetzt, die aus den Rängen aufstiegen.

Vexillationes

Noch unter Mark Aurel, und gelegentlich auch danach, marschierten Legionen vollzählig auf, aber um die Mitte des 3. Jahrhunderts geschah es extrem selten, dass eine ganze Legion ihre Basis in der Provinz verließ, um außerhalb der Provinz zu kämpfen. Für die Dauer des Partherkrieges unter Lucius Verus (162-66) wurden drei Legionen – I Minervia, II Adiutrix und V Macedonica – von Europa in den Osten verlegt. Aber in den darauffolgenden Kriegen gegen die Germanen und Sarmaten (168-80) stellte man viele Legionen nicht als vollständige Truppenkörper, sondern in Detachierungen auf, die nach den *vexilla,* den Fahnenfeldzeichen, unter denen sie marschierten, *vexillationes* genannt wurden. Schon 170 operierten die von Mark Aurel kurz zuvor gegründeten Legionen II und III Italica in *vexillationes* (ein Begriff, der für Abkommandierungen oder Arbeitstrupps jeder Größe stehen konnte). Eine Inschrift aus Solin in Kroatien berichtet von *vexillationes* dieser Legionen – unter Verwendung ihrer Originalbeinamen *Pia* [treu] und *Concordia* [einträchtig] –, die die alte Stadt Salona befestigten, um sie während des Markomannischen Kriegs vor Einfällen der Barbaren zu schützen. Interessanterweise beaufsichtigte ein ranghoher Geheimdienstoffizier (*centurio frumentarius*) aus einer anderen Legion die Bauarbeiten:

> Für den Kaiser Caesar Marcus Aurelius Antoninus Augustus, Pontifex Maximus [haben] im vierundzwanzigsten Jahr seiner tribunizischen Macht, als er zum dritten Mal Konsul war, [die] Abteilungen der Legionen II Pia und III Concordia 200 Fuß [weit eine Mauer

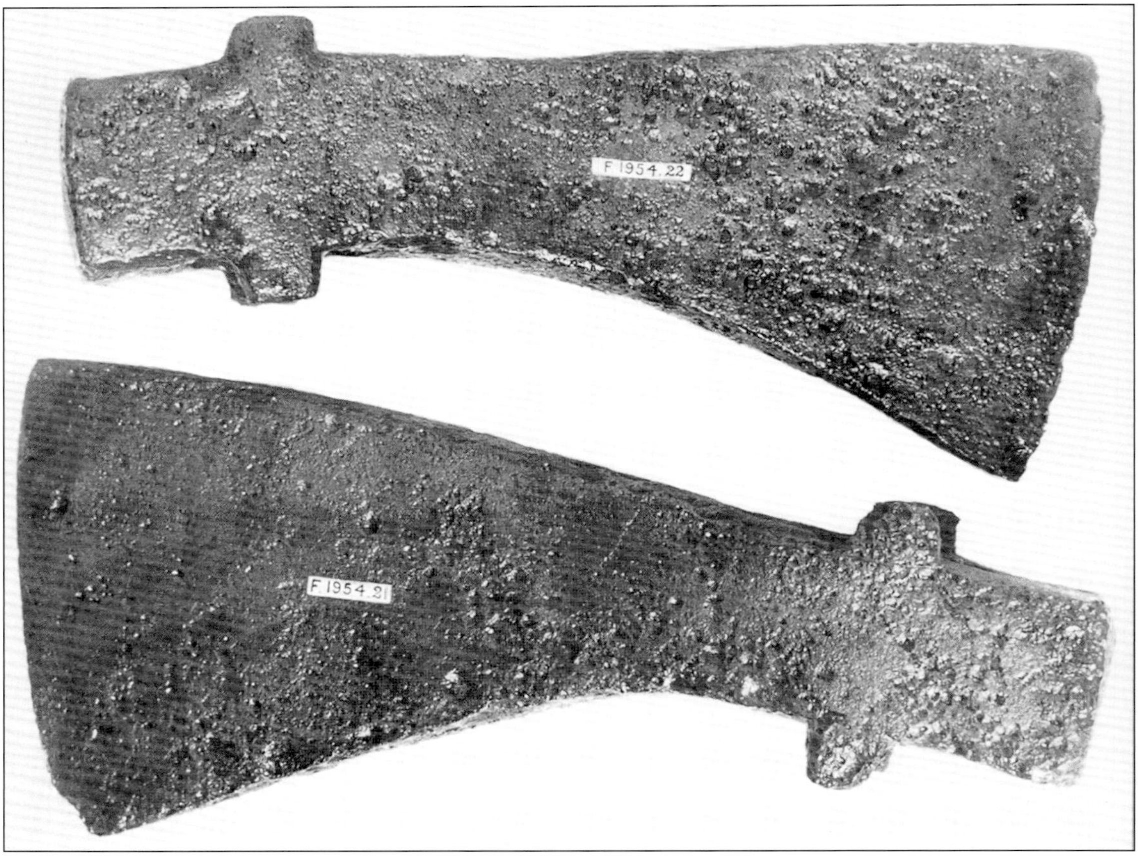

Römische Militäräxte vom Loudoun Hill, Schottland, 1.-2. Jahrhundert. Die Legionäre waren hervorragende Bauarbeiter und arbeiteten in Friedenszeiten häufig an zivilen Bauprojekten. (Hunterian Museum, Universität Glasgow)

erbaut], unter der Aufsicht von Publius Aelius Amyntionus, dem *centurio frumentarius* der Legion II Traiana. (ILS 2287)

Vollständige Legionen kämpften in den Kriegen von Septimius Severus und Caracalla – ein bemerkenswertes Beispiel bildet die II Traiana im Jahr 213, als sie den Beinamen *Germanica* für einen Sieg über die Cenni erlangte –, aber zunehmend bestanden ihre Feldarmeen aus *vexillationes.* Bald wurde die Legion eine Art stehende Reserve, die bei Bedarf von ihrer Basis aus mobile Abordnungen für den Feld- oder Garnisonseinsatz entsandte, ohne ihre Aufgaben im Bereich der Grenzverteidigung oder Provinzkontrolle zu gefährden. In der taktischen Situation, mit der sich das Kaiserreich im 2. und 3. Jahrhundert konfrontiert sah, waren Abordnungen, die im Hinblick auf Geschwindigkeit und Logistik beweglicher waren, nützlicher als komplette Legionen. Zu einer entsprechenden Stärke zusammengezogen, konnten es *vexillationes* mit großen Armeen aufnehmen, oder, wenn man sie auseinander zog, weniger zahlreiche Gegner bekämpfen. Darüber hinaus bildeten sie starke Garnisonen zum Schutz wichtiger Wegkreuzungen, Pässe und Flussübergänge. Dies war eine logische Weiterentwicklung der Praxis, die aus der Etablierung der kaiserlichen Legionen hervorging, und wir sollten uns daran erinnern, dass die Legion niemals wirklich eine taktische Einheit war – dafür war sie einfach zu groß -, sondern vielmehr eine Verwaltungsorganisation darstellte: Die taktischen Truppenkörper waren immer die Kohorten und die Zenturien.

Im Kampf waren *vexillationes* normalerweise aus einer oder zwei Kohorten aufgebaut. Diese behielten ihre reguläre Zenturienorganisation bei und kämpften in Gruppen von *centuriae,* denn die *vexillatio* war praktisch eine Legion im Kleinen. Zusammen mit den Angestellten für Ver-

LINKS: **Schanzwerkzeug und Keilhacken (*dolabrae*) vom Loudoun Hill. Diese Werkzeuge waren für den Bau von Marschlagern sehr wichtig, wurden aber mitunter in der Schlacht auch als Waffen verwendet. (Hunterian Museum, Universität Glasgow)**

waltungsaufgaben und Logistik bestanden derartige Abkommandierungen aus ca. 500 Mann (*quingenaria* = eine Kohorte) oder 1.000 Mann (*milliaria* = zwei Kohorten), die von einem Offizier kommandiert wurden, der den Titel *praepositus* trug (Saxer 1967).

Im frühen 3. Jahrhundert konnte eine *vexillatio,* die Garnisonspflichten in einem abgelegenen Kastell übernahm, damit rechnen, dort für bis zu drei Jahre zu bleiben; der Einsatz im Krieg konnte jedoch bedeutend länger dauern. Einige der Einheiten, die im Partherkrieg 216-18 mitkämpften, waren im Jahr 214 nach Osten marschiert und kehrten erst zwischen 219 und 221 zurück. In den örtlich begrenzten Kriegen des späteren 3. Jahrhunderts waren manche Abkommandierungen so lange im Einsatz, dass sie praktisch unabhängig wurden, und die Überlebenden waren schließlich in Mini-Legionen organisiert, die die Nummern und Namen ihrer Ursprungslegionen trugen. Die alte Legion III Italica bestand beispielsweise im 4. Jahrhundert aus fünf Grenzlegionen in der Provinz Raetia und einer sechsten Elitelegion, die in der mobilen Feldarmee (*comitatenses*) von Illyricum diente (Notitia Dignitatum, *Occidentis,* 35.17-19, 21, 22, 5.237).

OBEN: **Legions-Antoninian des Gallienus mit dem Steinbock-Emblem der Legion XXII Primigenia. Eine Abkommandierung der Legion kämpfte von 258 bis 260 unter Gallienus. (Hunter Coin Cabinet, Universität Glasgow)**

Die letzte traditionell organisierte römische Legion, die als vollständige Einheit kämpfte, war vermutlich die Legion II Parthica im Perserkrieg Gordians III. (242-244). Dies lag daran, dass die Legion mitten in Italien stationiert war und folglich keinen Grenzabschnitt zu verteidigen hatte. Ihr Gründer, Septimius Severus, wollte die Legion für die Verwendung als komplette Einheit in Reserve halten. Sie bildete zusammen mit der 10.000 Mann starken Prätorianergarde den Kern aller kaiserlichen Expeditionskorps, aber um 260 operierte sogar die II Parthica in *vexillationes.* Ab 257-58 dien-

Bronzescheibe zur Erinnerung an die *vexillationes* der Legionen XX Valeria Victrix und II Augusta, die vermutlich als eine kombinierte Einheit von 1.000 Mann unter dem Kommando von Aurelius Cervianus gemeinsam operierten (wahrscheinlich ca. 253-268). Die Herkunft ist unsicher, gefunden wurde sie irgendwo in Frankreich. (Gezeichnet von Steven D.P. Richardson)

ten Detachierungen der II Parthica im *comitatus* gegen die Alamannen in Germanien und Italien (Cooper 1968, 266ff). Später, ca. 260-68, sehen wir, dass Abkommandierungen der II Parthica und der kurz zuvor wiederhergestellten Legion III Augusta eine strategisch wichtige Straße in Makedonien vor den Goten schützen (AE 1934, 193).

Ehefrauen und Konkubinen

Der zunehmende Einsatz von *vexillationes* wurde auch durch einen anderen Faktor entscheidend mitbeeinflusst, und zwar durch die Ehefrauen und Familien der Soldaten. Zu Beginn des hier behandelten Zeitraums hatten sich die Legionen fest in ihren Provinzstützpunkten eingerichtet. Soldaten wurden vor Ort rekrutiert und gingen Beziehungen zu den einheimischen Frauen ein. Im Umfeld der Legionsfestungen entstanden Siedlungen, die *canabae* genannt wurden. Ursprünglich hatten sie nur zur Versorgung der Soldaten – mit Läden, Tavernen und Bordellen – gedient, aber schon bald standen hier auch die Häuser ihrer Angehörigen. Legionäre waren nicht gerne bereit, ihr Zuhause und die Familie zu verlassen, um andernorts zu kämpfen. Der Einsatz von Detachierungen begrenzte die Zahl der Soldaten, die Heim und Familie für ein paar Jahre verlassen mussten. Wie wir jedoch gesehen haben, zogen in der ersten Hälfte des 3. Jahrhunderts einige vollständige Legionen in den Krieg, und die Sorge um weit entfernte Frauen und Kinder führte zu Missstimmung und Meuterei.

Kaiser Augustus (27 v. Chr. bis 14 n. Chr.) verbot Legionären zu heiraten, bis sie aus dem Dienst entlassen wurden. Dies war vielleicht ein Versuch, die Zahl der nicht kämpfenden Begleiter einer Legion zu begrenzen und die Soldaten davor zu bewahren, sich zu sehr an eine bestimmte Region zu binden, für den Fall, dass die militärische Situation es erforderlich machte, sie schnell und dauerhaft an einen anderen Ort zu verlegen. Tacitus sagte, dass Legionären „die Gewohnheit fehlte, Frauen zu heiraten und Kinder großzuziehen" (*Annalen,* 14.27), aber es ist deutlich, dass sie sogar in der Regierungszeit des Augustus beides getan haben. Man sah es zum Beispiel im Jahr 9 n. Chr. als Varus' Heer aus drei Legionen und Hilfstruppen von den Cheruskern, einem mächtigen germanischen Stamm, im Teutoburger Wald in einen Hinterhalt gelockt und vernichtet wurde. Der Historiker Dio beobachtete missbilligend, dass die römische Feldarmee von einer großen Zahl Frauen und Kinder begleitet wurde, aber er bemerkte mit Respekt, dass die Legionäre, die in den Garnisonsfestungen zurückgelassen worden waren, verzweifelt versuchten, ihre Frauen und Kinder zu retten, als sie von den Cheruskern angegriffen wurden (Dio, 66.20.2, 22.2-4).

Erst 197 wurde das Heiratsverbot offiziell aufgehoben. Als Septimius Severus seinen Rivalen Clodius Albinus bei Lugdunum besiegt hatte, belohnte er seine Soldaten mit einer Solderhöhung und besseren Aufstiegschancen und gewährte ihnen das Recht zu heiraten (Herodian, 3.8.4-5). Dennoch versuchten die severischen Kaiser offensichtlich, die Zahl der Frauen und Kinder, die die Armee auf dem Feldzug begleiteten, zu begrenzen. Wenn wir die Grabsteine der Soldaten der Legion II Parthica, die zwischen 216 und 244 in den Kämpfen in im Vorderen Orient starben, näher betrachten, sehen wir, dass gewöhnliche Legionäre von ihren Kameraden begraben wurden, während einige Zenturionen und ranghohe Unteroffiziere von ihren Ehefrauen beerdigt wurden. Oder hier ein umgekehrtes Beispiel:

Legions-Antoninian des Gallienus (ca. 259-60) mit dem Steinbock-Emblem der Legion I Adiutrix. (Hunter Coin Cabinet, Universität Glasgow)

> Für Antonia Cara, die 28 Jahre und 4 Monate lebte. Probius Sanctus, Zenturio der Legion II Parthica ließ dies für seine unvergleichliche und verdiente Ehefrau errichten. (Apamea, *AE* 1993, 1597)

Eine andere, traurige Inschrift auf einem Grabstein aus der Türkei erzählt, dass Flavius Maritimus, Zenturio der II Parthica, am 27. September 244 seinen drei Monate alten Sohn in Knidos, in der Provinz Asia (Türkei) begrub (CIL III, 14403a). Das Datum weist darauf hin, dass sich die Legion nach dem letztendlich vernichtenden Krieg gegen die Perser (siehe unten) auf dem Rückmarsch nach Europa befand.

Diese und andere Inschriften zeigen, dass die Frauen und Kinder der Zenturionen und ihrer ranghohen Unteroffiziere (wie Feldzeichenträger und *optiones*) die Armee in die Nähe der Kampfhandlungen begleiteten. Es gibt jedoch keine Grabsteine von Ehefrauen zum Gedenken an einen Soldaten unterhalb des Ranges eines *tesserarius* (siehe Balty & Van Rengen 1993). Dies weist darauf hin, dass es normalen Legionären nicht erlaubt war, ihre Frauen mitzunehmen. Scheinbar akzeptierten sie dies bis zu einem gewissen Grad und fanden sich damit ab, jahrelang Tausende Meilen von zu Hause entfernt zu sein, aber sie verlangten, dass man ihre Familien beschützte, während sie fort waren. Im Jahr 233 überwinterte Alexander mit der Feldarmee bei Antiochia in Syrien, nachdem er die Perser mit gemischtem Erfolg in Mesopotamien und Medien bekämpft hatte. Als die Nachricht eintraf, die Alamannen hätten die Grenzen von Noricum, Raetia und Obergermanien überschritten, richteten die Soldaten, die aus diesen Provinzen für den Krieg im Osten abgezogen worden waren, ihren Zorn gegen den Kaiser:

Diese Meldungen [...] verursachten den Soldaten aus Illyrien Trauer, weil sie gleich doppelt Unglück zu erleben glaubten, sowohl in dem, was ihnen als Kämpfern gegen die Perser widerfahren war, als auch insofern sie jeweils erfuhren, dass ihre Angehörigen durch die Germanen umkämen. Sie waren daher erbost über Alexander und beschuldigten ihn, dass er die Angelegenheiten des Ostens mit Leichtsinn und Feigheit preisgegeben hatte und dass er hinsichtlich des Nordens zögerte und zauderte. (Herodian, 6.7.3)

Archäologische Funde bestätigen die gewaltsame Zerstörung zahlreicher Auxiliarkastelle in Germanien zu dieser Zeit, obwohl manche Fachleute annehmen, einige davon seien in Wirklichkeit 235 von anderen Römern überfallen worden. Im Jahr 234 war Alexander nach Norden marschiert und in Friedensverhandlungen mit den Alamannen getreten. Dies erzürnte jedoch viele seiner Soldaten, und im März 235 wurde Alexander ermordet und Maximinus, sein Rekrutenpräfekt, zum Kaiser ausgerufen. Maximinus schlug die Alamannen nieder, aber er war bei der Armee nicht allseits beliebt. Teile des Heeres erhoben sich, darunter vielleicht auch die Legion VIII Augusta, deren Festung bei Straßburg möglicherweise von Maximinus belagert und gestürmt worden war. Die Zerstörung einiger Auxiliarkastelle ging vielleicht eher auf Konflikte der Römer untereinander als auf feindliche Überfälle der Barbaren, zurück (Okamura 1996).

Im Frühjahr 238 hatte Maximinus die Germanen, Sarmaten und Karpen erfolgreich bekämpft und bereitete einen Feldzug gegen die Goten von seiner Basis in Pannonien aus vor. Seine Kriege waren jedoch teuer, und die Provinz Africa lehnte sich gegen brutale Steuereintreibungen auf und setzte den Statthalter Gordian und seinen gleichnamigen Sohn als Kaiser ein. Gordian der Jüngere wurde schon bald, in der Schlacht gegen die Legion III Augusta vor Karthago, getötet. Bei der Aussicht, mit einem Angriff der erfahrenen Soldaten konfrontiert zu werden, warfen seine unausgebildeten Rekruten „ihre Ausrüstung fort und rannten los, ohne den Angriff abzuwarten. Sich gegenseitig vorwärts drängend und niedertrampelnd, wurden mehr von der eigenen Seite als vom Feind getötet" (Herodian, 7.9.7). Gordian der Ältere beging Selbstmord. Der Senat in Rom hatte sich gegen den verhassten Soldatenkaiser Maximinus und für Gordian erklärt und setzte seine Auflehnung fort, sogar als die beiden Gordiane besiegt waren. Der Senat wählte zwei Kaiser aus den eigenen Reihen, Pupienus und Balbinus, und organisierte die Verteidigung Italiens. Nach einer schwierigen Überquerung der immer noch winterlichen Alpen, beschloss Maximinus, die nördliche Stadt Aquileia zu stürmen, die mit Truppen des Senats bemannt war, und auf Rom zu marschieren. Aber seinen Soldaten gelang es nicht, die Stadtmauern zu stürmen, und bei der darauffolgenden Belagerung gingen ihnen die Vorräte aus. Die Moral sank und die Legionäre der II Parthica, deren Frauen und Kinder in Albanum praktisch Geiseln des Senats waren, entschieden sich zu handeln, bevor ihre Familien zu schaden kommen würden:

Sesterz, ausgegeben von Maximinus zur Feier seiner Siege im Norden, 236-37. Maximinus und sein Sohn halten eine kleine Siegesstatue über gefangenen, gefesselten Barbaren in die Höhe. Der Soldat auf der rechten Seite trägt ein zylindrisches *scutum*. (Hunter Coin Cabinet, Universität Glasgow)

[...] Als Maximinus in seinem Zelt ruhte und [...] sich die meisten Soldaten in ihre Zelte oder auf die ihnen zur Bewachung zugewiesenen Plätze zurückgezogen hatten, [beschlossen ganz plötzlich] einige Soldaten, deren Standlager in der Nähe Roms am Fuß der Albanerberge lag, wo sie auch Frauen und Kinder zurückgelassen hatten, den

Maximinus zu ermorden, und die langwierige und unabsehbare Belagerung zu beenden [...]. Sie ermannten sich also, um die Mittagszeit zu seinem Zelt zu gehen; dort schlossen sich ihnen auch die wachhabenden Gardisten an, und sie rissen seine Bilder von den Feldzeichen, und als er mit seinem Sohn aus dem Zelt trat, um zu ihnen zu sprechen, ließen sie sich dazu hinreißen, beide umzubringen. Dann ermordeten sie auch den Heerespräfekten und alle seine engeren Gesinnungsfreunde; die Leichen warfen sie für jeden der mochte zur Misshandlung und Schändung hin und ließen sie dann Hunden und Vögeln zum Fraß liegen, doch sandten sie die Köpfe von Maximinus und seinem Sohn nach Rom. (Herodian, 8.5.8-9)

Legions-Antoninian des Gallienus (ca. 259-60), das eines der Embleme der Legion I Italica, hier einen Eber, zeigt. (Hunter Coin Cabinet, Universität Glasgow)

Die Ermordung Maximinus' zeigt, wie weit Legionäre zu gehen bereit waren, um ihre Frauen und Kinder zu beschützen. Es gab in dem Verhältnis von Soldaten zu Frauen jedoch auch eine dunklere Seite. Eine beträchtliche Zahl von „Soldatenfrauen" waren in Wirklichkeit Sklavinnen, die als Dienerinnen oder Konkubinen gekauft worden waren. Ein römischer Dienstherr konnte mit seiner Sklavin ohne ihr Einverständnis Sex haben, und die Sklavin hatte keinerlei Rechtsansprüche, wenn sie irgendwelchen Übergriffen ausgesetzt war. Sogar wenn ein Römer seinen Sklaven tötete, brach er damit nicht das Gesetz. Es geht jedoch aus Inschriften hervor, dass viele Sklavinnen, denen man die Freiheit geschenkt hatte, bei ihren ehemaligen Herren blieben (wenngleich man den Faktor der Abhängigkeit dabei sicher nicht außer Acht lassen darf).

Die Armee hielt sogar Sklavinnen als Prostituierte zur Unterhaltung der Soldaten. Belege aus Dura-Europos legen die Vermutung nahe, dass Soldaten über Militärprostituierte frei verfügen konnten und dass sie in Bordellen, die militärischen Einrichtungen in Syrien angeschlossen waren, reihum gingen (Pollard 2000, 53-4, 188). Das Risiko von Geschlechtskrankheiten und die Gefahren, die mit Abtreibungen und Entbindungen verbunden waren, müssen ihre Lebenserwartung erheblich gesenkt haben.

Elitelegionäre

Die meisten Legionäre gehörten der schweren Infanterie an, sie kämpften in geschlossener Schlachtordnung mit Schwert und schwerem Wurfspeer (*pilum*). Aber die Legionen hatten immer auch Spezialkämpfer. Allerdings wurden diese erst im frühen 3. Jahrhundert mit offiziellen Dienstrângen (und Titeln) anerkannt, und für den größten Teil des Jahrhunderts sind sie nur in einer Legion, der II Parthica, nachzuweisen.

Lanciarii

Seit 1879 haben Inschriftenfunde aus Apamea in Syrien regelmäßig sehr viele wichtige und einzigartige Informationen über die Organisation der Legion II Parthica hervorgebracht. Während der Parther- und Perserkriege von Caracalla, Severus Alexander und Gordian III., hatte die Legion ihr Winterquartier in Apamea, und ihre regelmäßigen Aufenthalte hinterließen eine Fülle von epigraphischen Zeugnissen (Balty & Van Rengen 1993). Nachdem die Stadt in den 250er Jahren von Schapur I. von Persien geplündert worden war, benutzte man zahlreiche Grabsteine von Soldaten der II Parthica, um die Stadtmauern zu verstärken, vor allem für den Turm XV, wo mehr als 130 Inschriften entdeckt wurden. Sie bestätigen nicht nur die Anwesenheit der Legion in Apamea in verschiedenen Perioden, sondern offenbaren auch eine Anzahl neuer Dienstränge, die auf diese Legion beschränkt sind. Der wichtigste davon ist der des *lanciarius*.

Die *lanciarii* der Legion II Parthica werden auf drei Grabsteinen aus der Zeit des Partherkriegs unter Caracalla und Macrinus, 215-18, erwähnt. Die Steine tragen Bildnisse der Verstorbenen, auf denen diese Bündel mit vier oder fünf kleinen *lanceae* halten; diesen leichten Speeren verdanken sie ihren Namen (AE 1993, 1573-75). Die leichten Wurfspeere deuten darauf hin, dass die *lanciarii* wie die früheren *velites* als Plänkler in offener Schlachtordnung auftreten konnten, indem sie vor der Hauptlinie der schweren Infanterie kämpften oder die Intervalle zwischen den Kohorten und Abteilungen vor dem Eindringen der Feinde schützten. Einige der Soldaten, die in der Schlacht bei Nisibis 217 diese Funktion übernahmen, waren mit großer Wahrscheinlichkeit *lanciarii*:

> Mit äußerstem Lärm schreiend, stürmten [die Parther] als Bogenschützen und Reiter gegen die Römer vor. Die Römer aber hatten ihre Schlachtreihen wohlformiert und in fest geschlossenen Reihen aufgestellt, auf beiden Flügeln die Reiter und Mauretanier angeordnet *und die freien Räume* [die Lücken zwischen den Einheiten der schweren Infanterie] *mit leichten Truppen besetzt, die flink und rasch hervorstürmen konnten*; so empfingen sie die Barbaren zur Schlacht. Die Barbaren richteten mit der Menge ihrer Geschosse und den überlangen Speeren der Panzerreiter, die hoch herab von den Pferden und Kamelen die Römer bekämpften und verwundeten, großen Schaden an. Die Römer aber waren ihnen im Nahkampf weit überlegen; als aber die zahlreiche Reiterei und die Menge der Kamele sie belästigten, zogen sie sich zum Schein zurück und warfen Fußangeln und andere eiserne Krampen, die rundum sehr scharfe Spitzen aufwiesen, von sich. Diese verschwanden unter dem lockeren Sand, waren für die Reiter auf Pferden und Kamelen nicht zu sehen und für sie verderblich. Denn wenn die Pferde und vor allem die Kamele mit ihren empfindlichen Hufen darauf traten, lahmten sie und brachen in die Knie, sodass sie die Reiter, die sie trugen, abwarfen. (Herodian, 4.15.1-3)

Lanciarii konnten auch hinter der schweren Infanterie aufgestellt werden, wo sie ihre Kameraden mit Wurfgeschossen unterstützten, die sie über deren Köpfe hinweg schleuderten (Arrian, *Ectaxis Contra Alanos,* 15-18; vgl. Dio 74.7.2).

Frühe *lanciarii*

Die *lanciarii* der Legion II Parthica sind die ersten, die in einer Legion bestätigt werden, aber es sind nicht die ersten, die in der kaiserlichen Armee bekannt sind. Diese Ehre gebührt Soldaten der ala Sebosiana, einer Kavallerieeinheit, die im späten ersten Jahrhundert n. Chr. in Britannien stationiert war. In einem Brief an den Befehlshaber der Einheit nennt der Offizier Docilis die Namen der *lanciarii* in seiner *turma* (Reiterabteilung von 30 Mann), „denen *lanceae* fehlen“. Docilis' Brief zeigt, dass seine berittenen *lanciarii* mit zwei Arten von *lanceae* bewaffnet waren: einer schweren Stichwaffe, d.h. einer Lanze oder einem Spieß (wie es ein heutiger Leser verstehen würde) und zwei *lanceae subarmales,* also kleineren Wurfspeeren (Tomlin 1999). Die *lanciarii* der II Parthica waren eindeutig mit der letztgenannten Waffe ausgestattet.

Obwohl die *lanciarii* der II Parthica die ersten Legionäre sind, die den Dienstgrad tragen, gehörten leichtbewaffnete Soldaten zu jeder Zeit zu einer Legion. Eine Plastik auf einem Säulensockel des Legionshauptquartiers in Mainz aus dem mittleren bis späten 1. Jahrhundert n. Chr. zeigt einen leichtbewaffneten Legionär, der mit drei kurzen Speeren und einem ovalen Schild ausgerüstet ist (*RL*, 26). Auf den anderen Säulenfüßen sind schwerbewaffnete Legionäre mit pila und rechteckigen *scuta* abgebildet, die in geschlossener Ordnung kämpfen (*RL*, 31). Der leichtbewaffnete Legionär jedoch läuft allein nach vorne, was darauf hindeutet, dass er vor der Linie der schweren Infanterie plänkelt. Ebenfalls in Mainz wurde der Grabstein von Flavoleius Cordus aus der Legion XIV Gemina entdeckt, der auf die Zeit vor 43 n. Chr. zurückgeht. Cordus ist mit einem langen, schlanken Speer mit einer Schleuderschlaufe zur Vergrößerung der Reichweite und mit einem großen ovalen Schild anstelle des rechteckigen *scutums* dargestellt. Dies dürfte ihn als Plänkler kennzeichnen, denn der ovale Schild eignete sich besser für den Kampf in offenen Linien (*RL*, 31).

Legions-Antoninian des Gallienus (ca. 259-60), der eines der Embleme der Legion I Italica, hier einen Hippokampus („Seepferd", Meeresungeheuer aus der griech. Mythologie in Form eines Pferdes in der vorderen Hälfte und Fischflossen im hinteren Teil) zeigt. (Hunter Coin Cabinet, Universität Glasgow)

Tacitus deutet in seinem Bericht von der Vernichtung einer Streitmacht der Roxolanen im Jahr 69 n. Chr an, dass Legionäre der III Gallica *lanceae* benutzten. In einem Gefecht, das dem Zeitraum, um den es uns hier geht, näher liegt, nämlich im Jahr 135, war die Hälfte der Soldaten der kappadokischen Legionen XII Fulminata und XV Apollinaris mit *pila*, die andere Hälfte mit *lanceae* ausgerüstet, als sie gegen die schwere Infanterie der Alanen kämpften (Arrian, *Ectaxis Contra Alanos,* 15-18). Diese Aufteilung der Waffen hat sich vielleicht nur für die Taktik dieser bestimmten Schlacht ergeben: eine durchgehende, stehende Schlachtlinie, in der die ersten vier Reihen von Legionären ihre *pila* benutzten, um den angreifenden Alanen eine Mauer aus Spießen zu präsentieren, während die hinteren vier Reihen sie mit ihren *lanceae* bombardierten. Andererseits könnte diese Art der Bewaffnung auch allgemein üblich gewesen sein, denn als dem Satiriker Lucian in den 160er Jahren zwei Wachen aus denselben Legionen zur Verfügung gestellt wurden, um ihn bei seinen offiziellen Aufträgen zu begleiten, war einer der Soldaten nach seinem Bericht mit einer „Pike" (vermutlich einem *pilum*) und der andere mit einer *lancea* bewaffnet (Lucian, *Alexander,* 55).

Interessanterweise beschreibt Dio, dass 185 eine wütende „Delegation" aus 1500 Legionären aus Britannien von Commodus die Erlaubnis erhielt, den immer mächtiger werdenden Prätorianerpräfekten Perennis zu lynchen, den die Soldaten verdächtigten, ein Komplott gegen den Kaiser zu schmieden. Dio bezeichnet die Legionäre als „Speermänner" (Dio, 72.9.2-3). Dass sie von den Legaten Britanniens als „Delegation" ausgewählt wurden, deutet darauf hin, dass sie Elitesoldaten ihrer Legionen waren. Ihre Zahl zeigt an, dass jede Legion mindestens 500 solcher Soldaten besaß, was der Stärke einer Kohorte entsprach. Die Legionäre gehörten möglicherweise den drei *vexillationes* an, die gegen die Deserteure operierten, die von Maternus in Gallien angeführt wurden. Das würde ihren mühelosen Weg nach Rom erklären. Aber Dios Erzählung gestattet es uns vielleicht, die *lanciarii* der II Parthica als Elitetruppe von vermutlich 500 Mann innerhalb der Legion zu betrachten. Zum Schluss zeigt eine Inschrift, auf der von einem Zenturio der Legion III Cyrenaica berichtet wird, der dem Gott Vihansa einen Schild und eine *lancea* weihte, dass Zenturionen genauso ausgestattet sein konnten und möglicherweise Plänkler anführten oder die Unterstützung durch die Wurfspeere aus den hinteren Reihen lenkten (*ILS* 4755).

Lanciarii und die „heilige Gefolgschaft"

Nach ihrem Erscheinen in Apamea in der Zeit von 215 bis 218 werden Legions-*lanciarii* erst im späten 3. Jahrhundert wieder erwähnt. Bekannt sind berittene *lanciarii* in Diokletians neuer Legion I Iovia Scythica (nach 285; *AE* 1981, 777), und im Jahr 300 finden wir eine *vexillatio* aus *lanciarii* der Legion II Traiana und *lanciarii* der Legion III Diocletiana in Ägypten (P. Beatty Panop. II, 285-7, 301). Grabinschriften verzeichnen außerdem eindeutig eine Einheit von *lanciarii,* aus denen Soldaten im späten 3. und frühen 4. Jahrhundert in die Prätorianergarde befördert wurden:

> Den Geistern des Verstorbenen. Valerius Tertius, Soldat der zehnten Prätorianerkohorte, lebte 36 Jahre, drei Monate und 15 Tage. Er diente in der moesischen Legion für 5 Jahre, bei den *lanciarii* für 11 Jahre und bei den Prätorianern für [-] Jahre in der Zenturie des Salvius. (*ILS*, 2045) Marcella ließ dies für Martinus, ihren verdienten Ehemann, errichten, der 38 Jahre lebte. Er diente in der I Minerva für 11 Jahre, in der IX [Claudia] für 4 Jahre, bei den *lanciarii* für 4 Jahre und bei den Prätorianern für 5 Jahre. (*ILS*, 2782)

Tertius und Martinus traten aus einer moesischen Legion (IV Flavia, VII Claudia, I Italica oder XI Claudia), möglicherweise auch aus den *vexillationes,* die vom späten 3. bis zum frühen 4. Jahrhundert in Aquileia im Nordosten Italiens stationiert waren, in eine eigene Einheit von *lanciarii* ein (Speidel, M.P., 1990). Die *lanciarii-Einheit,* in die sie befördert wurden, war keine Spezialeinheit einer Legion, sondern eine neue Gardeeinheit, die in der zweiten Hälfte des 3. Jahrhunderts geschaffen wurde:

> Den Geistern des Verstorbenen. Valerius Thiumpus, der in der Legion XI Claudia diente, wurde zum *lanciarius im sacer* comitatus (heilige Gefolgschaft) auserwählt, diente dann für 5 Jahre als *protector,* wurde entlassen, war für 2 Jahre und 6 Monate Präfekt der Legion II Herculia und starb im Alter von 45 Jahren. (*ILS*, 2781)

Thiumpus, der ursprünglich in einer moesischen Legion diente, wurde zu den *lanciarii* des *sacer comitatus* (d.h. in die persönliche Feldeskorte Diokletians oder eines seiner direkten Vorgänger) bestellt. Später wurde er zum *protector* befördert, in eine Leibwache des Kaisers, was dem Rang eines ersten Zenturionen entsprach und ihn für die Beförderung in ranghohe Kommandos prädestinierte. Nach seiner ehrenhaften Entlassung wurde Thiumpus Kommandeur von Diokletians neuer Legion II Herculia. Tertius und Martinus wurden in dieselbe Eliteeinheit von *lanciarii* befördert wie Thiumpus, also zu den *Lanciarii,* nicht den *lanciarii,* die einer bestimmten Legion angehörten oder einer solchen entstammten. Sie waren ebenfalls Teil der „heiligen Gefolgschaft" und hatten so die Möglichkeit, in die ranghöchste Einheit, die Prätorianergarde, aufzusteigen.

Es ist wahrscheinlich, dass diese *lanciarii*-Einheit ihren Ursprung in der Legion II Parthica hatte. Im Jahr 260 begab sich Gallienus daran, seine Feldarmee zu einer dauerhaften Institution zu machen, und von dieser Zeit an wurde die II Parthica schließlich in *vexillationes* (siehe oben unter *Vexillationes*) eingesetzt. Man ist versucht anzunehmen, dass die *lanciarii* in dieser Periode formell von der Legion getrennt wurden. Auf diese Weise in einen Status über den der Legionen und direkt unter den der Prätorianergarde erhoben, über-

Goldener Aureus, ausgegeben von dem gallischen Kaiser Victorinus, 268-70 n. Chr. Die Münze deutet darauf hin, dass er eine *vexillatio* der Legion XIII Gemina in seiner Armee hatte. Sie zeigt das Löwen-Emblem der Legion. (Hunter Coin Cabinet, Universität Glasgow)

lebten die *lanciarii* ihre Herkunftslegion und bildeten den Kern der *legiones palatinae* aus *lanciarii,* den ranghöchsten Legionen in der spätrömischen Armee (*lanciarii seniores* und *iuniores*: Notitia Dignitatum, *Orientis,* 5.2 = 42, 6.7 = 47).

Phalangarii

Dio berichtet, dass Kaiser Caracalla eine Phalanx von 15.000 Mann aufstellte, die er in Makedonien rekrutierte und nach alter Art mit Lanze und Leinenpanzer ausstattete (Dio, 77.7.1-2). Diese Einheit und eine weitere Phalanx aus Spartanern wird auch bei Herodian erwähnt (4.8.2-3, 9-4). Erhalten gebliebene Grabsteine der spartanischen Phalangiten zeigen jedoch, dass ihre „Phalanx" in Wirklichkeit eine Standardkohorte von 500 bis 1000 Soldaten war, und dass diese ebenso wie die Legionäre mit ovalen Schilden, mittellangen Schwertern und sogar Panzern vom Typ der *lorica segmentata* ausgerüstet waren (z.B. *ILS* 8878). Dies deutet auf eine Kombination mit anderer regulärer römischer Ausrüstung für die schwere Infanterie und demzufolge auf die normale Funktion und Taktik des Legionärs oder Hilfssoldaten hin. Die wahre Identität und Funktion von Dios „makedonischer Phalanx" ist leicht zu enträtseln. Caracalla bereitete sich auf einen Krieg gegen die Parther vor und wollte dem Erfolg Alexanders des Großen (336-323 v. Chr.) nacheifern, der ein immenses Territorium erobert hatte, das sich von der Türkei bis nach Nordindien erstreckte. Somit bildete Caracalla seine eigene makedonische Phalanx. Die „Makedonier" waren vermutlich Prätorianer und Legionäre der II Parthica. Eine Anzahl dieser Soldaten stammte tatsächlich aus Makedonien, die meisten jedoch aus dem benachbarten Thrakien; faktisch bezogen die Einheiten einen Großteil ihrer Rekruten aus dieser Region. Die Prätorianer umfassten 10.000, die II Parthica circa 5000 Mann, sodass sie die Gesamtzahl von 15.000 abdeckten. Die „Lanzen" beziehen sich entweder auf Stoßlanzen, mit denen einige römische Soldaten immer schon ausgerüstet gewesen waren oder auf *pila.* Arrian gab an, dass seine Legionäre 131 mit Lanzen ausgestattet waren, aber seine Beschreibung, „Lanzen, die in langen, schmalen Spitzen enden", erinnert an den langen Eisenschaft des *pilums* (Ectaxis Contra Alanos, 16). Der Leinenpanzer könnte korrekt sein – ein spezieller, leichter Panzer, der für die Hitze des Nahen Ostens entwickelt worden war. Der Begriff könnte sich jedoch auch auf den *thoracomachus* oder den *subarmalis* beziehen, die gefütterte Leinenweste, welche unter der Rüstung getragen wurde, um den Aufprall von Hieben abzufangen, und die manchmal auch allein getragen wurde (Dio, 77.7.2, 78.3.2). Dio berichtet auch, dass er Caracalla 214 beim Drill der makedonischen Phalanx in Nicomedia (Türkei) zusah, aber er verbrämte lediglich das Standardtraining, das römischen Soldaten vor einer wichtigen Schlacht immer absolvierten. Severus Alexander tat 231 genau dasselbe (Dio 77.18.1; Herodian, 6.3.3).

Severus Alexander hatte ebenfalls eine „makedonische Phalanx", die erfolgreich im Persischen Krieg (231-32)

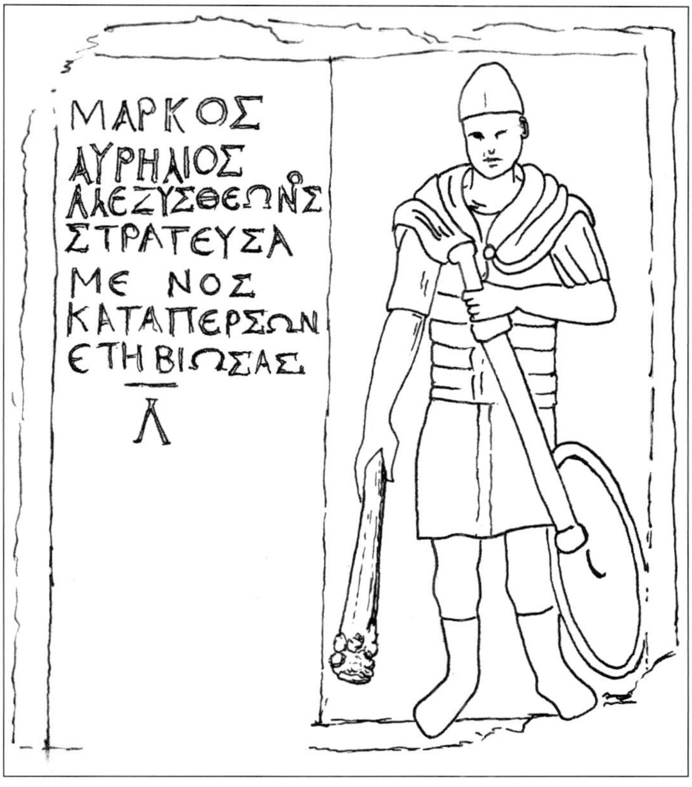

Grabstein des Aurelius Alexianus, eines Soldaten aus Sparta, der in Caracallas spartanischer Kohorte, ca. 212-217, diente. Er trägt wahrscheinlich eine *lorica segmentata*. Seine Keule ist ein Attribut des Herkules, stellt aber vielleicht auch den *fustis* des Soldaten dar. Er trägt die traditionelle spartanische *pilos*-Kappe. (Jetzt im Nationalen Archäologischen Museum in Athen; gezeichnet von Steven D.P. Richardson.)

kämpfte. Wir wissen sogar von einem Legionär der II Parthica, der in diesem Krieg diente und auf seinem Grabstein als *phalangarius* beschrieben wurde (Inschrift unveröffentlicht, siehe Balty 1988), aber er kämpfte keineswegs in einer antiquierten Version der makedonischen Phalanx:

> [Alexander] gab sich alle Mühe, [...] den makedonischen König zu übertreffen. [Er hatte] eine Phalanx von 30.000 Mann und er ordnete an, dass sie *phalangarii* genannt werden sollten, und mit diesen erzielte er viele Siege in Persien. Diese Phalanx [...] wurde gebildet aus sechs Legionen und war bewaffnet wie die anderen Soldaten. (Historia Augusta, *Severus Alexander,* 50.4-5)

Dass die Phalanx aus ganzen Legionen bestand, ist zu bezweifeln – die einzige vollständige Legion, die in der Feldarmee präsent war, war die II Parthica –, aber das Zitat beweist, dass die „phalanx" einfach ein Titel war, mit dem man reguläre Einheiten, die im Osten kämpften, versah, in dem Wunsch, die glorreichen Siege Alexanders des Großen nachzuahmen.

Glaube und Zugehörigkeit

Einheiten, die in einem Bürgerkrieg die Verliererseite unterstützt hatten, wurden entlassen und erfuhren die *damnatio memoriae.* Diese schreckliche Strafe löschte eine Einheit von den Armeelisten, ihr Name und ihre Nummer wurden von allen Denkmälern getilgt und damit jede Spur ihrer früheren Existenz radikal beseitigt. Die Soldaten wurden entweder unehrenhaft entlassen oder schmachvoll in weit entfernte Einheiten verlegt. Dies war die größtmögliche Bestrafung, denn die Einheit, in der ein Soldat diente, definierte seine Identität. Wer unehrenhaft entlassen wurde, dem blieb zum Überleben häufig nichts anderes übrig als Straßenraub. Diejenigen, die in eine andere Einheit kamen, wurden dort vermutlich geächtet, aus Furcht, dass ihre Gegenwart den Korpsgeist einer loyalen Legion beschmutzen könnte. Das bemerkenswerteste Beispiel in der hier behandelten Periode ist die Legion III Augusta, die Gordian III. wegen ihrer Unterstützung Maximinus' und der Rolle, die sie beim Tod von Gordian I. und Gordian II. gespielt hatte, 238-39 auflöste (siehe oben, *Ehefrauen und Konkubinen*).

Von der Entlassung der III Augusta ist nichts überliefert, aber wir kennen zahlreiche Details von der Auflösung der Prätorianergarde (193) wegen der Ermordung von Kaiser Pertinax. Septimius Severus' pannonische Legionäre kesselten die Prätorianer ein, die aufgrund einer Finte ohne ihre Waffen außerhalb von Rom zur Parade aufgezogen waren, und „stürzten vor, nahmen ihnen [den Prätorianern] die Dolche, die sie, mit Gold und Silber als Paradewaffen verziert, an der Seite hängen hatten, rissen ihnen die Koppel und Uniformstücke und was sie sonst noch an militärischen Rangabzeichen trugen herunter" (Herodian, 2.13.10). Den Prätorianern wurde also ihre militärische Identität genommen, und sie wurden unehrenhaft entlassen. Severus ließ die Feldzeichen der Garde durch die Straßen von Rom schleifen und entweihte damit diese heiligen Gegenstände, in denen die *genii* (die Geister) der Einheit und ihrer Zenturien wohnten (Historia Augusta, *Severus,* 7.1-2). Einige Prätorianer nahmen sich wegen dieser Schande das Leben (Dio, 74.1). Die unehrenhafte Entlassung der Prätorianer ermöglichte es Severus, eine neue Garde zu bilden, in die der die tapfersten seiner pannonischen Legionäre zur Belohnung für ihre maßgebliche Unterstützung aufnahm.

Die Legion III Augusta wurde 253 von Valerian und Gallienus wiedereingesetzt, um dem wachsenden Druck aufständischer Stämme in Africa entgegenzutreten. Im Kern der Legion III Augusta *restituta* (wiederhergestellt) befand sich eine *vexillatio,* die in Europa gedient hatte, als die Legion aufgelöst wurde. 14 oder 15 Jahre lang hatte sich diese in Ungnade gefallene Einheit fern der Heimat bemüht, ihre unabhängige Identität zu wahren, sogar als sie der regionalen raetischen Feldarmee angegliedert und unter die

Prätorianerstandarte auf dem Argentarier-Bogen, Rom, 204. Die Standarte zeigt Porträts von Caracalla und Severus; das Abbild Getas wurde nach seiner Ermordung im Jahr 212 entfernt. Unter den Porträts befindet sich eine Mauerkrone, die anlässlich der Eroberung einer feindlichen Festung verliehen wurde. (Sammlung des Autors)

Aufsicht von Offizieren der Legion III Italica gestellt wurde (ILS, 2772). Die „Pseudo-Legionäre“ dieser Einheit schworen, zur Wiedergeburt ihrer Legion nach Africa zurückzukehren. Am 22. Oktober 253 erfüllten sie diesen Schwur (ILS, 531) – ihre Entschlossenheit veranschaulicht ihren Glauben an die Legion. Es ist wahrscheinlich, dass diese *vexillatio* im Jahr 253 mit Valerian gegen Aemilianus marschierte und angemessen belohnt wurde.

Ausrüstung

Pilum

Es ist behauptet worden, das *pilum* – ein bis zu 2 m langer, schwerer Wurfspeer mit einem langen, sich verjüngenden Eisenschaft und einer pyramidenförmigen Spitze – sei im 3. Jahrhundert als Hauptwaffe des Legionärs von der Stoßlanze und einigen leichten Wurfspeeren abgelöst worden. Die Beweislage ist jedoch kaum überzeugend. Zwar verschwindet das *pilum* von den großen Siegesmonumenten in Rom, wie der Mark-Aurel-Säule oder dem Severus-Bogen, aber die Wiedergabe der Ausrüstung ist auf diesen Denkmälern allgemein dürftig, und den Bildhauern fiel es leichter, Lanzen darzustellen.

Die Archäologie bietet bessere Anhaltspunkte. Pilenspitzen und -schäfte wurden in beträchtlicher Zahl gefunden, insbesondere im Legionslager der Legion II Augusta in Caerleon in Wales (das bis nach 260 datiert wird) wie auch in einem Lager in Saalburg (ca. 260). Wichtiger noch, ein *pilum* wurde aus den Ablagerungen in Krefeld-Gellep geborgen. Dieses *pilum* wurde benutzt, um das Kastell von Gelduba um 275 gegen die Franken zu verteidigen.

Leichte und schwere *pila* sind auf den Grabsteinen von Legionären und Prätorianern bis zum frühen 4. Jahrhundert dargestellt, und Ammianus Marcellinus berichtet von Legionären, die 357 in der Schlacht gegen die Alamannen *spicula,* eine Form des Tüllenpilums, benutzten (Ammianus Marcellinus, 16.12.46). Es ist fast sicher, dass das *pilum* die wichtigste

Sockelreliefs am Konstantinsbogen, 315. Das erste zeigt römische Soldaten, die gefangene Barbaren abführen; ein Soldat trägt ein leichtes *pilum* oder *spiculum*. Der Sockel hinten zeigt einen *aquilifer* (Adlerträger) und einen *imaginifer* (einen Feldzeichenträger, der die Kaiserbildnisse trug). (Sammlung des Autors)

Waffe der Legionäre blieb, die an vorderster Front kämpften (Cowan 2002, Kap. 4).

Schild

In dem hier behandelten Zeitraum benutzten die meisten Legionäre flache oder leicht konkave, ovale Schilde. Einige waren vermutlich aus geleimtem Holz gefertigt, aber Funde aus Dura-Europos (ca. 256-67) deuten darauf hin, dass viele aus einfachen Bretterkonstruktionen bestanden, die mit Eisenstreifen verstärkt und mit aufgenähtem Rohleder eingefasst waren (Farbtafel H). Dennoch wurde auch ein traditionelles, zylindrisches *scutum* in Dura entdeckt, das aus drei Schichten geleimter Holzstreifen aufgebaut und mit einem Bezug aus Filz und Leder bespannt ist. Dies zeigt, dass die Darstellung dieses Schildtyps auf militärischen Münzen bis in die 280er Jahre nicht anachronistisch war (Farbtafel D).

Schwert

Im Laufe des 2. Jahrhunderts verwendete die römische Infanterie allmählich keine kurzen Schwerter mehr, sondern führte mittellange und lange Schwerter ein. Kurze Schwerter verschwanden allerdings nicht vollständig, und die meisten anderen Schwerter waren Hieb- und Stichwaffen mit kräftigen, dreieckigen oder sich verjüngenden Spitzen, viele davon aus damasziertem Stahl (Farbtafel C). Tatsächlich ähneln einige der längsten römischen Schwerter den schweren Rapieren der frühen Neuzeit und müssen daher als Stichwaffen betrachtet werden. Wir haben keine Hinweise darauf, dass sich die Schwertkampftechnik der Römer durch die Verwendung längerer Schwertformen grundlegend verändert hätte, dass also das Schwert eher zum Schlagen als zum Stechen benutzt worden wäre. Tatsächlich zeigen figürliche Darstellungen auch weiterhin, dass Soldaten in der Schlacht Schwerter als Stichwaffen benutzten. Und Vegetius verteidigt in seinen Ausführungen aus dem späten 4. Jahrhundert über die Ausbildung der Legionäre die Verwendung der Schwertspitze anstelle der

UNTEN: **Goldener Aureus, auf dem Kaiser Probus (276-82) von einem Tribunal herab zum Heer spricht. Die Soldaten tragen Feldzeichen und zylindrische *scuta*, was darauf hinweist, dass dieser Schildtyp Ende des 3. Jahrhunderts immer noch benutzt wurde. (Hunter Coin Cabinet, Universität Glasgow)**

GANZ UNTEN: **Unrestaurierter und restaurierter ovaler Schild aus Dura-Europos mit Kriegsgottmotiv, 256-57. (Dura-Europos-Sammlung, Yale University Art Gallery)**

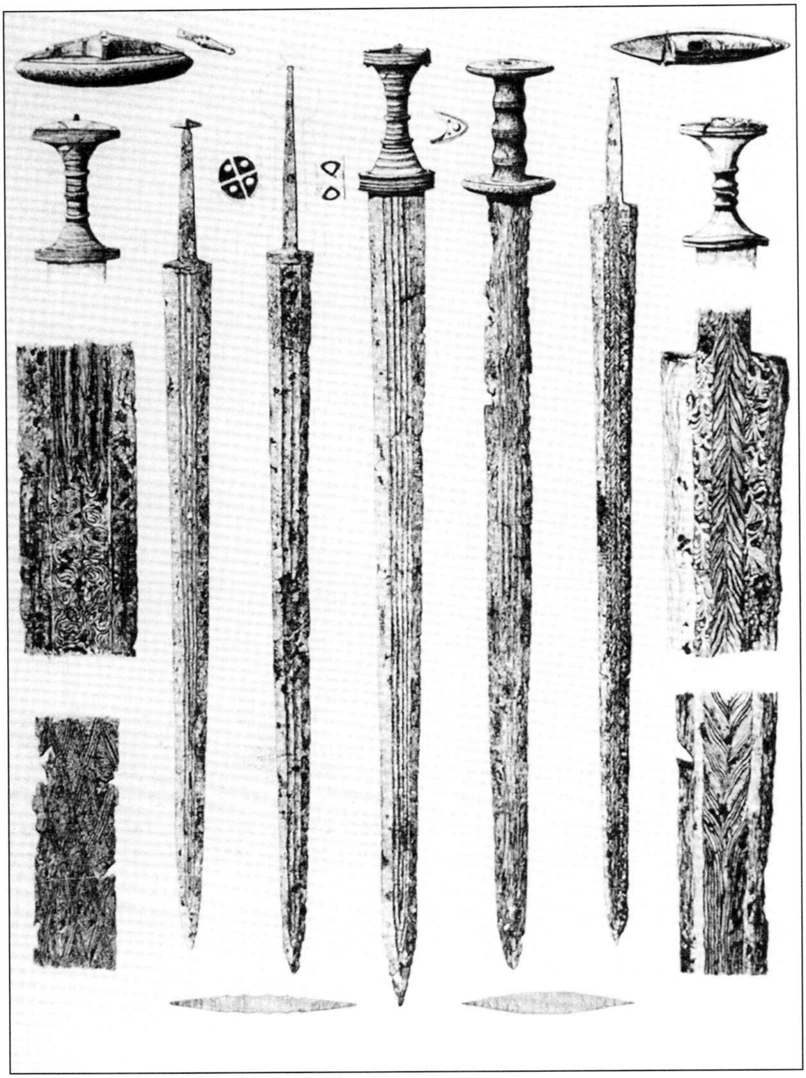

Römische Schwerter aus dem 3. Jahrhundert aus Nydam, Dänemark (aus Engelhardt 1865).

Schneide (Vegetius, *Epitoma,* 1.12). Ammianus bestätigt dies, wenn er erklärt, dass die Legionäre in der Schlacht von Straßburg im Jahr 357 ihre Schwerter zum Stoß benutzten. In dem Gedränge und Geschiebe gab es keinen Platz, mittellange oder lange Schwerter schlagend einzusetzen, hier konnte man nur stoßen und schneiden:

> [Eine Schar von alamannischen Adligen schlug] sich eine Bresche bis zur Legion der Primani [...]. Diese stand in unserem Zentrum, einer Stellung, die man „Lager des Feldherrn" nennt. Hier waren die Soldaten dichter zusammengeschlossen in zahlreichen Gliedern mit unerschütterlicher Festigkeit wie Türme [...]. Darauf bedacht, Verwundungen zu entgehen, und sich wie Murmillonen* deckend, stießen sie ihre Schwerter in die Leiber der Feinde, die sich in brennendem Jähzorn eine Blöße gaben. (Ammianus Marcellinus, 16.12.49)
> (*Murmillonen waren schwerbewaffnete Gladiatoren, die vermutlich mit dem linken Bein nach vorn und den Körper ihrem Gegner im Profil zugewandt kämpften, um eine möglichst kleine Angriffsfläche zu bieten.)

Wie die vorhergehenden Generationen benutzten die Legionäre in Straßburg das Schwert nur zum Streich, wenn sie besiegte Truppen verfolgten (ebd., 16.12.52). Ammianus klärt darüber hinaus noch einen weiteren Punkt. Er bezeichnet das mittellange oder lange Schwert als *gladius,* nicht als *spatha* – ein Begriff, der von heutigen Wissenschaftlern benutzt wird.

Es verdient Erwähnung, dass normale Soldaten ab der Regierungszeit des Severus ihr Schwert nicht länger auf der rechten, sondern auf der linken Seite trugen, was zuvor den Zenturionen und ranghöheren Offizieren vorbehalten war.

Eine bemerkenswerte Konstante im Waffenarsenal der hier behandelten Periode ist der Dolch (*pugio*). Im dritten Viertel des 3. Jahrhunderts wurde er immer noch nach dem Vorbild des herkömmlichen spanischen Prototypen gestaltet (die Römer hatten den Dolch während der Punischen Kriege des dritten vorchristlichen Jahrhunderts übernommen). Die Metallscheide des Dolches hatte sogar ihre Aufhängungsringe behalten. Mit Klingen in einer Länge von bis zu 30 cm war er eine furchterregende

Legionäre in der Mitte des 2. Jahrhunderts n. Chr.

A

Mark Aurel ehrt einen Legionszenturio mit *torques* und *armillae*

Römische Schwerter aus damasziertem Stahl, 3. Jh. n. Chr.

Bogentraining

Maximinus als *dux ripae* mit seinen Leibwachen, Dura-Europos, ca. 232 n. Chr.

E

F

Prätorianer versuchen, den Adler der Legion II Parthica zu erbeuten, 218 n. Chr.

Soldaten aus der ersten Reihe der Legion II Traiana attackieren die persischen Kataphrakten, Schlacht von Resaina, Mesopotamien, 243 n. Chr.

G

Legionär, mittleres bis spätes 3. Jahrhundert n. Chr.

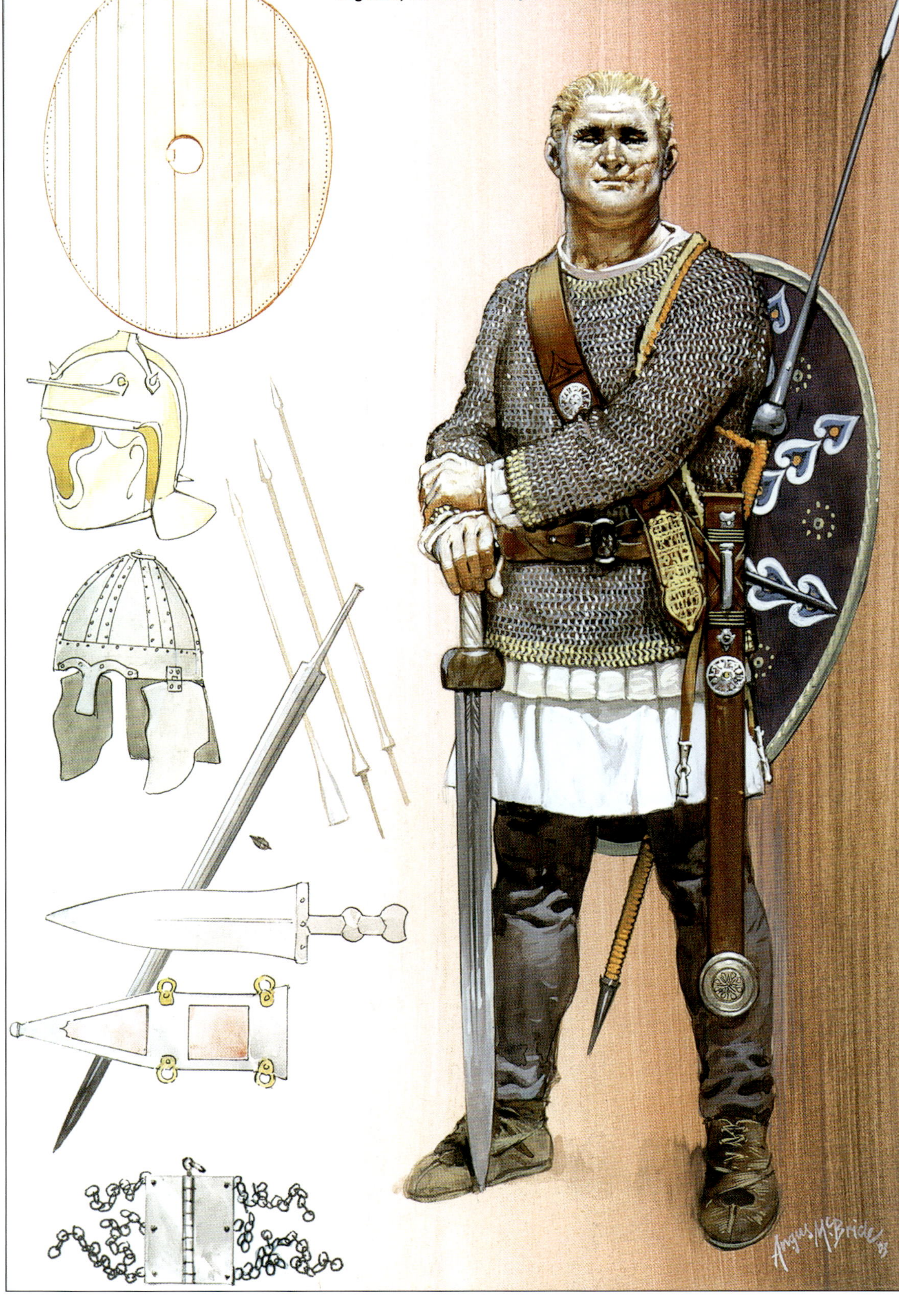

H

Seitenwaffe, die für die Identität als Angehöriger des Militärs eine wichtige Rolle spielte (vgl. Herodian, 2.13.10).

Helm und Rüstung

Die Schutzwaffen wurden in unserem Zeitraum solider. Kettenpanzer hatten nun normalerweise lange Ärmel und konnten bis weit auf die Oberschenkel reichen, Schuppenpanzer wurden mit Brustplatten verstärkt. Die Verwendung der *lorica segmentata,* eines Schienenpanzers aus ineinandergeschobenen Eisenplatten und -reifen, war begrenzt, setzte sich aber mindestens bis zur Mitte des 3. Jahrhunderts fort. Zusätzlichen Schutz der Gliedmaßen boten gegliederte Armpanzerungen (*manicae*), Beinschienen und sogar Oberschenkelpanzerungen.

Auch die Helme wurden stabiler. Die Herstellung von Helmen des Kaiserlich-Italischen Typs wurde im frühen 3. Jahrhundert eingestellt, und alle Legionäre eigneten sich schwerere Helme aus einer einfachen Kalottenkonstruktion an, die durch Kreuzbügel verstärkt war, einen tief heruntergezogenen Nackenschutz hatte und nur eine kleine T-förmige Öffnung für das Gesicht freiließ (siehe Farbtafeln G und H). Sie boten einen sehr guten Schutz für Kopf und Genick, aber die Wangenstücke behinderten die Sicht zu den Seiten hin, und es gab keine Aussparungen für die Ohren. Die Länge der Nackenpartie machte es dem Träger schwer oder gar unmöglich, eine gebückte Kampfhaltung einzunehmen. Derartige Helme waren bis in die letzten Jahre des 3. Jahrhunderts vorherrschend, und wurden dann von Spangenhelmen (siehe Tafel H) abgelöst. Diese Helmtypen, die man von den sassanidischen Persern und den Sarmaten übernommen hatte, waren im Vergleich zu früheren Modellen von schlechterer Qualität, aber ihre aus mehreren Teilen zusammengesetzten Helmglocken ließen sich einfach zusammennieten, und Nackenschutz sowie Wangenklappen wurden mit Lederstreifen befestigt. Diese Art der Ausrüstung war eine Reaktion Diokletians auf die Finanzkrise und auf die Notwendigkeit, die enorme Menge von Ausrüstungsgegenständen zu ersetzen, die in den Katastrophen des 3. Jahrhunderts verlorengegangen waren.

Bemaltes *scutum* aus Dura-Europos nach der Restaurierung. Das Löwen-Emblem könnte den Schild mit der Legion XVI Flavia in Verbindung bringen, aber die letzte Legion, deren Anwesenheit in der Stadt bezeugt ist, ist die IV Scythica (254). Abgelegt 255-257. (Dura-Europos-Sammlung, Yale University Art Gallery)

Äußeres Erscheinungsbild

In der Regierungszeit von Mark Aurel, Commodus und Septimius Severus (161-211) trugen viele Legionäre, dem Stil der Kaiser folgend, Vollbärte und buschiges Haar, aber unter Caracalla kam mit kurzgeschnittenen Haaren und dünnen Bärten eine neue Mode auf, die im 3. Jahrhundert vorherr-

Detail des Portonaccio-Schlachtensarkophags, ca. 180-85. Möglicherweise von einem der Generäle Mark Aurels in Auftrag gegeben, aber nicht vollendet. Ein Legionszenturio in *lorica segmentata* stößt einem Germanen sein Schwert in den Hals. (Heute im Palazzo Massimo, Museo Nazionale Romano, Rom; Sammlung des Autors)

schend blieb. Caracalla wird von Dio auch die Einführung einer neuen „Uniform“ mit langärmeligen Tuniken und dem schweren sagum-Umhang zugeschrieben, der über der rechten Schulter geschlossen wurde (Dio, 78.3.3). Auf jeden Fall ist die langärmelige Tunika auf Militärgrabsteinen ab der Mitte des 2. Jahrhunderts zu sehen, und die Verwendung des *sagums* ging vermutlich von der Kavallerie auf die Infanterie über. Im 3. Jahrhundert wurden die langen Streifen (*clavi*) durch pfeilförmige Verzierungen an den Schultern ersetzt. An den Ärmelaufschlägen und am Saum wurden Zierstreifen hinzugefügt. Einige Designs waren möglicherweise charakteristisch für das Militär, aber ansonsten unterschied sich die Kleidung eines Soldaten kaum von der eines Zivilisten.

Die Farbe der Militärtuniken bleibt ungelöst. Auf den Farbtafeln in diesem Band werden gewöhnliche Legionäre der Einfachheit halber in grauweißen, Zenturionen und Unteroffiziere in roten Tuniken dargestellt. Diese Sichtweise ist jedoch von G. Summer in Men-at-Arms 374: *Roman Military Clothing* (1) (2002) sowie in Men-at-Arms 390: *Roman Military Clothing* (2) (2003) als zu stark vereinfachend angezweifelt worden. Er hat viele Beweise zusammengetragen, die eine große Farbenvielfalt nahe legen, aber es gibt auch einen Nachweis, der darauf hindeutet, dass Farben, die man in der

Grabstein des Ares, eines Legionärs oder Prätorianers, der seinen Helm, sein Schwert und seinen zylindrischen Schild dem Kriegsgott Mars weiht. Ares trägt Gamaschen und eine langärmelige Tunika. Ende des 2. oder Anfang des 3. Jahrhunderts. (Copyright British Museum, Neg.Nr. 287199)

Vergangenheit benutzt hatte, auch in unserem Zeitraum noch Gültigkeit besaßen. Aus Anlass von Gallienus' *decennalia* (Feier zum Beginn des 10. Jahres seiner Macht) im Jahr 262 zogen seine Soldaten in Weiß zur Parade auf (Historia Augusta, *Die beiden Gallieni,* 7.1). Das erinnert an die siegreichen Legionäre des Vitellius im Jahr 69, die in vollem Staat mit ihren Ehrenzeichen in Rom einzogen und von Zenturionen angeführt wurden, die weiß gekleidet waren (Tacitus, *Historien,* 2.89).

Die wichtigsten militärischen Erkennungszeichen waren nach wie vor der *balteus* oder das *cingulum* (Gürtel und Wehrgehänge der Soldaten; Herodian, 2.13.10). Diese waren mit durchbrochenen Zierplättchen, -scheiben und -enden geschmückt, die an langen Riemen befestigt waren (welche den alten Schurz abgelöst hatten). In der Regierungszeit des Severus wurde die Ringschnalle am Gürtel eingeführt, und sie blieb bis zum Ende des 3. Jahrhunderts ein Symbol des Soldaten (Tafeln B, D-H).

Die Schlacht

Dura-Europos

Irgendwann zwischen 255 und 257 belagerten und eroberten die sassanidischen Perser die römische Festungsstadt Dura-Europos. Am Euphrat gelegen, war Dura die östlichste Besitzung in Syrien. Sie war 169 in einer großen offenen Feldschlacht von den Parthern erobert worden (Lukian, *Wie man die Geschichte schreiben soll,* 15, 19), und die Stadt weist noch heute dort, wo die Römer die Mauern durchbrochen und die Stadt gestürmt hatten, Zeichen des Wiederaufbaus mit Hilfe von Lehmziegeln auf. Der Ort war von großer strategischer Bedeutung, weil er an einer wichtigen Einfallsroute nach Syrien und Mesopotamien lag und als Zollstelle an der wichtigsten Handelsstraße zwischen Ost und West auch erhebliche wirtschaftliche Bedeutung hatte.

Im 3. Jahrhundert war eine Auxiliarkohorte, die XX Palmyrenorum, als Garnison in der Stadt. Diese Einheit war über 1000 Mann stark, enthielt Kavallerie und Kamelreiter (Dromedare), bestand jedoch vorwiegend aus Infanterie. Ab ca. 208/209 verstärkten Legionsabteilungen die Garnison, aber offenbar hielt nur die Legion IV Scythica eine permanente Abordnung in Dura. Diese umfasste mindestens 300 Soldaten. Im Jahr 233 nahmen Legionäre der IV Scythica an einer Invasion in persisches Territorium teil und wurden südlich von Dura, vielleicht in der Nähe der persischen Hauptstadt Ktesiphon, besiegt. Die sassanidischen Perser hatten ihre parthischen Lehnsherren 224-226 vollständig besiegt. Gleich darauf erklärte ihr König Ardaschir seine Absicht, die römischen Gebiete in Asien und sogar in Europa zu erobern, die zuvor dem persischen Reich angehört hatten, welches von Alexander dem Großen zerstört worden war. Römische Truppen, die in Mesopotamien stationiert waren, liefen zu Ardaschir über. Er war ein charismatischer und erfolgreicher Kriegsherr und hat möglicherweise andere zum Aufruhr und zur Ermordung von Flavius Heracleo angestiftet, der um 228 Statthalter der Provinz war (Dio, 80.3-4). Die Legionen der Provinz, die I und III Parthica, erhielten ihre Ehrentitel *Severiana* und *Alexandrina* vielleicht für die Niederschlagung der meuternden Truppen (Fitz 1983, 139). Ardaschir und sein Sohn Schapur drangen in Mesopotamien ein und besetzten es 229. Die Römer führten 231 einen Gegenangriff aus. Eine römische Feldarmee eroberte unter Severus Alexander Mesopotamien zurück, und eine zweite marschierte weiter durch Armenien, um in das persische Gebiet Medien (Nordiran) einzudringen, wo sie Chaos verbreitete. 233 marschierte eine dritte Armee am Euphrat entlang nach Süden, vermutlich mit dem Ziel, die persische Hauptstadt Ktesiphon (30 Kilometer südlich des heutigen Bagdad) einzunehmen. Die Perser zogen ihre Streitkräfte zusammen, um die Stadt verteidigen:

Sockelrelief des Septimius-Severus-Bogens (203), auf dem römische Soldaten mit persischen Gefangenen abgebildet sind. Der Soldat links trägt eine *paenula* (Umhang), *caligae* (schwere Militärsandalen) und ein kurzes Schwert auf der rechten Seite – eher altmodische Kleidung und Ausrüstung. (Sammlung des Autors)

Dieses Heer der Römer aber führte seinen Marsch recht sorglos durch, da sich ihm kein Gegner zeigte noch Widerstand leistete, und es nahm an, dass [Kaiser Severus] Alexander mit der dritten Heeresgruppe, die ja die bedeutendste und größte war, (bereits) ins Zentrum der Barbaren vorgestoßen sei und dass diese daher auf Dauer mit dieser Gefährdung gebunden seien, sodass für sie selbst der Vormarsch gemächlich und gefahrlos vonstatten gehen könne. Es war für alle Heeresgruppen die Vereinbarung getroffen worden, rasch über das Feindgebiet hinwegzuziehen, und es war ein Ort festgelegt worden, wohin alle zusammenkommen sollten, indem sie unterwegs alles, worauf sie stießen, überwältigten. Aber eben darin täuschte sie Alexander, da er weder seine Heeresgruppe ins Feindgebiet führte noch selbst hineinzog [...]. Der Perser rückte mit seiner gesamten Streitmacht [aus schwerbewaffneter Kavallerie und berittenen Bogenschützen] an gegen diese Heeresgruppe, die nicht damit rechnete, umzingelte und umfasste sie wie in einem Fischernetz, schoss von allen Seiten gegen sie und vernichtete die Streitmacht der Römer, da sie in geringer Zahl gegen die Übermacht nicht standhalten konnten und immer nur ihre ungedeckten [rechten] Seiten, gegen die geschossen wurde, mit den Schilden zu decken suchten; sie begnügten sich damit, nur ihre Leiber zu schützen, ohne wirklich zu kämpfen. Schließlich wurden sie alle auf denselben Punkt zusammengedrängt und führten einen Abwehrkampf durch Vorstrecken ihrer Schilde als einer Schutzwand wie bei einer Belagerung; sie wurden von allen Seiten beschossen und verwundet, hielten aus, solange es noch möglich war, und kamen schließlich alle um. Dies war ein schwerer Verlust, wie man nicht leicht einen erinnerte; er schwächte die Römer, da sie sehr starke Streitkräfte verloren hatten, die es an entschlossener Kampfkraft mit jeder anderen Streitmacht aus älteren Zeiten aufnehmen konnten. (Herodian, 6.5.5-10)

Goldener Aureus des Victorinus für die Treue der Legion XXX Ulpia. Die Unterstützung der Legion war unverzichtbar, als er im Jahr 268 Postumus herausforderte. Die Münze zeigt Jupiter mit einem Blitz bewaffnet und das Steinbock-Emblem der Legion. (Hunter Coin Cabinet, Universität Glasgow)

Herodian übertreibt absichtlich, um das Scheitern Severus Alexanders besonders hervorzuheben. Die Schlacht endete vermutlich mit einer Pattsituation, in der beide Seiten schwere Verluste erlitten hatten, denn die Perser ließen ihrem „Sieg“ keine weiteren Angriffe folgen und nahmen erst 238/39 wieder Operationen gegen Rom auf. Wir wissen jedoch, dass der Präfekt der Legion IV Scythica in der Schlacht getötet wurde, da man seiner in Dura gedachte (Speidel, M.A., 1998, Nr. 18).

Ab 239 war die Garnison in Dura erneut in Kriegshandlungen mit den Persern verwickelt. Eine eingekratzte Inschrift aus der Stadt berichtet, dass in jenem Jahr „die Perser auf uns fielen“ und dass Iulius Terentius, der Tribun, der die Kohorte XX Palmyrenorum kommandierte, in der Schlacht getötet wurde. Auf seinem Grabstein wird er charakterisiert als „mutig in der Schlacht und mächtig im Krieg“ (*AE* 1948, 124). Die Perser haben offenbar die Stadt nicht erobert, aber sie drangen tief in Syrien ein und besetzten die wichtigsten Städte in Nordmesopotamien. Erst 242 rückten die Römer gegen sie vor, da sie zuvor in den Bürgerkrieg verstrickt gewesen waren (aus dem der sehr junge Gordian III. als Marionettenkaiser hervorging) und in Europa gegen Germanen und Goten hatten kämpfen müssen. Im Jahr 243 wurde Schapur in einer großen Schlacht bei Resaina besiegt (Ammianus Marcellinus, 23.5.17), und die Römer eroberten die mesopotamischen Städte im Sturm zurück. Noch einmal drangen die Römer in persisches Gebiet ein, um die Hauptstadt Ktesiphon zu erobern (244), aber Schapur besiegte sie und hielt seinen Triumph auf einer großen Inschrift fest:

> Der Kaiser Gordian hob aus dem gesamten Römischen Reich und aus den Völkern der Goten und Germanen eine Armee aus und marschierte auf Assyria, gegen das Volk der Iraner und gegen uns. Eine große Schlacht zwischen den beiden Seiten fand an der Grenze von Assyria in Meshike [al-Anbar, Irak] statt. Kaiser Gordian wurde ausgelöscht und die römische Armee vernichtet. Die Römer riefen [den Prätorianerpräfekten] Philippus zum Kaiser aus. („*Res Gestae Divi Saporis*", 6-9, nach Dodgeon & Lieu 1991, 35)

Philippus bat um Frieden und erklärte sich einverstanden, Schapur Tribut zu zahlen. Der Kaiser wird in einer Felsskulptur in Bishapur im Iran dargestellt, wie er in unterwürfiger Haltung vor dem persischen König kniet, der auf seinem Pferd sitzt. Gordian liegt tot neben Schapurs Schlachtross.

Die Garnison in Dura wurde im Jahr 251 vorübergehend durch die Kohorte II Ulpia *equitata,* eine teilweise berittene Infanterie-Einheit, und durch eine Abordnung der Kohorte II Paphlagonum verstärkt. Die Aufzeichnungen der Kohorte XX Palmyrenorum deuten darauf hin, dass sie diesmal Opfer zu beklagen hatte (Fink, *RMR* 83). Möglicherweise wurde sie sogar von parthischen und armenischen Söldner-Kataphrakten, schwer gepanzerten Reitern, verstärkt, die mit Lanze und Bogen kämpften (Speidel, M.P., 1987, 198-201). Die Perser waren sehr geschickte Reiter, und die Römer, deren Heer überwiegend aus Infanterie bestand, standen immer unter Druck, genügend Kavalleristen auszuheben, um ihnen die Stirn zu bieten (siehe Tafel G).

Im Jahr 252 drang Schapur erneut in römisches Territorium vor. Nach dem Tod von Decius und der Vernichtung seiner Armee durch die von Kniva angeführten Goten in der Schlacht von Abrittus im Jahr 251 musste der neue Kaiser Trebonianus Gallus den Frieden von den Goten erkaufen und war nicht in der Lage, Schapur seinen Tribut zu zahlen. 252 marschierte Schapur deshalb erneut in römisches Gebiet ein und besiegte eine gewaltige römische Feldarmee, die in Barbalissos angetreten war. Danach rückte er weiter vor, um die östliche Hauptstadt Antiochia in der Nähe der Mittelmeerküste einzunehmen. Zeugma, wo die Legion IV Scythica ihre Basis hatte, wurde vernichtet, aber es ist unklar, ob sich zu jener Zeit viele Soldaten dieser Legion dort aufhielten; einige Abkommandierungen waren vermutlich in Barbalissos, während andere in größeren und kleineren Städten über Syrien verteilt als Garnisonen eingesetzt waren.

Die letzte Urkunde aus Dura zeigt, dass eine *vexillatio* der IV Scythica 254 in der Stadt war. Die Urkunde protokolliert die Scheidung von Iulius Antiochus, einem Soldaten der Legion, von der einheimischen Frau Aurelia Amimma am 30. April 254. Einer der Zeugen für die Urkunde war ein Soldat namens Patroclianus, vermutlich ein anderer Legionär (*P. Dura,* 32). Dass Legionäre einheimische Frauen heirateten, zeigt, dass sie für geraume Zeit, vielleicht sogar dauerhaft, in der Stadt stationiert waren. Antiochus und Patroclianus waren womöglich immer noch anwesend, als die Perser zwischen 255 und 257 zum letzten Mal die Stadt angriffen. Die folgende Rekonstruktion der Belagerung wird vollständig von den archäologischen Fundstücken, die während der Ausgrabungen der Stadt in den 1930er Jahren von Franzosen und Amerikanern zusammengetragen wurden, gestützt (Rostovtzeff et al. 1936, 188-205; Coulston 2001).

Vor der Stadt fanden Scharmützel zwischen Römern und Persern statt – es wurde ein Pferde-Schuppenpanzer gefunden, in dem eine Pfeilspitze steckte –, aber die Perser waren offensichtlich zahlenmäßig so überlegen, dass sich die Römer in ihre Befestigungsanlagen zurückzogen.

Offenbar haben die Perser zuerst den Turm 19 angegriffen. Sie gruben eine Belagerungsmine, die ungefähr 40 m vom Turm entfernt begann. In dem flachen Wüstengelände war der Abraum der Mine für die Römer gut sichtbar, und Wurfgeschosse hätten leicht bis dahin gereicht, aber die Abraumhalde schützte den Eingang der Mine. Die Perser trieben den

Tunnel vor, bis sie den Fuß des Turms erreichten und gruben dann Stollen unter dessen Nordwest-Ecke und 15 cm unter die Stadtmauer. Sie wollten die mit Balken und Brettern abgestützte Mine in Brand setzen und Turm sowie Stadtmauer zum Einsturz bringen. Diese sollten vornüber in die Wüste fallen und so eine große Bresche bilden, durch die die Perser in die Stadt stürmen wollten. Die Römer, alarmiert durch den wachsenden Abraumberg und die immer deutlicher hörbaren Kratzgeräusche der persischen Pioniere, als diese unter den Fundamenten des Turms und der Mauer ausschachteten, gruben eine Gegenmine, um die persische Mine zu erobern, bevor sie in Brand gesetzt würde.

Der Tunnel der Römer traf genau unter der Stadtmauer auf die Ausgrabungen der Perser. In einem Tunnel von ungefähr 1,60 Breite und Höhe kämpften die Soldaten vermutlich allenfalls zu zweit oder zu dritt nebeneinander, und nur die gegnerischen Frontlinien hatten Platz genug, um Mann gegen Mann zu kämpfen. Wenn sie überhaupt Licht hatten, so kam es von qualmenden Öllampen oder Fackeln. Die Römer kämpften mit Schilden in Kettenpanzern, einige mit zusätzlichem Schutz für die Gliedmaßen. Keiner von ihnen trug einen Helm, denn die Soldaten mussten nach vorne gebeugt kämpfen, und der lange Nackenschutz der damals gebräuchlichen Helme hätte es ihnen unmöglich gemacht, in dieser Stellung den Kopf zu heben. Die Römer trugen Schwerter und Wurfspieße, die vermutlich als Stoßwaffen benutzt wurden, während Pfeilspitzen auch auf die Verwendung von Bögen hindeuten. Die Perser waren ähnlich ausgerüstet, trugen aber zudem Helme, denn ihre hatten anstelle von Metallblechen flexible Kettenpanzerungen im Nacken (James 1986).

Was in dem Tunnel geschah, lässt sich nicht vollständig rekonstruieren, aber offenbar brach die römische Gegenmine durch, und es folgte ein Kampf, in dem die Römer besiegt wurden und 16-18 Tote oder Verwundete zurückließen. In dem dunklen und klaustrophobischen Tunnel wäre es nicht verwunderlich gewesen, wenn einige der Römer einfach in Panik geraten wären, sich umgedreht und versucht hätten zu fliehen. Dies hätte ihre Kolonne in einen ungeordneten Haufen verwandelt, der für die Perser leichte Beute gewesen wäre. Um zu verhindern, dass die Perser den Gegentunnel benutzten, um in die Stadt einzudringen, versperrten die Römer hastig den Eingang. In der Gegenmine stapelten die Perser die römischen Opfer in der Nähe des blockierten Eingangs übereinander und schufen so eine Barriere, für den Fall, dass die Römer einen zweiten Angriff versuchen würden Außerdem räumten sie dadurch den Weg frei, bevor sie die Holzstützen in Brand setzten. Dafür benutzten sie einen Stapel aus römischen Umhängen und Schwefel (pers. Komm. v. Simon James). Die Gegenmine wurde durch das Feuer teilweise zerstört, und die Perser blockierten den noch offenen Abschnitt, der an ihren Stollen grenzte, mit Steinblöcken, die sie aus den Fundamenten des Turms und der Stadtmauer gestemmt hatten.

Seltsamerweise ließen die Perser offenbar einen ihrer eigenen Toten in der Gegenmine zurück. Sein Skelett wurde auf dem Rücken liegend gefunden, als hätte er mit dem Gesicht zur Stadt gestanden, bevor er fiel, was ihn als Angreifer kennzeichnet. Sein langer Kettenpanzer war um die Brust nach oben gezogen, als hätte ein Kamerad versucht, ihn zurück in die persische Mine zu ziehen. Aber vielleicht war das Feuer schon gelegt worden, und aus Angst zu ersticken hatte der Soldat seinen Kameraden zurückgelassen.

Die Perser hatten also freie Bahn, um ihre Mine in Brand zu setzen. Vielleicht brannte das Feuer wegen mangelnder Luftzufuhr nicht im gesamten Tunnel mit gleicher Intensität, denn einige Abschnitte blieben intakt, aber Turm und Mauer stürzten ein. Dennoch war dies nur ein Teilerfolg, da die Römer, die mit der Belagerung gerechnet hatten, die Stadtmauer auf beiden Seiten mit massiven Befestigungswällen aus Erde und Lehmziegeln verstärkt hatten. In den Wall auf der Innenseite der Mauer waren die Gebäude am äußeren Stadtrand integriert. Wegen der Wälle fielen der Turm

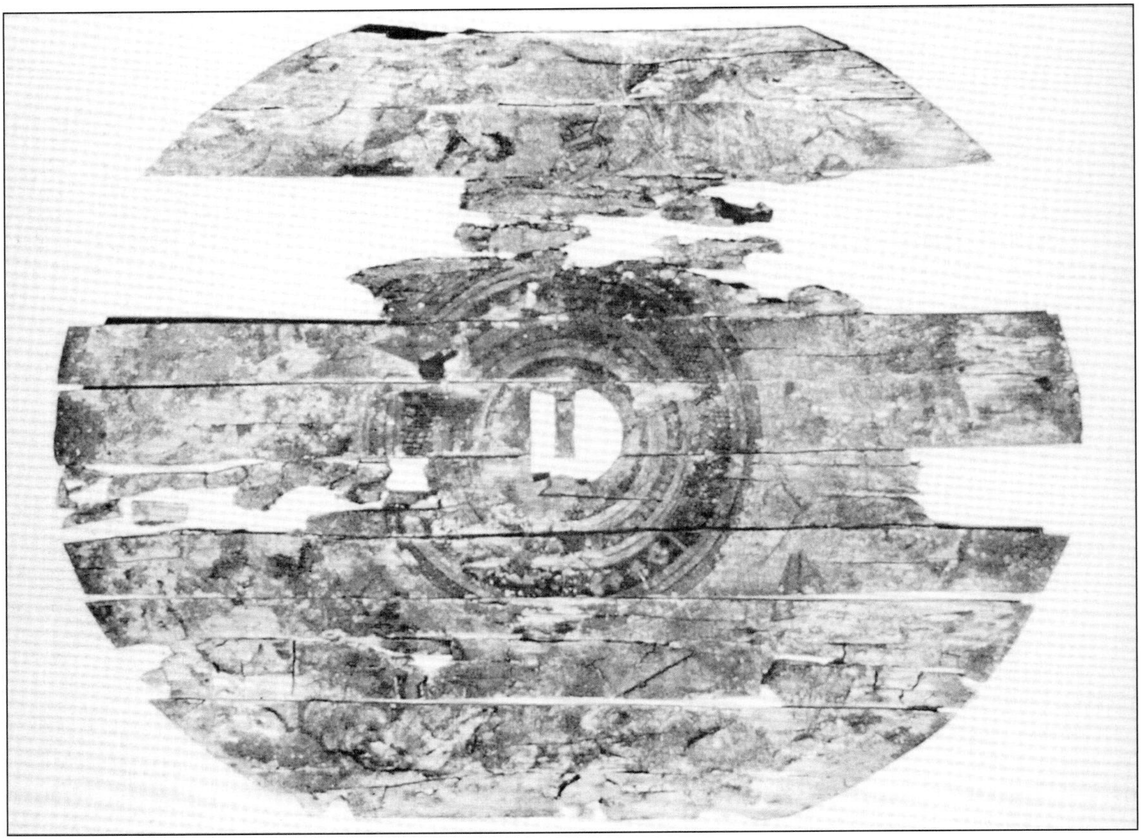

Ovaler Schild aus einer Bretterkonstruktion aus Dura-Europos, 255-257. (Dura-Europos-Sammlung, Yale University Art Gallery)

und der unterminierte Mauerabschnitt nicht in die Wüste, und es entstand auch keine große Bresche. Stattdessen sank die Mauer 1 m tief in den Boden, und der Turm stürzte 2,50 m tief in den Stollen, der darunter ausgegraben worden war. Dies verhinderte immerhin, dass die Römer ihn als Geschützplattform benutzen konnten. Zahlreiche Katapultbolzen, Steinkugeln, Pfeilspitzen und -schäfte sind an der Ausgrabungsstelle erhalten geblieben und deuten auf das Ausmaß der erbitterten Kampfhandlungen hin, die an beiden Seiten aufrechterhalten wurden.

Der nächste Schritt der Perser bestand darin, den Turm 14 am südlichen Ende der Wüstenmauer vollständig zu untergraben. Als sie ihn zu Fall brachten, schützten sie die rechte Flanke (d.h. die ungeschützte Seite) vor den Bogenschützen, indem sie eine massive Rampe aus Erdreich und Ablagerungen bauten, die sie aus dem Friedhof vor der Stadt ausgegraben hatten. Die Rampe reichte bis an den oberen Rand der Stadtmauer, aber die Römer bauten im Gegenzug eine Mauer aus Lehmziegeln. Außerdem versuchten sie, die Rampe zu unterhöhlen, aber ihre beiden Stollen wurden offenbar von den Persern aufgehalten, welche schließlich vielleicht sogar durch die römischen Tunnel, in die Stadt gelangten. Erschöpft von einer Belagerung, die mehrere Monate gedauert hatte, ergab sich die Garnison wahrscheinlich, denn es gibt wenig Hinweise auf Zerstörungen in der Stadt, die eine Erstürmung durch die Perser nahe legen würden. Vermutlich wurden die Überlebenden der Garnison und die Zivilbevölkerung nach Persien deportiert; das war zumindest das Schicksal der Armee Valerians im Jahr 260, als sie vor Edessa besiegt worden war. Es gibt viele Belege für wichtige Bauarbeiten, die römische Kriegsgefangene im Sassanidenreich ausführten, angefangen beim Bau großer Dämme und Brücken bis zur Errichtung neuer Städte. Sogar von den berühmten Siegesreliefs Schapurs in Bishapur, die die besiegten Kaiser Gordian, Philippus und Valerian sowie römische

Gefangene zeigen, nimmt man an, dass es sich dabei um Zeugnisse römischer Kunstfertigkeit handelt (Ball 2000, 115-23).

Dura-Europos wurde aufgegeben. Die Perser unternahmen nach 257 keinen Versuch, es zu besetzen, und die Römer haben es nie zurückgefordert. Die Stadt war zu exponiert, und die ständigen Kriegshandlungen hatten den Handel auf andere Routen umgelenkt. Die Gegend um die Stadt wurde zu einer Art Niemandsland. Ammianus kam 363 durch Dura, als er mit Kaiser Julian auf Ktesiphon marschierte, und er bezeichnete sie nur als verlassene Stadt (Ammianus Marcellinus, 23.7.8).

Legion gegen Kavallerie

Im Jahr 260 besiegte Schapur Kaiser Valerian bei Edessa und nahm ihn gefangen, danach eroberte er Antiochia zum zweiten Mal. Seine Armee teilte sich in Stoßtrupps auf, die plündernd durch Syrien und die Provinzen in der heutigen Türkei zogen. Erst als sie wieder zurückkehrten, gelang es den Römern, sich unter Macrianus und Ballista erneut zu sammeln und eine Anzahl beutebeladener Trupps zu überwältigen. Odaenathus, dem König von Palmyra, gelang der einzige wirkliche Sieg gegen die Perser. Palmyra war eine reiche, fast autonome Stadt in Syrien. Ihren Wohlstand verdankt sie ihrer Lage in der Nähe einer Oase, einem entscheidenden Knotenpunkt für alle wichtigen Handelsrouten. Die Herrscher der Stadt waren durch den Handel, der durch ihre Stadt ging, zu reichen Männern geworden. Die Palmyrener organisierten auch die Karawanen und überwachten deren Routen mit berittenen Bogenschützen. Dies setzte sich unter römischer Herrschaft fort, und es waren diese palmyrenischen Soldaten (eine beträchtliche Anzahl von Bogenschützen und Kataphrakten) und Überreste der römischen Truppen, mit denen Odaenathus zwischen 260 und 267 Schapur nachsetzte und in persisches Territorium einfiel. Möglicherweise belagerte er Schapur sogar in Ktesiphon. Kaiser Gallienus, der sich in Italien befand und mit dem gallischen Sonderreich (ab 259) im Westen sowie germanischen und gotischen Eindringlingen im Norden und Osten beschäftigt war, war gezwungen, die tatsächliche Kontrolle über seine östlichen Provinzen dem palmyrenischen König zu überlassen. Als Odaenathus im Jahr 267 ermordet wurde, übernahm seine Frau Zenobia die Herrschaft und begann, die Macht Palmyras zu konsolidieren. Im Jahr 270 kontrollierte sie Arabien und Ägypten ebenso wie Syrien und rief ihren Sohn Vaballathus zum Mitkaiser des legitimen römischen Kaisers Aurelian aus. Die Siege von Gallienus, Claudius II. und Aurelian über die Germanen und Goten in der Zeit zwischen 268 und 271 sicherten jedoch schon bald die mitteleuropäischen Provinzen des Kaiserreichs, und schließlich marschierte Aurelian nach Osten, um Palmyra niederzuwerfen. Die entscheidende Schlacht fand 272 in Emesa statt:

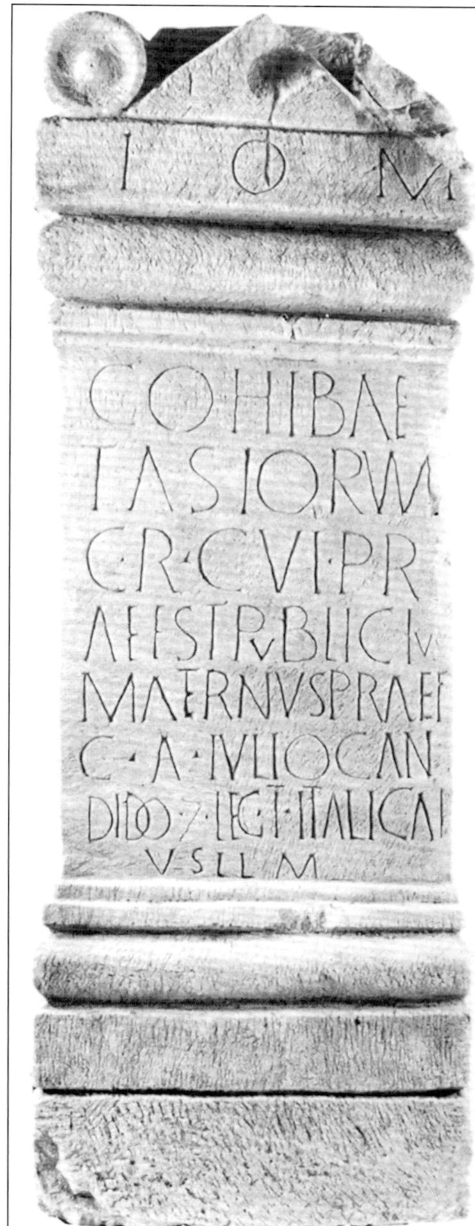

Altar aus dem Old Kilpatrick-Kastell am Antoninuswall. Die Inschrift deutet darauf hin, dass Iulius Candidus, Zenturio der Legion I Italica, eine Abkommandierung der Kohorte I Baetasiorum kommandierte, vielleicht während des britischen Feldzugs von Severus (208-211). Die I Italica war normalerweise in Bulgarien stationiert. (Hunterian Museum, Universität Glasgow)

> Als [Aurelian] sah, dass in der Ebene vor Emesa das Palmyrenerheer in einer Stärke von etwa 70.000 Mann [...] versammelt war, lagerte er sich vor dessen Augen mit seiner dalmatischen Reiterei, den Moesern, Pannoniern, ferner Norikern und Rätern, welches keltische Truppen sind. Zu ihnen gehörten auch die kaiserlichen Garden, unter allen nach Verdienst ausgesuchte, ganz besonders tüchtige

> Soldaten. Bei ihnen standen auch die maurischen Reiter, die Streitkräfte aus Asia und Tyana und gewisse Einheiten aus Mesopotamien, Phönikien und Palästina, ungemein tapfere Abteilungen; die Palästinenser trugen neben der anderen Ausrüstung noch Knüppel und Keulen bei sich. Wie nun beide Heere aufeinander stießen, fand es die römische Reiterei für angezeigt, sich teilweise zurückzuziehen, damit nicht das römische Heer irgendwie, ohne dass es dies merkte, von der palmyrenischen Reiterei, die zahlenmäßig überlegen war und Umgehungsmanöver ausführen konnte, umzingelt werde. Indem aber die palmyrenische Kavallerie die weichenden Gegner verfolgte und so über ihre eigene Linie hinauskam, schlug der Plan der römischen Reiter ins Gegenteil um: Sie mussten sich nämlich infolge ihrer den Feinden gegenüber weitaus geringeren Zahl tatsächlich von diesen verfolgen lassen. Als sie denn auch zumeist den Tod fanden, fiel nunmehr die gesamte Last der Kampfentscheidung auf die Schultern des Fußvolkes; denn als es sah, wie die Schlachtordnung der Palmyrener dadurch in die Brüche gegangen war, dass ihre Reiter sich nur mit der Verfolgung beschäftigten, rückte es eng zusammen und griff die ungeordneten und zerstreuten Feindhaufen an. Und dabei kam es zu einem großen Massaker. Während nämlich die einen mit den herkömmlichen Waffen angriffen, drangen die anderen – die Palästinenser – mit Knüppeln und Keulen auf die mit Eisen und Erz gepanzerten Feinde [d.h. auf die Kataphrakten] ein und das bildete dann zum Teil einen wesentlichen Grund für den Sieg; wurden doch die Gegner durch den ungewohnten Einsatz der Keulen in Schrecken versetzt. In wilder Flucht stoben nunmehr die Palmyrener davon, traten sich dabei zu Boden und wurden auch von den Feinden niedergemacht. Schließlich war die Ebene von Männer- und Pferdeleichen bedeckt. (Zosimos, 1.52-53)

Die Schlacht bei Emesa demonstriert die nach wie vor bestehende Qualität der römischen Infanterie. Sogar als ihre Kavallerie geflüchtet war und sie daher den Schutz der Flanken verloren hatten, brach die Infanterie der Legionen und der Prätorianer nicht in Panik aus. Aurelian ergriff die Gelegenheit, die durch die Unordnung bei den Palmyrenern entstanden war, weil er wusste, dass seine Infanterie die Disziplin besaß, die Kommandos der Trompeten und Feldzeichen zu befolgen; dass sie fähig war, „eng zusammenzurücken“, ohne den Zusammenhalt der Schlachtlinie zu verlieren und dass sie den Ingrimm besaß, die Schlacht zu gewinnen, sobald sie mit dem Angriff begonnen hätte. Dass sie „mit den herkömmlichen Waffen angriffen“ ruft das Bild von einer römischen Kriegführung hervor, die sich über Jahrhunderte nicht geändert hatte: Auf den Pilenhagel folgte der Angriff mit gezogenen Schwertern (*RL*, 46-56). Durch den Sieg über Palmyra stellte Aurelian nicht nur die östlichen Provinzen des Reiches wieder her, sondern auch das Prestige der römischen Waffen im Osten. Er bewies, dass eine römische Armee, die im Wesentlichen aus traditionellen Legionselementen bestand, die scheinbar unbesiegbaren Reiter des Ostens bezwingen konnte. Es war dieser Sieg, der Aurelian dazu anspornte, Zenobia gefangen zu nehmen und Tetricus, den letzten Kaiser des gallischen Sonderreiches in Châlons im Jahr 274 zu besiegen. Nachdem er das römische Reich wiedervereinigt hatte, wurde Aurelian zum „Wiederhersteller der Welt“ ausgerufen.

Nach der Schlacht

Emesa zeigt, dass in den Schlachten der Antike die meisten Opfer bei der Verfolgung zu beklagen waren. Wenn die Feinde geschlagen waren und los-

Bemaltes zylindrisches *scutum* aus Dura-Europos vor der Restaurierung. Abgelegt 255-257. (Dura-Europos Collection, Yale University Art Gallery)

liefen, ihre Schlachtordnung aufgaben, ihre schwere Ausrüstung fallen ließen und versuchten, irgendwie vom Schlachtfeld zu entkommen, waren sie für entschlossene Verfolger leichte Beute – erst recht, wenn diese durch eine erfolgreiche Schlacht beflügelt waren. In diesem Stadium der Schlacht war die Kavallerie todbringend.

Nachdem Clodius Albinus' britische Legionäre die Infanterie des Septimius Severus 197 in Lugdunum besiegt hatten, hatten sie „bei der Verfolgung bereits ihren Siegesgesang angestimmt [...], als hätten sie schon gesiegt" (Herodian, 3.7.3). Aber die britischen Soldaten, die nun selbst in Unordnung geraten waren, wurden von der gesamten Kavallerie des Severus von hinten angegriffen. Diese hatte sich vor Beginn der Schlacht abgesetzt, um an der Flanke von Albinus' Armee entlang zu reiten und von hinten anzugreifen. Die Briten wurden völlig bezwungen. Dennoch muss das Bild der scheinbar siegreichen Legionäre der II Augusta, der VI Victrix und der XX Valeria Victrix, die ihre fliehenden Gegner verfolgen und dabei ihre Siegeshymne schmettern, als einer der anschaulichsten Eindrücke von Legionären in der Schlacht betrachtet werden.

Auf jeden Fall waren Schlachten selten eine eindeutige Angelegenheit, aus der eine Seite als klarer Sieger hervorgegangen wäre. Manchmal liefen Gefechte sich einfach tot, wenn keine Seite imstande war, einen Vorteil zu

Antoninian des Aurelius (270-75), auf dem die „Eintracht der Legionen" verkündet wird, ein Zeichen der Versöhnung nach dem Bürgerkrieg. Die Göttin Concordia (Eintracht) hält zwei Zenturienfeldzeichen in den Händen. (Hunter Coin Cabinet, University of Glasgow)

erzielen. Die Länge der Schlacht war in solchen Fällen abhängig vom Durchhaltevermögen der Truppen oder von der Bereitschaft, Opfer in Kauf zu nehmen. Auch konnten die gegnerischen Armeen vorübergehende Kampfpausen vereinbaren, um Verwundete und Gefallene vom Schlachtfeld fortzuschaffen (Herodian, 4.15.5-7).

Die Verwundeten wurden von fachkundigen *medici* (Wundärzten und Krankenträgern) behandelt. Sie trugen viele der chirurgischen Instrumente bei sich, die heutigen Militärärzten geläufig sind und waren in der Lage, schwierige Operationen durchzuführen. Aber ohne ein modernes Hygieneverständnis und angesichts mangelnder Betäubungsmittel und starker Antibiotika waren die Überlebenschancen bei einer großen Verletzungswunde gering (Salazar 2000). Andere Legionäre waren durch die Erfahrung der Schlacht traumatisiert:

> Marcus an Antonia, Sarapion, und Cassianos, meine Eltern, ich sende Euch viele Grüße. Ich erbringe euch meine Ehrerbietung in Gegenwart der Götter, in deren Tempel ich bin. Denn niemand kann zum Fluss gehen, um seine Ehrerbietung zu erbringen, wegen der Schlacht, die zwischen den Anoteritae und den Soldaten stattgefunden hat. Fünfzehn Soldaten der *singulares* [Gardisten] sind gestorben, abgesehen von den Legionären, den *evocati* [Reservisten], den Verwundeten und denen, die an Kampfmüdigkeit leiden. (P. Ross. – Georg., III, 1, 1-7, nach Davies 1969, 94)

Marcus war ein Arzt, der dem Militär angehörte und im 3. Jahrhundert in Alexandria stationiert war. Die Anoteritae sind aus keiner anderen Quelle bekannt, aber Marcus' Brief bietet einen hervorragenden Schnappschuss von einem der örtlichen Kleinkriege oder Aufstände, die die großen literarischen Quellen nicht berücksichtigt haben. Am interessantesten ist der Hinweis auf Soldaten, die an „Kampfmüdigkeit" leiden. Normalerweise assoziiert man Legionäre, die in modernen Medien ausnahmslos als die besten, unbarmherzigen und unbesiegbaren Soldaten dargestellt werden, nicht mit Kriegsneurosen. Diese Darstellung übersieht jedoch, dass Legionäre gewöhnliche Männer waren – viele noch keine zwanzig Jahre alt –, die nach einer hastigen Rekrutierung und Ausbildung in eine Situation geworfen wurden, in der sie äußerstem Stress ausgesetzt waren. In dem entsetzlichen physischen Zusammenprall einer antiken Schlacht kämpften sie Mann gegen Mann, metzelten, erdolchten, rangen und bissen (vgl. Dio, 71, 7.4-5). Die Krieger waren ständig der Gefahr ausgesetzt, im Gedränge zertrampelt, erstickt oder versehentlich von den Waffen der eigenen Seite getötet zu werden und mussten zugleich einen unablässigen Hagel von Pfeilen, Speeren und Wurfgeschossen über sich ergehen lassen. Die Soldaten hörten die Schreie ihrer Kameraden und sahen dabei zu, wie sie auf grausamste Art und Weise den Tod fanden. Es ist kein Wunder, dass manche Überlebende aus dieser Erfahrung höchster mentaler und körperlicher Strapazen traumatisiert hervorgingen.

Gewöhnliche Legionäre wurden in Massengräbern beim Schlachtfeld begraben; manche wurden auch von ihren *commilitones* (Mitsoldaten) oder, wenn sie in der Schlacht besonderen Heldenmut bewiesen hatten, auf Befehl des Feldherrn in Einzelgräbern beigesetzt. Zenturionen und Offiziere erhielten ebenfalls Einzelgräber (Appian, *Die Bürgerkriege,* 2.82). Eines dieser Soldatengräber wurde in Lyon in Frankreich entdeckt. Ungewöhnlicherweise wurde der Soldat mit seinem Schwert und anderer militärischer Ausrüstung beigesetzt; Münzen, die man in dem Grab gefunden hat, stammen aus dem Jahr 194, was die Vermutung nahe legt, dass er in der Schlacht bei Lugdunum im Jahr 197 gekämpft hat (Wuilleumier 1950).

Es war eine Schande, einen römischen Soldaten der Verwesung auf dem Feld preiszugeben, aber dennoch kam es vor, wenn römische Armeen verfolgt wurden. In Gelduba (Krefeld-Gellep) kämpfte um 259/60 die Kavallerie der Garnison gegen die Alamannen oder die Franken vor ihrem Kastell bis zum Tod. Sie verloren die Schlacht und die Leichen lagen neben den Kadavern ihrer Pferde, bis die römischen Truppen das Gelände wieder sicherten, Gruben aushoben, die halbverwesten Männer hineinschleiften und mit Kalk bedeckten (Reichmann 1999).

Legionäre hinterließen normalerweise in ihren Testamenten Anweisungen für die Errichtung von Grabdenkmälern, und manche Soldaten haben vielleicht sogar für Portraits in Lebensgröße posiert, bevor sie in den Krieg zogen. Diese Grabsteine wurden für gewöhnlich vor dem Basislager aufgestellt, auch wenn der Verstorbene irgendwo weit weg begraben war. Häufig sind es diese Grabsteine, die uns am meisten über den einfachen Legionär verraten, denn in den knappen Inschriften und grimmigen Portraits können wir einen flüchtigen Blick auf den Charakter der Männer werfen, die ansonsten schweigen, wenn sie nicht in den Schriften ihrer Feldherrn oder der Historiker auftauchen. Diese Grabsteine künden von ihrem Hochmut, ihrer Zähigkeit, ihrer Liebe zu Familie und Kameraden, aber vor allem von dem Stolz, ein Legionär zu sein.

Denar, ausgegeben von Clodius Albinus, mit zwei ineinander verschränkten Händen, die eine *aquila* halten, 196 n. Chr. Die Legende ehrt seine „treuen Legionen". (Hunter Coin Cabinet, University of Glasgow)

Die Legion II Parthica nach 268 n. Chr.

Die Legion II Parthica war in der Regierungszeit Aurelians immer noch in Albanum stationiert, was auf ihre fortbestehen-

OBEN LINKS: **Kupfer-As von Gordian III. zur Feier des ewigen Friedens. Die Münze zeigt Victoria, die über den Flussgöttern Tigris und Euphrat steht. Die Darstellung bezieht sich auf die Rückeroberung Mesopotamiens von den Persern im Jahr 243. (Hunter Coin Cabinet, Universität Glasgow)**

OBEN RECHTS: **Antoninian des britischen Usurpators Carausius. Die Münze zeigt, dass er in seiner Armee 286 eine Abkommandierung der germanischen Legion I Minerva hatte; dargestellt ist das Widder-Emblem der Legion. (Hunter Coin Cabinet, Universität Glasgow)**

de Beziehung zu den Prätorianern im Nahe gelegenen Rom hinweist: Der Dienst in der II Parthica begünstigte nach wie vor den Wechsel zu den Prätorianern (*IGBulg* III, 2, 1570). Aurelian gewährte der Legion auch den seltenen Ehrenbeinamen *Aureliana* (*AE* 1975, 171). Damit zeigte er ihr seine Wertschätzung und trug der Tatsache Rechnung, dass sie während der harten Kämpfe in Italien im Jahr 270 maßgeblich zum Erhalt seiner Macht beigetragen hatte. Eine umfangreiche Detachierung aus dieser Legion sollte zu den Einheiten zählen, die Aurelians comitatus bildeten (siehe unten [wahrsch. ist „oben" gemeint?]). Die Legion stand den Kaisern bis in die letzten Jahre des 3. Jahrhunderts nahe. Sie stellte eine Abordnung für den comitatus von Diokletians Mitkaiser Maximian, aber zusammen mit einer Prätorianerkohorte lief diese 286 zu dem britischen Usurpator Carausius über. Es ist höchst unwahrscheinlich, dass diese Abkommandierung überlebte und mit ihrer Ursprungslegion wiedervereint wurde (Casey 1994, 92ff).

Die Legion II Parthica wurde zunehmend von Diokletians neuen Elitelegionen, den Ioviani und Herculiani, verdrängt und lieferte vermutlich Truppenkontingente für die neuen Formationen (vgl. Aurelius Victor, *De Caesaribus,* 39.47). Es war das Schicksal der Überreste der Legion II Parthica, nach Mesopotamien versetzt und auf den Status einer Grenzeinheit degradiert zu werden. Dies war vielleicht schon geschehen, als Konstantin 312 Maxentius in der Schlacht an der Milvischen Brücke vor Rom besiegte, aber nach dem Sieg entließ er die Prätorianer endgültig. Man ist versucht, die Versetzung der II Parthica in den Osten als Strafe dafür zu betrachten, dass sie gegen ihn gekämpft hatte. Konstantin schenkte später die verlassenen Baracken der II Parthica und die leeren Häuser der Soldatenfamilien in Albanum der Kirche (*Liber Pontificalis,* 34.30).

In Mesopotamien wurde die ohnehin schon verkleinerte Legion in „Mikro-Legionen" aufgeteilt und in den endlosen persischen Kriegen langsam aufgerieben. Eine dieser Mikro-Legionen, die vielleicht 500 bis 1000 Mann umfasste, verteidigte im Jahr 360 hartnäckig die Stadt Bezabde in Mesopotamien gegen Schapur II., aber schließlich wurde die Stadt gestürmt und die überlebenden Legionäre nach Persien deportiert (Ammianus Marcellinus, 20.7). Das Schicksal eines letzten Rests der II Parthica, die an einem Ort namens Cepha stationiert war, ist nicht überliefert (Notitia Dignitatum, *Oriens,* 36.30).

Der Untergang der Legion II Parthica in Mesopotamien war unausweichlich, aber fast ein Jahrhundert lang war sie praktisch die persönliche

Legion der Kaiser gewesen und als solche geehrt worden. Wir wollen hier mit Dexippus' Beschreibung von Aurelians „ausgewählter Armee“ (*comitatus*) schließen, in der die Legion II Parthica, die *lanciarii* und viele andere Legions-*vexillationes* eine so wichtige Rolle spielten:

Antoninian des Aurelian (270-75), der die „Eintracht der Legionen“ bekannt macht. Die Göttin Concordia (Eintracht) hält vier Zenturienfeldzeichen in den Händen. (Hunter Coin Cabinet, Universität Glasgow)

> Als der römische Kaiser Aurelian von der Ankunft der Gesandtschaft der Juthungen erfuhr, sagte er, dass er sich bis zum nächsten Tag über sie beraten wolle; dann stellte er seine Soldaten wie zum Krieg auf, um den Feind zu warnen. Als die Vereinbarung ihn zufrieden stellte, stieg er auf eine Empore, die sich hoch über den Boden erhob, zog sein purpurnes Gewand an und ließ alle Soldaten um sich herum aufziehen. Jeder, der ein Kommando hielt, stand neben ihm, alle zu Pferd. Hinter dem Kaiser befanden sich die Feldzeichen der ausgewählten Armee. Es waren dies goldene Adler und Kaiserbildnisse und die mit goldenen Lettern beschrifteten Armeeregister; all diese Dinge wurden auf silbernen Stäben zur Schau gestellt. Und als alles auf diese Weise hergerichtet war, ließ er die Juthungen hervortreten. Und als sie dies sahen, waren sie erstaunt und waren lange Zeit schweigsam. (Dexippus, *FGrH* II, 2, Nr. 100, Fr. 6)

Websites

Die umfassendste Sammlung wichtiger Funde aus Großbritannien findet man im British Museum in London:
http://www.thebritishmuseum.ac.uk

Das Hunterian Museum an der Universität Glasgow verfügt über umfangreiches numismatisches Material mit Bezug auf den hier behandelten Zeitraum wie auch über eine bedeutende Sammlung von römischer Militärausrüstung vom Antoninuswall:
http://www.hunterian.gla.ac.uk

Das Croy Hill-Relief (siehe Farbtafel A) und eine bedeutende Sammlung römischen Materials von der antoninischen Zeit bis zum frühen 3. Jahrhundert findet sich im Museum of Scotland in Edinburgh:
http://www.nms.ac.uk

Armamentarium steht unter der Schirmherrschaft der Universität von Newcastle und ist eine Website, die sich römischen Waffen und Rüstungen widmet und den besten Museumsführer für einschlägige Museen in ganz Europa bietet:
http://www.ncl.ac.uk/archive/armamentarium

Wer mehr über Reenactment, Darstellungen und Rekonstruktionen von Ausrüstungsgegenständen erfahren möchte, sollte die Website von *Arbeia Roman Fort and Museum at South Shields* besuchen, wo es die Reenactment Gruppe der *cohors V Gallorum* aus dem 3. Jahrhundert gibt:
http://www.twmuseums.org.uk/arbeia/

Für weitere Informationen über Dura-Europos und Diskussionen über die römische Armee besuche man Simon James' exzellente Homepage:
http://www.le.ac.uk/ar/stj/index.html

Die nützlichste Online-Bibliographie über die Armeen Griechenlands und Roms ist Hugh Eltons *Warfare in the Ancient World*:
http://www.fiu.edu/~eltonh/army

Gary Brueggemans Website eignet sich hervorragend, wenn man mehr über römische Taktiken und Kampfstile erfahren will:
http://www.geocities.com/Athens/Oracle/6622/

Glossar

Aquila Adlerfeldzeichen der Legion

Aquilifer Träger des Legionsadlers

Balteus Militärgürtel (manchmal auch *cingulum* genannt); kennzeichnet einen Soldaten

Beneficiarius Soldat in der Gunst (*beneficium*) eines Offiziers; konnte die Funktion eines Verwaltungsgehilfen in einer Legion übernehmen, aber es gab auch zahlreiche andere Spezialaufgaben.

Canabae Zivilsiedlung bei einem Legionslager

Centuria Zenturie, Untereinheit einer Legion, die 80 Soldaten umfasste, 59 pro Legion

Centurio Kommandeur einer Zenturie

Cohors Kohorte, Einheit aus sechs Zenturien/drei Manipeln, zehn pro Legion

Comitatus Die Feldarmee, die unter dem direkten Befehl des Kaisers stand. Für den Großteil der hier behandelten Periode bildeten Prätorianer und die Legion II Parthica ihren Kern, ergänzt durch Abkommandierungen aus anderen Legionen und Auxiliareinheiten.

Commilito Mitsoldat; der Begriff drückt Kameradschaft aus; wird auf jeden im Heer, vom gewöhnlichen Soldaten bis zum General und zum Kaiser, angewandt.

Contubernium Untereinheit der Zenturie, umfasste acht Männer, die sich einen Raum/ein Zelt teilten.

Dilectus Aushebung, Konskription

Dolabra militärische Keilhacke

Duplicarius Soldat, der den doppelten Sold erhielt, z. B. *optio, signifer.*

Expediti leichtbewaffnete Soldaten

Gladius allgemeine Bezeichnung für Schwert

Hasta Lanze

Hastatus Lanzenträger; Zenturionentitel

Lanciarius Legionär, der mit einem Wurfspeer (*lancea*) ausgerüstet war.

Legatus senatorischer Kommandant der Legion

Legio Legion, wichtigster Verband der römische Armee; bestand aus 59 Zenturien, die in zehn Kohorten eingeteilt waren; die erste hatte ungefähr die doppelte Stärke. Die Sollstärke, die jedoch wahrscheinlich selten erreicht wurde, betrug 5.240 Mann (einschließlich 120 Kavalleristen).

Lorica Panzer *hamata* - Kettenpanzer; *squamata* - Schuppenpanzer; *„segmentata"* - Schienenpanzer

Medici allgemeine Bezeichnung für medizinisches Personal einschließlich hochrangiger Ärzte und untergeordneter Krankenträger.

Optio Stellvertreter des Zenturionen, einer je Zenturie

Ordo equester Ritterstand; bildete in der späten Republik und im kaiserlichen Rom die „Mittelklasse“ oder die Klasse der Geschäftsleute; ursprünglich handelte es sich um einen Stand, dessen Mitglieder genügend Wohlstand besaßen, um sich selbst als Kavalleristen auszustatten. Ritter standen über der Klasse der einfachen Soldaten (*caligati*) und konnten deshalb direkt, ohne zunächst Erfahrungen zu sammeln, zu Zenturionen (und höheren Rängen) befördert werden.

Ordo senatorius/Senat Regierende Klasse und führendes Gremium Roms, zusammengesetzt aus jährlich gewählten Magistraten, vornehmlich Konsuln, Prätoren, Ädilen, Tribunen und Ex-Magistraten, die die römische Politik leiteten oder berieten. Senatoren wurden im späteren 3. Jahrhundert von Rittern verdrängt, die durch eigene Leistung aufgestiegen waren, d.h. durch den Militärdienst in diesen Stand befördert worden waren.

Pilum Wurfspeer des Legionärs

Pilus „bewaffnet mit einem Speer/Spieß“; Zenturionentitel

Posterior „hinterer Teil“; Zenturionentitel

Praefectus Stabsoffizier einer Legion aus dem Ritterstand

Praemia Entlassungsgeld/Pension

Primi ordines die in der Frontreihe/in der ersten Reihe; Zenturionen der ersten Kohorte

Primus pilus „erster Wurfspeer“; führender Zenturio der ersten Kohorte und ranghöchster Zenturio der Legion; ab ca. 280 Steuerbeamter.

Princeps „der Erste“, Zenturionentitel

Principales Nachwuchsoffiziere und Unteroffiziere, darunter *tesserarius, optio und signifer*.

Prior „Front“; Zenturionentitel

Pugio Dolch

Sagittarius Bogenschütze

Sagum Militärumhang

Scutum gewölbter Legionärsschild

Sesquiplicarius Soldat, der den anderthalbfachen Sold erhielt, z.B. tesserarius.

Signifer Feldzeichenträger, einer je Zenturie

Signum Feldzeichen

Spatha mittellanges oder langes Schwert

Tesserarius Parolenträger, einer je Zenturie

Tiro Rekrut

Tribunus Stabsoffiziere der Legion; sechs je Legion

Vexillatio Detachierung einer Legion oder Kohorte

Vexillum Feldzeichen einer Detachierung mit Fahne

Vitis aus einer Weinrebe geschnitzter Stock des Zenturionen, Zeichen des Dienstranges

Literaturverzeichnis

AE = L'Année Epigraphique

Alston, R. A., 1994: ‚Roman military pay from Caesar to Diocletian', *Journal of Roman Studies* 84, 113-123.

Ball, W., 2000: *Rome in the East: The Transformation of an Empire* (London).

Balty, J.C., 1988: ‚Apamea in Syria in the Second and Third Centuries AD', *JRS* 78, 91-104.

Balty, J.C., & Van Rengen, R., 1993: *Apamea in Syria, the Winter quarters of Legio II Parthica. Roman Gravestones from the Military Cemetery* (Brüssel).

Bennett, P.A., et al., 1982: *Excavations at Canterbury Castle,* Bd. 1 (Maidstone).

Bishop. M. C. u. Coulston, J. N. C., 1993: *Roman Military Equipment from the Punic Wars to the Fall of Rome* (London).

Brunt, P. A., 1974: ‚Conscription and Volunteering in the Roman Imperial Army', *Scripta Classica Israelica* I, 90-115, in Brunt 1990: *Roman Imperial Themes,* 188-214, mit Zusätzen auf 512-15.

Bruun, C., 1995: ‚*Pericula Alexandrina*: The Adventures of a Recently Discovered Centurion of *Legio II Parthica*', *Arctos* 29, 9-27.

Buchanan, J.J., & Davies, H.T., 1967: *Zosimus: Historia Nova* (San Antonio).

Casey, J., 1994: *Carausius and Allectus: The British Usurpers* (London).

CIL = Corpus Inscriptionum Latinarum.

Cooper, P., 1968: *The Origins of the ‚New' Roman Army in the Third Century* (D. Phil. thesis, Oxford University).

Coulston, J.C.N, 1985: ‚Roman Archery Equipment' in M. Bishop (Hrsg.) 1985: ‚The Production and Distribution of Roman Military Equipment' (*BAR* S275), 280-325.

Coulston, J.C.N, 1995: ‚The sculpture of an armoured figure at Alba Iulia, Romania', *Arma* 7, 13-17.

Coulston, J.C.N, 2001: ‚The Archaeology of Roman Conflict' in P. Freeman & A. Pollard (Hrsg.) 2001: *Fields of Conflict: Progress and Prospect in Battlefield Archaeology, BAR* Int.Ser. 958 (Oxford), 23-50.

Cowan, R.H., 2002: *Aspects of Severan Field Army* (Ph.D. thesis, University of Glasgow).

Cowan, R.H., 2003: *Roman Legionary, 58 BC-AD 69* (Oxford 2003).

Davies, R.W., 1969: ‚The Medici of the Roman Armed Forces', *Epigraphische Studien* 8, 83-99.

Dodgeon, M.H., & Lieu, S.N.C., 1991: *The Roman Eastern Frontier and the Persian Wars, AD 226-363.* A Documentary History (London).

Engelhardt, C., 1865: *Nydam Mosefund* (Copenhagen).

Engelhardt, C., 1869: *Vimose Fundet* (Copenhagen).

Fink, RMR = Fink, R.O., 1971: *The Roman Military Records on Papyrus* (Cleveland).
FGrH = Jacoby, F. (Hrsg.), *Die Fragmente der Griechischen Historiker* (Berlin & Leiden, 1923 bis heute).
Fitz, J., 1983: *Honorific Titles of Roman Military Units in the Third Century* (Budapest u. Bonn)
Horbacz, T.J., & Oledzki, M., 1998: ‚Roman Inlaid Swords', *Journal of Roman Military Equipment Studies* 9, 19-30.
IGBulg= Mihailov, G. (Hrsg.), *Inscriptiones Graecae in Bulgaria Repertae* (Sofia, 1956-70).
Ilkjaer, J., 1989: ‚The Weapons Sacrifice from Illerup Ådal, Denmark', in K. Randsborg (Hrsg.), 1989: *The Birth of Europe* (Rom), 54-61.
ILS - H. Dessau (Hrsg.), *Inscriptiones Lalinae Setectae* (Berlin, 1892-1916).
James, S., 1986: ‚Evidence from Dura-Europos for the Origins of' Late Roman Helmets', Syria 63, 107-34.
James, S., 1987: ‚Dura-Europos and the Introduction of the Mongolian Release' in M. Dawson (Hrsg.) 1987: *Roman Military Equipment: The Accoutrements of War* (BAR lnt. Ser. 336), 77-83.
Kennedy, D.L., 1987: ‚The garrisoning of Mesopotamia in the late Antonine and early Severan period', Antichthon 21, 57-66.
Keppie, L.J. F., 1997: ‚The changing face of the Roman legions', *Papers of the British School at Rome* 65, 89-102, in Keppie 2000: *Legions and Veterans: Roman Army Papers 1971-2000*, Mavors 12 (Stuttgart), 50-63.
Mann, J.G., 1963: ‚The Raising of New Legions During the Principate', Hermes 91, 175-83 =
Mann, J.G., 1996: *Britain and the Roman Empire* (Aldershot).
Mann, J.C., 1999: ‚A Note on the Legion IV Italica', *Zeitschrift für Papyrologie* 126, 228.
Mócsy, A., 1974: *Pannonia and Upper Moesia* (London).
Okamura, L., 1996: ‚Roman Withdrawals From Three Transfluvial Frontiers', in R. Mathisen & S. Hagith (Hrsg.), 1996: *ShiftingFrontiers in Late Antiquity* (Aldershot), 11-19.
P. Beatty Panop. = Skeat, T.C. (Hrsg.), 1964: *Papyri from Panopolis in the Chester Beatty Library*, Dublin (Dublin).
P. Dura = C.B. Welles et al.: *The Excavations at Dura Europas. Final Report V, Part 1: The Parchments and Papyri* (New Haven, 1959).
P. ROSS. Georg = Papyri russischer und georgischer Sammlungen (Tiflis, 1925-35).
Pollard, N., 2000: *Soldier and Civilian in Roman Syria* (Ann Arbor).
Reichmann, C., 1999: ‚Archäologische Spuren der sogenannten Bataverschlacht vom November 69 n. Chr. und von Kämpfen des 3.Jahrhunderts n. Chr. im Umfeld Kastells Gelduba (Krefeld-Gellep)' in W. Schlüter & R. Wiegels (Hrsg.), 1999: *Rom, Germanien und die Ausgrabungen von Kalkriese* (Osnabrück), 97-115.
Robinson, H. R., 1975: *The Armour of Imperial Rome* (London).
Rostovtzeff, M.L, et al., 1936: *The Excavations al Dura-Europos, Preliminary Report of the Sixth Season of Work, October 1931-March 1932* (New Haven).
Salazer, C. F., 2000: *The Treatment of War Wounds in Graeco-Roman Antiquity* (Leiden).
Sasel, J., 1961: *‚Bellum Serdicense'*, Situla, 3-30.
Saxer, R., 1967: *Untersuchungen zu den Vexillationen des römischen Kaiserheeres von Augustus bis Diokletian*, Epigraphische Studien 1 (Köln).
Speidel, M.A., 1992: ‚Roman Army Pay Scales', *Journal of Roman Studies* 82, 87-106.
Speidel, M.A., 1998: ‚Legio IIII Scythica, its movements and men' in D. Kennedy et al.: *The Twin Towns of Zeugma on the Euphrates* (Journal of Roman Archaeology Supplementary Series no. 27), 163-204.
Speidel, M.P, 1987: ‚The Rise of the Mercenaries in the Third Century', Tyche 2, 191-201 = Speidel, M.P., 1992: 71-81.
Speidel, M.P., 1990: ‚The Army at Aquileia, the Moesiaci Legion, and the Shield Emblems in the Notitia Dignitatum', *Saalburg-Jahrbuch* 45, 68-72 = Speidel, M.P., 1992: 414-18.
Speidel, M.R, 1992: *Roman Army Studies II*, Mavors 8 (Stuttgart).
Speidel, M. P., 1992a: *The Framework of an Imperial Legion* (Caerleon).
Stephenson, I.P., 1999: *Roman Infantry Equipment: The Later Empire* (Stroud).
Sumner, G., 2002-3: *Roman Military Clothing*, 2 Bde. (Oxford).
Ulbert, G., 1974: ‚Straubing und Nydam. Zu römischen Langschwerten der späten Limeszeit', in Kossack, G., & Ulbert, G. (Hrsg.), 1974: *Studien zur Vor- und Frühgeschichtlichen Archäologie. Festschrift für Joachim Werner zum 65. Geburtstag* (München), 197-216.
Whittaker, C.R., 1969-70: *Herodian: Roman History* (Loeb Classical Library, London).
Wuilleumier, M.R, 1950: ‚Lyon: La bataille de 197', *Gallia* 8, 146-8.

Kommentar zu den Farbtafeln

A: Legionäre in der Mitte des 2. Jahrhunderts n. Chr.
Diese Farbtafel basiert auf einem Relief mit drei Legionären, die auf eine Sandsteinfliese vom Croy Hill am Antoninuswall in Schottland gemeißelt sind.

Alle drei Legionäre tragen schwere Zungen-pila, und ihre zylindrischen Schilde (*scuta*) sind mit Rosetten und Steinbock-Emblemen verziert. Letztere sind auf Entfernungstafeln zu sehen, welche von der Legion II Augusta am Antoninuswall aufgestellt wurden, um die fertiggestellten Abschnitte des Befestigungswalls zu markieren (ca. 142 n. Chr.). Die Männer tragen schwere, auf der Brust mit Knöpfen geschlossene *paenula*-Umhänge mit Kapuzen. Die caligae (Sandalen) werden so auf Siegesmonumenten des späteren 2. Jahrhunderts dargestellt, aber in Wirklichkeit könnte diese traditionelle Fußbekleidung des Legionärs in den Jahren vor dem Bau des Antoninuswalls außer Gebrauch gekommen sein.

Der Legionär in der Mitte ist ein Zenturio, zu erkennen an seiner roten Tunika wie auch daran, dass er seinen gladius älteren Stils (Typ Pompeji) auf der linken Seite trägt. Dieses Schwert wurde nun langsam ausgemustert. Sein kurzer Kettenpanzer wird durch *pteryges* ergänzt, die die Oberarme und den Bauch schützen. Sein Gürtel besitzt emaillierte Plättchen, die auf Funden in Newstead in Schottland beruhen (siehe Detailzeichnung), und der lange Dolch nimmt die Form des 3. Jahrhunderts vorweg (gezeichnet in Anlehnung an den Griff vom Bar Hill am Antoninuswall). Der Helm, der über seinem Schild hängt, ist ein Kaiserlich-Gallischer Helmtyp, vielleicht 75 Jahre alt, aber derartige massive Ausrüstungsgegenstände konnten für geraume Zeit in Gebrauch sein.

Der Legionär links trägt ein gefüttertes Kleidungsstück (*thoracomachus* oder *subarmalis*), das vermutlich aus mit Wolle gefüttertem Leinen bestand und normalerweise unter dem Kettenpanzer oder einer anderen Panzerung getragen wurde. Möglicherweise wurde es aber auch allein als adäquater Schutz betrachtet, wenn Beweglichkeit erforderlich war. Sein Schwert mit Ringknauf trägt er in einer Schwertscheide mit schildförmigem Ortband an einer Aufhängung mit einer delphinförmigen Klammer. Klammer und Ringknauf wurden vermutlich von den Sarmaten und anderen Gegnern jenseits der Donau übernommen. Die Detaildarstellungen zeigen kurze und schwere Schwertformen; sie konnten auch mit aufwendigen Gravuren und Intarsien verziert sein. Sein Gürtel ist mit durchbrochenen Beschlägen verziert, die man so in Newstead gefunden hat, und sein Helm ist einem Beispiel aus Theilenhofen nachempfunden. Der Helm veranschaulicht den Übergang vom Kaiserlichen- zum Kavallerie-Helmtyp (siehe Detailzeichnung).

Der Legionär rechts trägt einen *lorica segmentata*-Panzer, wie er in Newstead gefunden wurde – eine einfachere und solidere Weiterentwicklung aus den Corbridge-Modellen, die im vorangehenden Jahrhundert benutzt wurden. Sein Helm ist ein eiserner Kaiserlich-Gallischer vom Typ G nach einem Beispiel aus Hebron, welches vermutlich während des Bar Kochba-Aufstands von 132-35 verloren wurde (siehe Robinson 1975; Bishop & Coulston 1993).

B: Mark Aurel ehrt einen Legionszenturio mit *torques* und *armillae*
Traditionelle Auszeichnungen in Form von *dona militaria* (militärischen Ehrenzeichen) wurden auch von Mark Aurel vergeben, und die chaotischen Markomannen- und Sarmatenkriege sorgten für zahlreiche Anlässe, Soldaten auszuzeichnen. Diese Winterszene ist von Dios Bericht über den Sieg über die Lasen an der zugefrorenen Donau 172-73 inspiriert (Dio 71.7). Mark Aurel geht mit ausgestreckter Hand auf einen überraschten Legionszenturio zu, um ihn als Mitsoldaten (*commilito*) zu grüßen. Mark Aurels Generalstabschef Claudius Pompeianus trägt die Soldatenauszeichnungen: *torques* und *armillae*. Beide Männer tragen die typische Kleidung des römischen Generals: Muskelpanzer mit *pteryges*-Streifen und Schärpe (*cinctorium*) zum Zeichen ihres Ranges.

Den Zenturio erkennt man an seiner langärmeligen roten Tunika. Er trägt einen Vollbart, wie es zu jener Zeit Mode war. Sein Helm ist ein bronzener Kaiserlich-Italischer vom Typ H – der letzte in einer außergewöhnlichen Serie von Legionärshelmen, die seit der Mitte des ersten vorchristlichen Jahrhunderts aus gallischen Prototypen entwickelt wurden. Es ist unklar, ob Zenturionen die Helmbüsche immer noch quer trugen (Vegetius, *Epitoma*, 2.14). Er trägt einen altmodischen Kettenpanzer mit aufgedoppelten Schulterstücken. Die-

Relief mit drei Legionären vom Croy Hill am Antoninuswall; vermutlich aus einem Grabstein geschnitten. Es könnte einen Vater (Mitte) und seine Söhne darstellen. Sie sind mit schweren *pila* und zylindrischen *scuta* und Helmen ausgerüstet. Alle drei tragen den *paenula*-Umhang; die linke Figur hat einen gefütterten Panzer. Mitte des 2. Jahrhunderts. (Heute im Museum of Scotland, Edinburgh; gezeichnet von Steven D. P. Richardson)

Entfernungstafel, auf der der Bau von 4.140 Fuß des Antoninuswalls durch die Legion II Augusta festgehalten wird. Die Tafel zeigt das Steinbock- und das Pegasus-Emblem der Legion, ca. 142 n. Chr. (Hunterian Museum, University of Glasgow)

se Panzer wurden im 1. Jahrhundert benutzt, aber einige davon waren vielleicht immer noch im Gebrauch. Sein Wehrgehänge und der Gürtel sind Fundstücken aus dem Soldatengrab in Lyon nachempfunden, welches vermutlich auf das Jahr 197 zurückgeht. Diese Art der Gestaltung von Gürtel und breitem Wehrgehänge mit langen Riemen, die mit besonderen Endstücken verziert sind, war während des gesamten 3. Jahrhunderts verbreitet. Der Schriftzug auf dem Gürtel lautet FELIX VTERE – „trage ihn glücklich". Das aufwändige Ortband der Schwertscheide ist angelehnt an ein Beispiel aus Saalburg, und das Schwert entspricht dem Vorbild des Urtyps aus damasziertem Stahl, der aus Canterbury stammt. Darüber hinaus trägt er schwere Ledergamaschen, die als Beinschienen fungieren. Das Schildemblem mit Dreizack und Delphin folgt der Darstellung auf einer aurelianischen Tafel, die für den Konstantinsbogen wiederverwendet wurde. Es ist ungewiss, ob hier ein wirklich existierender Wappenschild dargestellt ist oder ob er der Phantasie des Bildhauers entstammt. (Siehe Wuilleumier 1950; Bennett 1983; Bishop & Coulston 1993).

C: Römische Schwerter aus damasziertem Stahl, 3. Jh. n. Chr.

Es wurde angenommen, das Schwert sei im 3. Jahrhundert zu einer nebensächlichen Waffe geworden, weil die Legionäre vorrangig eine Stoßlanze benutzt und das Schwert nur als Reservewaffe verwendet hätten, wenn die Lanze im Kampf zerbrach (Stevenson 1999, 70-5). Das ist Unsinn, und die Tatsache, dass römische Schmiede im 2. Jahrhundert sehr schöne Schwerter aus damasziertem Stahl entwickelten, zeigt die fortgesetzte Vorrangstellung des *gladius* (dieses Wort bedeutet einfach „Schwert", nicht „Kurzschwert") als Nahkampfwaffe des Legionärs. Damaszierte Klingen wurden aus einem Kern aus mehreren Eisenstreifen mit unterschiedlichem Kohlenstoffgehalt geformt, um verschiedene Farbtöne zu erhalten. Die Eisenstangen wurden schraubenförmig verdreht und dann unzählige Male gehämmert und gefaltet, um ein starkes und gleichzeitig flexibles Kernstück zu schaffen, an das harte Schneidekanten geschweißt wurden (oben & unten rechts). Durch diesen Herstellungsprozess war jedes Schwert einzigartig, und das Geheimnis um ihre Herstellung wie auch das Vorhandensein von Intarsien aus Aurichalkum mit göttlichen Darstellungen (hier in der einfachsten Form, links [ist „rechts" gemeint?]) lassen eine enge Beziehung zum Schwert, vielleicht sogar einen gewissen Grad von Verehrung vermuten.

In die oberen drei Schwerter wurden Hohlkehlen – Rinnen, die über die Länge der Klinge verlaufen – geschmiedet, die ihr zusätzliche Festigkeit verliehen. Die Detailzeichnung mit der Darstellung des Hefts gibt die typisch römische Form wieder,

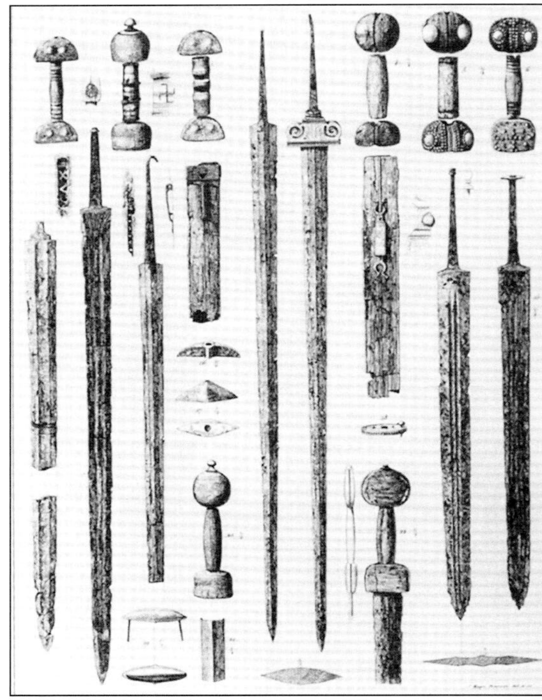

Römische Schwerter aus dem 3. Jahrhundert aus Vimose, Dänemark. (Aus Engelhardt 1869)

die hier nach einem Beispiel aus Illerup in Dänemark mit Silberbändern verziert ist.

Interessanterweise wurden in dänischen Sümpfen mehr Schwerter entdeckt als irgendwo sonst im gesamten Territorium des Römischen Reiches. Diese Schwerter wurden dem Reich vermutlich nicht als Beute abgenommen, sondern sie erreichten Barbaricum über den gesetzeswidrigen, aber weitverbreiteten Handel wie auch durch Soldaten, die nach der Entlassung in ihr Heimatland zurückkehrten. Diese Waffen fanden ihren Weg in die Hände kriegführender Parteien, denen man sie nach der Unterwerfung offenbar abnahm und dann als Opfergaben für die Götter in die Sümpfe legte – daher die enormen Zahlen von Schwertern aus Illerup, Nydam und Vimose.(Engelhardt 1865 &1869; Ulbert 1974; Ilkjaer 1989; Horbacz & Oledzki 1998).

D: Bogentraining

Vegetius informiert uns darüber, dass Legionsrekruten auch Grundkenntnisse im Bogenschießen vermittelt wurden (*Epitoma*, 1.15). Obwohl Bogenschützen nur für die Legion II Parthica bestätigt sind, weisen Funde von entsprechenden Gegenständen an verschiedenen Legionsstandorten darauf hin, dass *sagittarii* (Bogenschützen) nicht auf die II Parthica beschränkt waren. Hier sehen wir Aurelius Maius, den Ausbilder der Bogenschützen in der Legion II Parthica (CIL VI 37262, 222-235 n. Chr.). Er tadelt einen *tiro* (Rekruten), weil dieser sich die Hand verbrannt hat, als er einen brennenden Pfeil abschießen wollte. Maius schönes Wehrgehänge mit aufgesticktem Delphin ist einem Beispiel aus Nydam nachempfunden. Er trägt eine *vitis,* die seinem Rang als *evocatus* (Prätorianerveteran, den der Kaiser für Spezialaufgaben weiter im Dienst verpflichtete und der direkt unter dem Rang eines Zenturionen stand) angemessen ist (Dio 55.24.8).

Die Pfeilspitzen, die die Brandsätze enthielten, sind rechts abgebildet, neben dreiflügligen und pfriemförmigen Spitzen, die mit Tüllen- oder Zungenkonstruktionen befestigt wurden. Der römische Bogen war eine starke Waffe mit einem Wirkbereich von bis zu 100 m und einer maximalen Reichweite von ca. 275

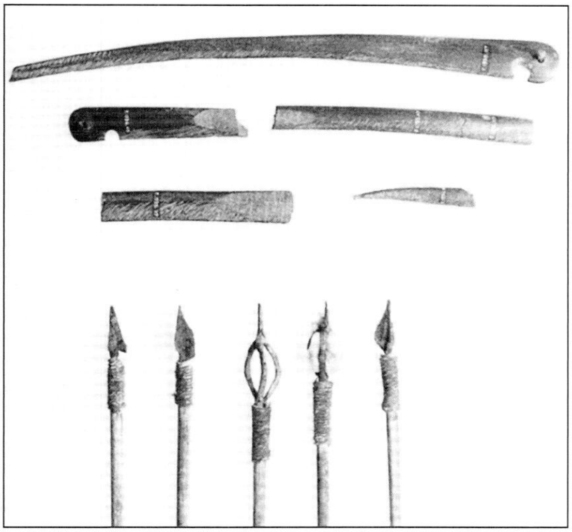

Pfeilspitzen mit Haken und Pfeilspitzen für Brandsätze sowie Bogenverstärkungen aus Horn aus dem Bar Hill-Kastell, Antoninuswall, Mitte des 2. Jahrhunderts. (Hunterian Museum, University of Glasgow)

m. Er bestand aus einem Holzstab, auf dessen Innenseite (dem Schützen zugewandt) eine Hornschicht aufgebracht war; auf der Außenseite (dem Ziel zugewandt) war eine Sehnenlage aufgeleimt. Spannte man den Bogen, so wurde die Innenseite aus Horn zusammengepresst, während gleichzeitig die Sehnen auf der Rückseite gedehnt wurden. So entstand eine starke Spannung, die sich auf den Pfeil übertrug, sobald man die Bogensehne losließ. Verstärkungen aus Bein oder Horn wurden am Griff und an den Bogenenden angebracht, um zu verhindern, dass der Bogen in gespanntem Zustand zerbrach. Die Detailzeichnung unten zeigt die Knochenringe, die man beim Spannen der Sehne benutzte – eine Methode die auch von den mongolischen Bogenschützen bekannt ist. Der gebrochene Ring ganz unten wurde so in Dura-Europos gefunden, das zwischen 255 und 257 an die Perser fiel (siehe Coulston 1985; James 1987).

E: Maximinus als *dux ripae* mit seinen Leibwachen, Dura-Europos, ca. 232 n. Chr.

Die hochaufragende Figur in der Mitte ist einer Abbildung von Kaiser Maximinus (235-38) nachempfunden. Er war vielleicht der erste *dux ripae* („Befehlshaber des Flussufers" bzw. der Grenze) in der äußerst wichtigen Festung Dura-Europos in Syrien während Severus Alexanders Perserkrieg (231-33, siehe Herodian, 7.8.5). Maximinus trat als gewöhnlicher Soldat im späten 2. Jahrhundert in die Armee ein und wurde vermutlich aus einer Kavallerieeinheit in die berittene Leibgarde des Kaisers (*equites singulares Augusti*) versetzt, stieg zum *primus pilus* und dann in das Militärkommando der Reiter auf. Nach einem eventuellen Kommando in Dura war er *praefectus tironibus* (Rekrutenpräfekt) in der Feldarmee, die man für den Kampf gegen die Alamannen im Jahr 234 ausgehoben hatte. Mit der Unterstützung dieser jungen Soldaten griff Maximinus 235 nach der Macht. Als Berufssoldat war er der erste Kaiser, der in der Schlacht mitkämpfte und setzte auf diese Weise ein Beispiel, dem sich kein späterer Kaiser entziehen konnte. Hier trägt er Kleidung, die seinem hohen Ritterstand angemessen ist: eine Tunika mit violetten Streifen (*clavi*), mit denen er sich der senatorischen Insignien bemächtigte, einen Umhang mit Fransen und einen goldenen Ring, das Abzeichen der Soldaten, die in den Ritterstand erhoben wurden (Herodian, 3.8.5). Maximinus hat seinen alten Gürtel mit Ringschnalle und eine eher schlichte *spatha* beibehalten, um zu betonen, dass er ein *commilito* (Mitsoldat) der einfachen Legionäre geblieben ist.

Weihaltar für Mars, Minerva, die Campestres (Göttinnen des Exerzierplatzes) und andere Götter von Marcus Cocceius Firmus, Zenturio der Legion II Augusta. Die Form des Altars und die Inschrift lassen vermuten, dass Firmus vor der Beförderung zum Zenturionat in den Legionen in der berittenen Leibgarde des Kaisers (*equites singulares Augusti*) diente. Mitte des 2. Jahrhunderts n. Chr. (Hunterian Museum, University of Glasgow)

Die Leibwache links ist ein Krieger aus einer der syrischen Legionen. Sein schön bemaltes *scutum* – gezeichnet nach einem nicht fertig gestellten Vorbild, das unter jener Mauer begraben wurde, die die Römer in Dura während der persischen Belagerung 255-57 errichtet hatten – trägt ein Löwen-Motiv. Dieses steht vielleicht in Verbindung mit der Legion XVI Flavia, wenngleich die letzte Legion, deren Anwesenheit in der Stadt gesichert ist, die IV Scythica im Jahr 254 war. Dieses *scutum* war leichter als die früheren Modelle, wog ungefähr 5 kg, und ist mit Rohleder anstelle von Eisen oder Bronze eingefasst. Der Gürtel und die Beschläge des Wehrgehänges sind Fundstücken in Dura nachgebildet. Die große dreieckige Spitze der Lanze (*hasta*) entspricht einem Fund aus Saalburg; der bemalte Schaft folgt Beschreibungen von verzierten Speeren in der *Notitia Dignitatum*, einer Auflistung ziviler und militärischer römischer Würdenträger aus dem frühen 5. Jahrhundert. Zeitgenössische Bilder prätorianischer *pila* zeigen ein ähnliches Muster, aber dieses könnte vielleicht eher auf eine Bindung zur Verstärkung des Schafts zurückgehen (Farbtafel F). Die Tunika mit applizierten Pfeilen an den Schultern und Streifen am Saum und an den Ärmeln ist einem Fundstück aus Dura nachempfun-

Antoninian des Gallienus, der einen Löwen mit Strahlenkranz zeigt, welcher möglicherweise das Emblem der Prätorianergarde war, 258-60 n. Chr. (Hunter Coin Cabinet, Universität Glasgow)

Sesterz, ausgegeben von Caracalla, ca. 214-17; er zeigt den Kaiser, wie er zu seinen Soldaten spricht. Der Soldat ganz rechts trägt ein zylindrisches *scutum*. (Hunter Coin Cabinet, Universität Glasgow)

den, bei dem wir jedoch nicht sicher sein können, dass es sich um eine Militärtunika gehandelt hat. Die weite Hose hat denselben Schnitt, den Soldaten auf Fresken aus Dura tragen.

Die Zeichnung der Leibwache rechts beruht auf dem Grabrelief von Aurelius Alexianus, einem Spartaner, der in einer Spezialkohorte diente, die Caracalla für seinen Perserkrieg ausgehoben hat (216-217; ILS 8878). Er trägt einen *pilos,* die traditionelle Filzkappe der spartanischen Hopliten und ein Kleidungsstück, auf dem horizontale Streifen zu erkennen sind, die hier als *lorica segmentata* interpretiert wurden. Außerdem hat er eine schwere Keule, die auf dem Grabstein ein Attribut des Herkules darstellt, hier jedoch als *fustis* – der Schlagstock der römischen Armee – dargestellt wird. Die Beschläge seines Wehrgehänges sind Funden aus Dura nachgebildet, aber die aufwändige Schwertscheide, die ganz aus Elfenbein gefertigt ist – bis auf die Niete aus Gold in der Mitte des typischen scheibenförmigen Ortbands -, geht auf ein Schwert aus Khisfine in Syrien zurück. Als Elitesoldat, der zudem den erhöhten Sold einer Leibgarde (*singularis*) hatte, konnte er sich vermutlich eine so teure Schwertscheide leisten. Sie könnte aber auch eine Belohung für besondere Tapferkeit gewesen sein (Bishop & Coulston 1993).

F: Prätorianer versuchen, den Adler der Legion II Parthica zu erbeuten, 218 n. Chr.

Im Jahr 218 sah sich Kaiser Macrinus mit einer Herausforderung konfrontiert, und zwar mit Elagabal, der von Julia Maesa, Caracallas mächtiger Tante, als unehelicher Sohn Caracallas ausgegeben wurde. Ihr Reichtum sorgte dafür, dass zahlreiche Legionen überliefen, darunter auch die II Parthica, die immer noch in Apamea in Syrien stationiert war. Macrinus unterstützte weiterhin die Prätorianer (er war Prätorianerpräfekt gewesen, bevor er die Ermordung Caracallas veranlasst hatte) und rückte aus, um sich im April Elagabals Streitkräften in der Nähe von Antiochia entgegenzustellen. Die Prätorianer kämpften normalerweise in schweren Schuppenpanzern und mit zylindrischen *scuta*, aber Dio berichtet, dass Macrinus sie ohne Panzer und ohne schwere *scuta* (vielleicht waren jene solider konstruiert als das Dura-Modell) antreten ließ. Dio erzählt uns, dass sich die Prätorianer in der Schlacht besser schlugen und Elagabals Armee zum Rückzug zwangen, aber aus irgendeinem Grund geriet Macrinus in Panik und floh vom Schlachtfeld, sodass Elagabal seine Truppen wieder sammeln konnte (Dio, 78.37). Es ist anzunehmen, dass die Prätorianer, von Macrinus Feigheit angewidert, zu Elagabal überliefen, denn sie wurden während seiner kurzen Regierungszeit geehrt. Macrinus wurde von einem Zenturio gefangengenommen, als er versuchte, den Hellespont nach Europa zu überqueren, und dann hingerichtet. Elagabal jedoch war geisteskrank und wurden keine vier Jahre später auf Maesas Geheiß von den Prätorianern ermordet. Ein unveröffentlichter Grabstein eines Soldaten der II Parthica nennt den genauen Austragungsort der Schlacht – die Inschrift besagt, dass er in Immae getötet wurde.

Hier sehen wir die Prätorianer (rechts) noch mit ihren scuta ausgerüstet. Die Schildembleme sind den Mond- und Sternenmotiven nachempfunden, die von Beschreibungen von Prätorianerschilden aus dem 1. Jahrhundert wie auch von Grabdenkmälern aus dem 3. Jahrhundert bekannt sind. Im 1. und 2. Jahrhundert war das Emblem der Prätorianer der Skorpion, aber hier tragen die Schilde das Löwen-Emblem. Dieses ist auf den Münzen abgebildet, die Gallienus zu Ehren der Prätorianer aufgrund ihrer Rolle bei seinen Siegen über Germanen und Usurpatoren in den Jahren 258-60 ausgab. Ihre schweren *pila* haben Zierbänder, wie sie auf zahlreichen Grabreliefs von Prätorianern zu sehen sind. Eine Bindung erscheint wahrscheinlicher als eine Zierbemalung, weil die Schäfte einiger *pila* so dargestellt sind, als seien sie mit einer Schnur umwickelt. Dies könnte einerseits einen besseren Griff ermöglicht haben, hätte andererseits aber auch den Schaft verstärkt und beim Auftreffen das Splittern verhindert. Die Prätorianer tragen reguläre Gürtel mit Ringschnallen und langen Riemen sowie breite Wehrgehänge mit den typischen scheibenförmigen und durchbrochenen Beschlägen. Die mittellangen Schwerter haben jedoch Griffe in der Form eines Adlerkopfes und -halses. Diese Schwerter waren Gardisten und Offizieren vorbehalten und waren vermutlich Geschenke des Kaisers.

Die Prätorianer versuchen, die *aquila* der II Parthica zu erobern – tatsächlich ein lebender Adler in einem Käfig! Dieser wird auf dem Grabrelief von Felsonius Verus, dem *aquilifer* der II Parthica gezeigt, der im Perserkrieg Gordians III. starb (*AE* 1991, 1572). Wir wissen nicht, ob sich die Prätorianer und die II Parthica wirklich in einer Schlacht begegnet sind, aber sie waren die jeweiligen Eliten der gegnerischen Heere, und angesichts der engen Verbundenheit zwischen den Einheiten – viele Soldaten standen in einer engen Beziehung zueinander -, wäre es nicht überraschend, wenn es zwischen ihnen einen erbitterten Kampf gegeben hätte. Der *aquilifer*, unübersehbar in seiner roten Tunika und dem Bärenfell (er stand vom Rang her nur geringfügig unter dem Zenturio) wird von *lanciarii* (drei Soldaten unten links) verteidigt, die mit leichten *lanceae*-Speeren bewaffnet sind. Einer ist von einem pilum getroffen worden; auf seinem Rücken sieht man seinen Speerköcher. Der Köcher ist dem Grabporträt von Aurelius Mucianus (einem *lanciarius* in der Ausbildung) nachgebildet, das aus der Zeit zwischen 215 und 218 stammt (*AE* 1993, 1575). Die anderen Legionäre kämpfen mit schweren *pila*, die mit langen Bändern verziert sind. Diese folgen dem Beispiel auf dem Grabstein von Petronius Proculus, dem Verwaltungsgehilfen eines Tribunen, der 231-33 der Legion in Apamea angehörte (*AE* 1991, 1686). Alle Legionäre haben ovale Schilde, die mit Rohleder eingefasst sind, und mittellange Schwerter. Die Grabsteine aus Apamea deuten darauf hin, dass scheibenförmige Ortbänder an den Schwertscheiden am weitesten verbreitet waren und dass alle Soldaten die üblichen, ringförmigen Gürtelschnallen und schwere Dolche trugen (siehe Balty 1988; Balty & Van Rengen 1983).

G: Soldaten aus der ersten Reihe der Legion II Traiana attackieren die persischen Kataphrakten, Schlacht von Resaina, Mesopotamien, 243 n. Chr.

In den Jahren 238-39 überrannten die sassanidischen Perser die römische Provinz Mesopotamien, die Teile der heutigen Türkei, Syriens und des Iraks umfasste. Der Bürgerkrieg und Angriffe der Goten an der Donau führten dazu, dass die Römer bis 242 nicht angemessen darauf reagieren konnten. 243 gelang der römischen Feldarmee unter dem Kommando des Prätorianerpräfekten Timesitheus ein bemerkenswerter Sieg gegen die Perser vor Resaina. Über diese Schlacht sind, abgesehen von einer Randbemerkung Ammianus', der sie als einen großen römischen Sieg erwähnt, keine weiteren Details bekannt (Ammianus Marcellinus, 23.5.17). Wir besitzen jedoch Hinweise, die sich auf die Aushebung neuer Rekruten als Ersatz für die Verluste, die die Legion II Traiana in der Schlacht erlitten hatte, beziehen könnten (Fink, *RMR* 1971, Nr. 20).

Hier haben die Legionäre einen Rückzug vorgetäuscht, mit dem sie die Perser, von denen sie verfolgt werden, auf versteckte Fußangeln und Krampen locken. Diese machen die Pferde lahm, und als die Verfolgung der Perser in völlige Unordnung gerät, kehren die Römer um und greifen an (vgl. Herodian, 4.15). Die Darstellung des Persers beruht auf einem Graffito von einem Kataphrakt aus Dura-Europos, der eine Kombination aus Ketten- und Plattenpanzer zeigt. Sein Helm ist einem Modell nachempfunden, das von einem persischen Soldaten getragen wurde, der ihn in den Jahren 256-57 beim Kampf in einer der Belagerungsminen in Dura verloren hat (James 1986). Der Reiter wird von einem Sattel mit vier Sattelhörnern geschützt, die einen festen Sitz gewährleisten, sodass er ohne Steigbügel effektiv kämpfen kann. Der Schuppenpanzer des Pferdes entspricht römischen Beispielen aus Dura.

Die Ausrüstung der Legionäre aus der ersten Reihe ist an eine Skulptur von einem Legionär aus Alba Iulia in Dakien (Rumänien) angelehnt. Diese Statue trägt ein zylindrisches *scutum*, eine spezifische Form der *lorica segmentata* mit nur drei Reifen am Rumpf und eine *manica*, d.h. eine gegliederten Panzerung des Schwertarms. Die Skulptur ist zwar zerbrochen, aber es sieht so aus, als habe sie eine Schuppenhaube getragen. Derselbe Kopfschutz ist auch von Fresken aus Dura bekannt, es ist jedoch auch denkbar, dass die Figur ursprünglich über dieser Haube einen Helm trug. Der hastig gemalte Schriftzug auf dem Schild lautet: LEGION II TRAIANA, MUTIG, GERMANICA (eine Auszeichnung, die sie in Caracallas Krieg gegen die Germanen erhielt) und GORDIANA (wörtl. Gordians eigene [Legion]). Die Legionäre in der zweiten Reihe haben Schuppenpanzer mit geprägten Brustplatten, die sie über einem Kleidungsstück mit *pteryges* zum Schutz der Oberarme tragen. Ihre Helme sind den Helmtypen nachempfunden, die Robinson der Auxiliarkavallerie zuordnet, aber derartige Helme wurden eindeutig sowohl von der Kavallerie als auch von der Infanterie benutzt. Man beachte, wie die Halskanten an den Wangenstücken und die erhabenen Kreuzbügel auf der Helmglocke gestaltet wurden, um Schläge abzufangen. Die Soldaten verteidigen sich mit den gebräuchlicheren ovalen Schilden (siehe Coulston 1995; Robinson 1975).

H: Legionär, mittleres bis spätes 3. Jahrhundert n. Chr.

Die abgebildete Figur ist angelehnt an das Grabporträt des Aurelius Iustinus aus der Legion II Italica (*CIL* III 5218). Er wurde in einem Krieg gegen die Daker getötet und wird dargestellt, wie er seinen Schwertgriff umfasst, während Schild und *pilum* über den Rücken hängen. Die Verzierung des leicht gewölbten Schilds entspricht einem Vorbild aus Dura-Europos. Die Detailzeichnung veranschaulicht die Bretterkonstruktion dieser Schilde, die zur Verstärkung mit Eisenstangen und mit einer aufgenähten Rohledereinfassung versehen waren. Iustinus' *pilum* hatte ein einzelnes Gewicht und vermutlich eine Tüllenkonstruktion wie hier dargestellt. Die Detailzeichnungen zeigen einen Tüllenschaft und zwei Zungenschäfte von *pila* aus Saalburg, die man auf ca. 260 datiert. Der Pilenschaft ist mit einer Schnur umwickelt, wie es auf einigen Grabsteinen von Prätorianern dargestellt ist. Das massive Schwert entspricht einem Vorbild aus Nydam. Trotz seiner Länge lässt die lange dreieckige Spitze vermuten, dass es sich um eine Hieb- und Stichwaffe handelte. Das Schwert in der Detailzeichnung ist ein zeitgenössisches langes Schwert aus Nydam mit einer schlanken, spitz zulaufenden, fast an einen Rapier erinnernden Klinge mit rautenförmigem Querschnitt. Solche Waffen sind mit Rapieren aus dem 16. Jahrhundert verglichen worden. Der Gürtel zeigt eine alternative Methode, die Ringschnalle zu befestigen, die bis zum Ende des 3. Jahrhunderts das Kennzeichen des Soldaten blieb. Die Detaildarstellung des Dolches zeigt einen typischen *pugio* aus den Hortfunden aus Künzing (Mitte des 3. Jahrhunderts). Diese Waffe hatte man im dritten vorchristlichen Jahrhundert aus Spanien übernommen, und die Fundstücke weichen kaum von dem frühen Prototypen ab. Der kurze Kettenpanzer besitzt dekorative Kanten aus Bronzeringen, die an einem Kettenhemd vorhanden waren, das man in Vimose in Dänemark gefunden hat. Es wird über einem gefütterten Kleidungsstück getragen, das notwendig war, um die Erschütterung eines Waffenanpralls zu dämpfen und um die Haut vor Abschürfungen zu schützen. Die Detailzeichnung stellt ein gerolltes Scharnier aus Vimose dar, das zeigt, wie römische Kettenpanzer geschlossen wurden. Die beiden Helme schließlich zeigen den typischen Kopfschutz zwischen 260 und 300. Der Bronzehelm oben, der aus einer einfachen Kalotte besteht und vermutlich in einer kleine Militärwerkstatt gefertigt wurde, ist im Kastell Buch ca. 260 unvollendet zurückgelassen worden, als dieses von den Alamannen angegriffen wurde. Der Eisenhelm ist den Spangenhelmen aus Der-el-Medinah in Ägypten (ca. 300) nachgebildet. Dies ist ein viel einfacheres Modell, das aus vielen kleinen Teilen zusammengenietet wurde. Solche Helme hat man von den Sassaniden übernommen; sie wurden zur Standardausstattung römischer Soldaten. Da sie billiger und leichter zu produzieren waren, ersetzten sie die aus einem Stück bestehende Helmglocke und wurden in staatlich geleiteten Fertigungsanlagen (*fabricae*) des spätrömischen Reiches serienmäßig hergestellt (siehe Engelhardt 1865 % 1969; Ulbert 1974; James 1986; Bishop & Coulston 1993).